현대 정치 민주주의와 공정 연구

당대 전기 대외관계에 관한 연구

- 대외 상관성을 중심으로 -

전 영 지음

경인문화사

| 발간사 |

1997년 9월 떨리는 마음으로 한국 유학길에 올랐다. 그 때는 한중 간의 경제 격차가 심하고 또 중국에서 출국이 엄격하게 제한되는 시기라 유학이 정말 쉬운 일이 아니었다. 한국에 도착한지 얼마 되지 않아 IMF경제 위기가 닥쳐 한국 경제가 휘청거렸지만 저는 지도교수님이신 김선욱 교수님의 세심한 배려로 큰 어려움 없이 학업을 마칠 수 있었다.

출국하기 전의 관심 분야는 한중관계사였다. 중국과 한국이 오랫동안 교류해 오면서 밀접한 관계를 형성하였고 시기마다 서로 다른 특징을 갖고 있었지만 특히 당 초기의 한중관계사에 관심을 가졌었다. 그것은 당 고종시기에 고구려와 백제가 멸망하였고 불완전 하지만 신라가 이 시기에 한국 역사상의 첫 통일을 이루었기 때문이다. 자료를 정리하면서 이 시기의 한중관계사 연구가 중국과 고구려, 백제, 신라 간의 정치 외교 관계에 많이 집중되었고 또 이미 많은 연구 업적이 축적되었다는 것을 알게 되었다. 이런 상황에서 어떻게 새로운 연구를 진행해야 할까 고민하고 있을 때, 안동도호부의 치소 이전에 관한 연구 논문들을 접하게 되었다. 이 문제에 대해 한국학계에서는 신라와 고구려 유민의 강한 반발에 부딪혀 할 수 없이 후퇴한 것이라고 하였다. 그러나 이 시기는 당 서쪽에 위치해 있는 토번 세력이 제일 강한 시기이므로 이런 이전은 당의 내부 사정과도 상관이 있을 것이라는 생각이 들었다. 관련 자료를 찾아 연구하면서 생각이 맞다는 것을 확신하였고 그렇다면 한중관계는 중국과 한국 두 나라에만 제한하지 말고 당의 대외관계라는 큰 틀 안에서 살펴야 보다 더 정확하게 인식할 수 있겠다는 생각이 들어 연구 범위를 당대 전기 외교관계로 확충하였다. 이후 7년간의 노력 끝에 박사논문『당 초기 대외관계에 관한 연구 −대외 상관성을 중심으로』를 완성하였다.

본 서는 졸업논문을 수정하여 완성한 연구서이다. 졸업하고 이 때까지 출간하지 않은 이유는 이런 연구 결과가 현실 사회에 어떤 도움이 될까라는 의문이 있었기 때문이다. 10년 넘게 지난 지금 세계는 많이 변화하였고 중국도 몰라보게 발전하였다. 최근 들어 중국 정부는 중국의 발전 성과들을 고대 실크로드와 해양 실크로드 경유 각국과 공유하려는 취지로 '일대일로창의'를 추진하고 있다. 찬성의견도 있지만 경계해야 한다는 목소리도 많이 들리고 있다. 이 창의의 추진과정을 보면서 역사적으로 중국이 어떻게 이민족 정책을 정립하였는지를 고찰할 필요가 있겠다는 생각이 들어 고민 끝에 이 책을 출간하기로 결심하였다.

한국에서 공부하는 동안 물심양면으로 많은 도움을 주신 충남대학교 김선욱 교수님, 김용완 교수님, 장인성 교수님 그리고 동고동락해준 대학원 동기들, 항상 옆에서 묵묵히 튼튼한 버팀목이 되어준 가족 모두에게 감사드린다.

출판될 수 있게 힘을 보태준 저의 대학원생들, 그리고 책을 예쁘게 만들어 주신 경인문화사 한정희 대표님께도 감사드린다.

2018. 12. 10
연변대학교 조선반도연구원에서 전영

제3장 무후 시기의 대외관계

1. 무후 초기의 대외관계

2. 거란의 이탈과 영향

서론

중국은 당대(唐代, 618~907)에 이르러 한층 발전하는 시기에 접어들었다. 당은 위진남북조 이후 분열로 양자강 이남과 하투주랑(河套走廊)에 분산된 중국 전통문화를 계승함과 동시에 많은 외래 문화요인을 받아 드렸다. 그러므로 당대를 겸수병축(兼收並蓄, 모두 받아드리고 축적함)[1]의 시기라고도 하며 아울러 대외 교류도 매우 활발하게 추진되었다.[2]

당대의 융성함은 당초기의 대외활동과 밀접한 관계가 있다. 당의 대외관계[3]에 있어서는 '상덕억무(尙德抑武, 덕을 숭상하고 무를 억제

---

1) 張廣達 「唐代的中外文化滙聚和滿淸的中西文化衝突」 『中國社會科學』(中國 北京 中國社會科學出版社 1986. 3) p.14: 在中國歷史上, 唐朝是一個少有的旣善於承, 又做到了「幷蓄兼收」的朝代.
2) 方亞光 『唐代對外開放初探』(中國 安徽 合肥黃山書社 1998) p.4: 從對外交往‧對外開放的角度而言, 唐代則是古代中國對外開放的一個極盛時代.
3) 수당에 관한 통사 서술 가운데서 자주 보이는 대외관계 용어를 정리하면 아래의 표와 같다.

〈표 1〉 대외관계 용어표

書 名	用 語	內 容
郭沫若 『中國史稿』(4) (北京人民出版 1962)	各族	突闕‧吐蕃‧渤海
	中外	新羅‧日本

함)'와 '관중본위정책(關中本位政策, 관중을 중심으로 하는 정책)' 두

傅樂成 『隋唐五代史』 (臺北華岡出版有限公司 1971)	對外關係	突厥·西域·吐谷渾·海外及南方諸國·契丹 與高麗·回紇·吐蕃·南詔
範文瀾 『中國通史』(3) (北京人民出版社 1978)	四方諸國	北方·東北方·西北方·西方
	對外關係	東北諸國·南方諸國·西北諸國
章群 『唐史』 校訂本 (臺北華岡出版有限公司 1978)	對外關係	西域·突厥·吐蕃·高麗
	中外關係	西方·日本
韓國磐 『隋唐五代史綱』 (北京人民出版社 1983)	邊境 各族關係	奚·契丹·室韋靺鞨·突厥·吐谷渾·西域 ·吐蕃 南詔·回紇
	對外關係	朝鮮半島·日本·東南亞·西亞·歐非各國
呂思勉 『中國隋唐史』 (上海古籍出版社 1984)	四裔	東北諸國·南方諸國·西北諸國
吳楓等 『隋唐五代史 (沈陽遼寧人民出版屆 1984)	各族	突厥·吐蕃·渤海
	中外	中亞·南亞·新羅·日本
王仲犖 『隋唐五代史』 (上海上海人民出版社 1988)	民族關係	東北·北方·西北·西方及西南各族
	中外	海東各國
『隋唐五代史』 (北京中國大百科全書出版 1988)	民族史	突厥·薛延陀·吐蕃·契丹·南詔
	中外關係	粟特·勃律·日本
王壽南 『隋唐史』 (臺灣三民書局 1989)	對外關係	北方·西方·南方·東北大部族東方各國
	中外	大食·西域·日本
『劍僑中國史』(隋唐篇) 第一章, 第五章 (北京中國社會科學出版社 1990)	外部世界 對外關係	突厥·朝鮮半島·吐藩

위의 표에서와 같이 당의 대외관계에 관련된 용어는 매우 다양함을 살필 수
있다. 중국 대륙에서는 1949년 중화인민공화국이 설립된 후 '통일적 다민족
국가'의 현실 문제를 해결하기 위해 이민족을 가르쳐 종전까지 사용하여 왔
던 한족주의 색채가 농후한 '외족'이라는 용어를 '各族(각족)'으로 대신하고,
현재 중국 영역에 포함 되어 있는 '각족'과의 관계를 '민족관계'라 개칭하였
다. 그리고 현재 중국 영역에 포함 되어 있지 않은 이민족 정권의 경우 예를
들어 신라등과의 관계를 '중외관계'라 일컬었다. 이런 표현들은 많은 비판이
뒤따랐으나 본인의 견해로는 대외관계에 있어서는 광의와 협의 두 가지 개
념으로 접근 할 수 있다고 본다. 협의의 대외관계는 이당(李唐)과 다른 왕조
간의 관계이고, 광의의 대외관계는 당대 오늘의 중국 영역에서 활동한 각 민

가지 기본 정책에 따라 추진되었다.

고대 중국과 주변 여러 나라나 민족의 관계는 '체제(體制)'·'체계(體系)'·'질서'와 '권(圈)' 등의 용어로 표현되어졌다.[4] 이런 용어는 그 자체가 지니고 있는 뜻 때문에 다분히 어느 쪽은 중심이 되고 어느 쪽은 주변이라는 선입감을 느끼게 한다. 또한 중국은 역사상 동아시아에서 가장 큰 나라였기 때문에 상호 관계에서 일방적으로 군림한 대상으로 파악되었다. 그러나 중국은 주변 여러 나라와의 관계를 '오복(五服)'·'구복(九服)'[5]·'입번(入番)'과 '절역(絶域)'[6] 등으로 기술하였듯이 그들의 시각에서 보이는 주변세계에 대한 인식일 뿐 반드시 실현해 내고자 하는 대상은 아니었다.

중국은 '상덕억무(尙德抑武)', '이덕복인(以德服人)'이라는 소위 '덕화(德化)'로 주변국들이나 민족에 적용하였다. 그러기 때문에 '순가남풍(舜歌南風)', '천하대치(天下大治)'[7]라 하였고 이런 의식은 당대에

족이나 국가와의 관계이며 그들 스스로의 대외관계인 셈이다. 본 서에서의 대외관계의 의미는 협의의 대외관계임을 지적해 둔다.

4) 중국 대륙의 何芳川 '華夷秩序論'; 홍콩 黃枝連 '天朝禮治論'; 타이완 張啓熊의 '中華世界帝國體系論'; 일본의 西嶋定生 '册封關係體制論'; 堀敏一 '東亞世界體系論'; 谷川道雄 '古代東亞世界論'; 安部健夫 '四方天下論'; 栗原朋信 '內臣外臣體法論'; 藤間生大 '東亞世界論'; 信夫淸三郎 '華夷秩序論'; 濱下武志 '中華帝國朝貢貿易體系論'; 한국 전해종 '朝貢制度論'; 미국 John King Fairbank '中華世界秩序' 등이 있다. 이런 학설을 정리 소개한 것으로는 宋成有『東北亞傳統國際體系的變遷-傳統中國與周邊國家及民族的互動係述』(타이베이 中硏院近代史政治外交組 2002. 6) pp.2~3을 참조.

5) 顧頡剛『史林雜識(初編)·畿服』(中國 北京 中華書局 1977) p.14.

6)『新唐書』221(下)「列傳」146(下)西域(下) 贊曰: 然中國有報贈·册吊·程糧·傅·驛之費, 東至高麗, 南至眞服, 西至波斯, 吐蕃, 堅昆, 北至突厥, 契丹, 靺鞨謂之「入番」, 其外謂之「絶域」, 視地遠近而給費.

서도 지속되고 있어서 당 태종(太宗, 627~649) 때에도 전쟁과 변경 개척을 반대하는 의논 내용이 『정관정요(貞觀政要)』에 비일비재하게 수록되어 있음을 살필 수 있으며[8] 태종이 고구려 친정(親征)에 나설 때도 많은 반대 의견에 직면하였다.[9] '상덕억무'를 기초로 한 대외정책은 당초기에만 팽배하였든 것은 아니었고 오히려 당대에 일관된 '대외방책'[10]이라고 할 수 있다.

---

7) 司馬遷 『史記』卷24「樂書」(2) : 故舜彈五弦之琴, 歌南風之詩, 而天下大治.

8) 吳兢 『貞觀政要』卷9「議征伐」35「議安邊」36. 예를 들어 정관 4년(630) 당이 동돌궐을 멸망시키고 나서 서돌궐을 초위하고자하자 이대량(李大亮)은 상서하기를 「欲綏遠者, 必先安近, 中國百姓, 天下根本, 四夷之人, 猶於枝葉, 擾其根本以厚枝葉, 而求久安, 未之有也……, 且謂之荒服者, 故臣而不納. 是以周室愛民接狄, 竟延八百之齡, 秦王輕戰事胡, 故四十載而絶滅. 漢文養兵靜守, 天下安豊, 孝武揚威遠略, 海內虛耗……, 遠尋秦, 漢, 近觀隨室, 動靜安危, 昭然備矣,」라 하면서 「臣而不納」이나 「養兵靜守」를 주장하였고, 『貞政要』卷9「議安邊」36 에서는 정관 14년(640) 고창을 평정한 후 태종이 이곳에 군현을 두고자하자 시중인 위징과 황문시랑(黃門侍郎) 저수량(褚遂良) 두 사람이 이를 반대하였으며 더욱이 後者는 「古者哲后臨朝, 名王創業, 必先華夏而後夷狄, 廣諸德化, 不事遐荒. 是以周宣薄伐, 至境而返, 始皇遠塞, 中國分離. 此河西者方於心腹, 彼高昌者他人手足, 豈得糜費中華, 以事無用」(『貞觀政要』卷9「議安邊」35)라고 글을 올리기도 하였다.

9) 『新唐書』卷220「列傳」145 東夷·高麗: 帝(太宗)欲自將討之……(中略)……君臣皆勸帝毋行.

10) 정관시기의 의논은 수말의 대혼란을 겪었든 사람들의 주장이라는 배경이 있었다고 볼 수 있지만 이후에 나라가 安定되면서 사라지지 않고 오히려 지속되었다. 그 예로는 무후 신공(神功) 원년(697) 적인걸(狄仁傑)이 「請能百姓西戍疏勒等四鎭」에서 「若其用武荒外, 邀功絶域, 苟求冠帶遠夷之稱, 不務固本安人之術, 此秦皇, 漢武之所行, 非五帝, 三皇之事業也. 蓋以夷狄叛則伏之, 降則撫之, 得推亡固存之義, 無遠戍勞人之役, 此則近日之令典, 經邊之故事. 請捐四鎭以肥中國, 能安東以實遼西, 省軍費於遠方, 並甲兵於塞上, 則恆, 代之鎭

그러나 당대에 '상덕억무' 이념이 지속되면서도 오히려 용병 빈도가 상당히 잦았음을 살필 수 있다.[11] 이 같은 양자사이의 모순을 이해하기 위해서는 당의 또 다른 대외관계 측면인 '관중본위정책'에 관해 살펴 볼 필요가 있다. 당대의 주변에는 많은 나라와 민족이 있으면서 서로 활발한 교류가 이루어 졌으므로 당의 발전이나 국세의 위축은 다른 나라나 다른 종족과 밀접히 연관되어 있다. 특히 당의 수도 장안과 관중지역 주변에는 강력한 유목 혹은 반 유목민족이 분포되어 있어 장안을 보위하기 위해서는 그 방어선을 지키고 유지하여야만 하였다. 이런 상황에서 추진된 정책이 '관중본위정책'[12]이다.

당대 대외관계에서 '상덕억무'·'관중본위정책' 외에 또 유의해야 할 요인은 대외상호 동적(動的) 요인으로 작용한 '외족상관성(外族相關性)'을 들 수 있다. 당의 국세가 강성하고 주변 민족과의 교류가 빈번하였으므로 당과 외족의 관계를 고찰할 때는 특정 외족에만 한정하지 말고 여러 대상의 관계를 종합적으로 살펴야 대외관계의 참모습을 파

重, 而邊州之備質矣, 況綏夷狄, 蓋防其越逸, 無侵侮之患則可矣, 何必窮其窟穴, 與螻蟻計長短哉」(『舊唐書』卷89「列傳」39狄仁傑, 『文苑英華』卷694「言疏勒等凋弊書」)라고 한 것이 좋은 예로 살필 수 있다.

11) 본서의 表 2, 表 4, 表 5 參照.

12) 진인각(陳寅恪)은 1942년에 발표한 「唐代政治沍論稿」에서 '관룡(關隴)' 이론을 제기하였다. '관룡(關隴)' 이론은 핵심지역에 관한 '관중본위정책'과 핵심집단에 관한 '관룡집단' 양대 주제가 포함되어 있다. 이 이론은 발표된 후부터 지금까지 당초기 정치 상황의 변화 이유를 설명하는 정설로 받아드렸다. 그러나 이에 대해 이의를 제기한 학설도 있어 주로 '관룡집단'에 집중되어 있는데 何棨民「唐代山東氏族的社會地位之考察」(「中古門第論文集」 타이완 學生書局 民國 67年) 薩孟武「土族與五胡及隋唐二代的關係」(『食貨月刊』5~6, 民國 64년) 등이 있다.

악할 수 있을 것이다.

더 나아가서 당의 대외 관계를 연구할 때에는 당의 내정과 주변국의 관계를 포괄적으로 고찰하여야 할 것이다. 그러나 그 기간에 이 방면의 연구 성과들을 보면 당과 어느 이민족에 국한한 관계만을 취급해온 경향이었고 전반적으로 상호 관련된 복잡한 대외관계의 체계적인 연구는 미흡한 실정이다.13)

본서에서는 이미 이루어진 연구 성과들을 토대로 당 전기의 대외 관계에서 '상덕억무'와 '관중본위정책' 양자가 어떻게 조화를 이루면서 추진되었는가 하는 것을 근거로 태종 시기(627~649)부터 무후(武后) 시기 (684~705)까지 80여 년간의 대외관계를 분석 정리해 보고자 한다.

태종 시기의 대외 관계에서는 동돌궐(東突闕) 붕괴와 서역진출 그리고 고구려 친정(親征)을 중심으로 다루었다. 태종의 최대 무공은 동돌궐을 멸망시킨 것이고 이는 반세기동안 지속해온 동아시아의 균형을 변화시킨 대사건으로 당과 돌궐의 입장을 역전시켜 놓은 결과를 가져왔다. 수말기 북방의 반수세력들은 모두 동돌궐의 지원을 요청하였으며 고조(618~626) 또한 돌궐에 '청신(請臣)'하기도 하였다. 그러나 태종이 즉위하고 나서 4년도 채 되지 않아 동돌궐은 붕괴되었다. 태종 초에 아직도 빈약한 재정으로 이렇게 큰 성과를 얻을 수 있었는가에 대하여는 당의 뛰어난 전략과 관련이 있겠지만 돌궐의 내부 사

---

13) 특정 국가와 민족에 대한 연구는 많은 성과를 내놓고 있다. 주로 당과 주변 국들의 종합적인 연구가 시도되고 있는데, 王小甫『唐吐蕃大食政治關係史』 (中國 北京 北京大學出版社 1992), 黃約瑟『薛仁貴』(中國 西安 西北大學出版 社 1995), 黃枝連『天朝禮治體系研究』(中國 北京 人民大學出版社 1994) 등이 있다.

정과도 무관하지 않다. 당은 그들의 내분을 이용하여 자신의 목적을 달성할 수 있었다.

동돌궐이 붕괴된 이후, 당은 서역 진출을 서둘렀다. 서역은 서돌궐을 중심으로 하는 유목문화와 타림분지(塔里木盆地)와 오아시스 지역 내의 소국들의 농경문화가 병존하고 있었고 서돌궐 왕족 간, 서돌궐과 토착 정권 간의 갈등이 내재한 지역이었다. 당이 서역에 진출하여 안서사진(安西四鎭)을 설치해 가는 과정을 분석해 봄으로 당이 대외관계를 어떻게 주도면밀하게 추진시켰는지를 살펴보았다. 태종의 대외관계에서 최대의 오명은 고구려 친정(親征)의 실패이다. 정관의 치는 태종과 위징(魏徵)을 비롯한 대신들이 수나라의 교훈을 거울삼아 전철을 다시 밟지 않겠다는 의지에 따른 결과라면 태종이 왜 고구려친정(親征)에서 수양제의 선례를 그대로 답습하였는가는 내용도 흥미를 가지고 다루어 보았다.

고종 시기(650~683)의 대외관계는 먼저 고구려 실조(失祚)를 중심으로 논술하였다. 한반도의 백제와 고구려가 이 시기에 당에 의해서 차례로 국조를 상실하게 되었으나 신라는 백제의 옛 땅을 차지하여 통일신라의 기반을 이룩하였다. 그런데 당 고종이 고구려에 대한 전역의 연도를 왜 하필 660년으로 확정하였으며 또 한반도 삼국을 관할하기 위해 설치한 안동도호부(安東都護府)의 소재를 어째서 평양에서 요동으로 옮겨야만 하였을까? 이러한 의문을 고종 시기에 빈번한 대외전쟁과 연관해서 그 해답을 구할 수 있었다. 고종 시기의 사방외족과의 관계를 총체적으로 파악하여야 할 것이고 대외정책의 공동성과 한반도와의 상관성을 이해하기 위해 먼저 당 초기의 최대사건인 서돌궐 '하로지란(賀魯之亂)'의 평정과정과 이 난이 대고구려 전역에서 진행되는 동안 어떻게 반작용하였는지를 정리하고, 그 다음 토번(吐藩)이 융성하고 나서 당과 청해 서역에서의 각축전의 실상을 살피며, 당과 토번의 관계추이가 한반도 삼국 정책에 끼친 영향을 상관성의 시각에서 안동도호부의 소재를 중국 내륙으로 옮긴 저의를 정리하였다. 아울러 이 시기는 일본 역사에서 상당히 중요한 시기이기도 하다. 백강구전(白江口戰)을 전환점으로 일본은 대륙 간섭 정책을 포기하고 자수(自守) 정책을 추진하면서 선진 문물제도를 받아드리는 쪽으로 대륙 정책을 전환하였다. 이 전환의 이유를 백제와 고구려 실조와 연관해서 살펴보았다.

무후 시기(684~705)의 대외관계는 거란(契丹)의 이탈이 상당한 비중을 차지하고 있으며 무측천(武則天)은 고종이 죽은 후에 대외정책 대부분을 전담하였다. 무후 초기의 주요 대외정책은 수위(戍衛)를 줄이고, 둔전으로 변방을 지키며, 우방을 되도록 늘리는 것이다. 그러나 만세통천(萬歲通天) 원년(元年)에 기근으로 야기된 거란의 반란은 당 사회와 무후시대의 대외관계에 적지 않은 영향을 끼쳤다. 그 파급효과는 후돌궐(後突闕)의 부흥, 발해의 건국 그리고 당의 동북 방어선의 약화 등을 들 수 있다. 거란의 이반이 엄청난 작용을 일으킨 그 배경을 정리해 보았다.

당은 자국의 피해는 최대한 줄이면서 크나큰 안보체계를 구축하려는 대외정책을 추진하고자 하였다. 이를 달성하기 위해서는 당에 유리한 기존의 여건들을 잘 이용해야만 하였다. 본서는 이런 점에 착안하여 서술하였고 이런 노력이 당 초기 대외관계 전개의 배경, 특성과

유형, 추이 등을 이해함에 도움이 되기를 기대한다.

다만 이들 내용을 체계화하여 정리하기 위해서는 먼저 새로운 시각으로 사료를 취급하여야 할 것이고 기존의 연구 성과에 대한 분석과 정리가 선결 과제이지만 금석자료에 대한 충분한 분석이 뒤따르기가 쉽지 않고 정치와 군사관계에만 국한하여 다루고 경제나 문화교류의 내용은 거의 등한시 한 것이 못내 아쉬운 점이다. 아울러 사료의 활용이나 이에 따른 서술과 논증이 미흡하지 않았나 하는 아쉬움을 여운으로 하며 본 연구를 근거로 후속연구의 전제로 삼고자 한다.

제1장 태종 시기의 대외관계

    당은 약 4세기 동안 지속되어 온 중국의 큰 분열을 끝내고 한(漢) 제국의 위세를 회복하려 하였지만 내란으로 이 시도는 중단될 수밖에 없었다. 수(隋)를 이은 당의 태종(太宗)은 수대에 못다 이룬 과업을 성취시키고자 하였다.

    당의 이러한 과업을 실행하려면 강한 국력이 우선 전제하여야 하지만 태종 초의 경제력으로는 충분하지 못하였으므로[1] 그는 대신들의 건의를 받아들여 경솔하게 무력을 행사하기보다는 평화적 외교방법을 이용하고 무력을 차선책으로 하며 주변국들의 내분을 이용하는데 착안하여 상대국들의 내부 결속을 깨거나 화친으로 포장된 회유책으로 나올 수밖에 없었다.

    '정관(貞觀)의 치(治)'의 한 축인 이 시기의 외교정책은 높이 평가되어 이에 관한 연구도 적지 않게 이루어져 왔다. 이 시기의 대외관계 주안점은 '개방성'과 '제한성'에 편중되어 있다고 하겠다.[2] 본문에

---

1) 黃約瑟「征遼背景」『薛仁貴』(中國 陝西 西安 西北大學出版社 1995) p.37: 정관 13년(639)의 대규모 인구조사에 따르면 호구 수는 겨우 300여 만호였고 인구도 1,300여만 명에 지나지 않았으니 이는 수 전성기의 삼분의 일에 해당하는 수치이다.
2) 胡如雷「唐太宗民族政策的局限性」『歷史研究』(中國 北京 中國社會科學出版

서는 동돌궐의 붕괴원인, 서역 진출, 그리고 고구려 친정(親征)의 실패 등을 통하여 이민족 변환(邊患)의 상관성이 당의 대외관계 정책 수립에 어떻게 작용하고 있는지를 살피기로 한다.

1. 동돌궐의 와해

태종의 가장 큰 무공은 동돌궐을 붕괴시킨 것을 들 수 있다. 이 사건이야말로 반세기 동안 지속된 동아시아 세력 균형을 바꾸어 놓은 충격적인 대 사건으로 다시 말해서 당과 돌궐의 입장을 뒤바꾸어 놓은 결과를 낳았다. 수나라 말기 북방의 반수 세력들은 모두 동돌궐의 지원을 받고자 하였고, 당 고조(高祖, 618~626)조차도 돌궐에 '칭신(請臣)'할 만큼 동돌궐의 세력은 막강하였다.[3] 태종도 돌궐이 경성 가까이까지 침입을 받는 큰 곤욕을 치르기도 하였다.

1982. 6), 熊德基「從唐太宗的民族政策試論歷史人物的局限性」『中國史 研究』(中國 北京 中國社會科學出版社 1985. 3), 邢鳳麟「唐太宗民族政鑫測」『南寧師院學報』(中國 廣西 南寧師範學院 1982. 1), 蔣輔義「唐太宗貞觀時期的邊疆間題及民族政策」『靑海民院學報』(中國 靑海 靑海民族學院 1985. 3). 丁載動「唐初의 民族政策과 西北民族의中國認識」『서울대東洋史學科論集』19(서울大學校 人文大學 東洋史學科 1995), 宋台鎬「唐初의 異民族政策 性格考」『慶北史學』13(慶北大學校 人文大學史學科 1990)이 있다. 金羨珉은「唐太宗의 對外膨脹政策」「東아시아의歷史像」(『黃元九敵授停年紀念論叢』 1995)에서 東突闕 滅亡이후, '唐과 北方遊牧民族間의 共存'이라는 새로운 시각에서 唐의 팽창 정책의 起因을 취급하였다.

3) 唐高租의「稱臣突闕」에 관한 내용은 李樹桐『唐史考辨』(臺灣 中華書局 民國 54年) 參照.

이렇게 강력한 동돌궐은 4년도 채 되지 않아 완전히 무너져 당에 복속되었다. 이 사실에 대하여 진인각(陳寅恪)은 돌궐 내의 천재지변과 어지러운 정치, 그리고 인접한 회흘(回紇)과 설연타(薛延陀)의 발흥 등 제 요인이 당의 대외관계와 상관성이 있다고 지적[4]하였는데 이 논거에 근거하여 서술한다.

태종의 동돌궐 출병 직전에 대주(代洲) 도독(都督)인 장공근(張公謹)은 글을 올려 동돌궐의 상황을 상세히 밝히면서 이를 취할 수 있는 6가지 이유를 아래와 같이 제시하기를

힐리(頡利)는 방종한데다 지극히 사납고 도리를 모릅니다. 선량한 사람을 살해하고 소인배와 친근히 지냅니다. 이는 군주가 윗자리에 있으며 어리석은 것이니 이것이 취할 수 있는 첫 번째입니다. 또한 그의 별부(別部)인 동라(同羅)·복고(僕固)·회흘(回紇) 그리고 연타(延陀)의 무리는 다 군장(君長)을 세워 '은혜를 원수로 갚고자' 합니다. 이는 무리가 아래에서 반란하는 것이니 이것이 취할 수 있는 두 번째 이유입니다. 돌리(突利)는 의심 받자 말을 타고 달아나 자신이 벌을 모면하였으며 탁설(拓設)은 징벌에 나갔으나 한 사람도 돌아오지 못하였고 욕곡(欲谷)은 군을 잃고 발붙일 곳조차 없습니다. 이는 군사들이 좌절하고 장군이 패함이니 이것이 취할 수 있는 세 번째입니다. 새북(塞北)은 매섭게 추운데다 양식이 궁핍하니 이것이 취할 수 있는 네 번째입니다. 힐리는 돌궐과 거리를 두며 여러 호인(胡人)들과 가까이하여 그들에게 업무를 맡깁니다. 호인은 가벼

---

4) 「唐代政治史述論稿(下篇) 外族盛衰之連環性及外患與內政之關係」『陳寅恪先生論文集』(대만 타이베이 三人行出版社 民國 63年) p.277: 北突闕或東突闕之敗亡, 其主因一爲境內之天災及亂政, 二爲其他隣接部族迴紇薛延陀之興起兩端, 故授中國以可乘之隙.

이 태도를 바꾸는데 이것이 그들의 본성입니다. 대군이 그들 나라 가까이 가면 내부에 꼭 난이 드러날 것이니 이것이 취할 수 있는 다섯 번째입니다. 북쪽으로 간 화인의 무리가 참 많습니다. 근래에 듣기로는 그들이 스스로 모아 험한 산에서 수비하여 그곳을 차지하고 있습니다. 군이 새환(塞垣)으로 진격해 가면 반드시 호응이 있을 것이니 이는 취할 수 있는 여섯 번째에 해당되는 이유입니다.[5]

라고 자신의 견해를 개진하고 있다. 위의 6가지 이유 가운데서 '새북상한(塞北霜寒)', '량후핍절(糧糇乏絶)'하다는 네 번째 것을 제외하면 모두 동돌궐 내부가 이미 사분오열되어 당의 침공을 자초하는 절호의 기회가 갖추어졌음을 시사하는 내용이다. 그들의 분열은 스스로 와해되는 주요 요인이므로 먼저 돌궐 통치 집단 내의 분열상을 살피기로 한다. 힐리가한(頡利可汗)이 시필가한(始畢可汗)을 이어 왕위를 계승하고 나서 시필가한의 적자인 돌리가한(突利可汗), 처라가한(處羅可汗)의 장자인 욱사설(郁社設)과 갈등이 있었을 뿐만 아니라 아사나사마(阿史那思摩) 등 돌궐의 왕족 구성원에도 심각한 반목이 내재하고 있었다. '위수 편교에서의 전(渭水便橋之役, 627)'에서 태종이 '돌궐은 사람이 많지만 마음이 같지 않고, 군신은 단지 재물만을 구한다(突厥)雖衆多而不整, 君臣之志, 唯賄是求'고 하고 '가한만이 위수의 서쪽에

---

5) 『舊唐書』(中國 北京 中華書局 1975)卷68「列傳」18張公謹: 頡利縱慾肆情, 窮兇極暴, 誅害良善, 昵近小人, 此主昏於上, 其可取一也. 又其別部同羅·僕固·回屹·延陀之類, 並自立君長, 將圖反噬, 此衆叛於下, 其可取二也. 突利被疑, 輕騎自免, 拓設出討, 匹馬不歸, 欲谷喪師, 立足無地此則兵挫將敗, 其可取三也. 塞北霜寒, 糧糇乏絶, 其可取四也. 頡利疏其突厥, 親委諸胡, 胡人翻覆, 是其常性, 大軍一臨, 內必生變, 其可取五也. 華人入北, 其類實多, 比聞自相賭聚, 保據山臉, 師出塞垣, 自然有應, 其可取六也.

있을 뿐, 나머지는 모두 와서 나를 알현하였다(可汗獨在水西, 達官皆來謁我)'라고 돌궐의 내부 문제를 지적하고 있는 바와 같이 돌궐 통치 집단안의 반목을 암시하고 있는 일면이고 왕족 간의 갈등도 표면화되고 있음을 아울러 방증하는 단면이다.

'위수 편교에서의 전' 이후 돌궐 지배 세력 간의 갈등은 더욱 격화되어 갔다. 정관 2년(628) 힐리가한이 여러 차례 돌리가한이 통제하고 있는 부락에 징병을 요구하였으나 돌리가 이를 거절하였다. 이에 따라 힐리는 출병하여 돌리를 공격하자 쌍방은 노골적으로 군사 충돌로 접어들게 되었다. 다급해진 돌리는 당에 사절을 보내 파병해 줄 것을 요청하였으나[6] 당은 이를 거절하고 출병하지 않았다. 당은 그때까지 돌궐의 내분에 말려들지 않고 사태의 추이를 살피고자 하였기 때문이다. 정관 3년(629) 12월에 돌리는 정식으로 돌궐을 떠나 당에 항복하기에 이르렀다. 그리고 나서 반 달 뒤 말갈(靺鞨)도 당에 사절을 보내어 조공하여 왔다. 이에 태종은 '말갈이 먼 곳에서 온 것은 돌궐이 항복하였기 때문이다. 옛날 사람들은 융적(戎狄) 방어에 상책이 없다하였는데, 짐이 중국을 편안히 다스리므로 사이(四夷)가 스스로 복종하니 어찌 상책이 아니냐!'[7]고 감격하여 못내 기쁨을 감추지 못하였으나, 말갈의 조공은 돌리가 당에 항복한테 따른 상호관계 작용에서 얻어진 결과였다. 이민족의 당에 대한 태도에서 서로 연관성의 일면을 볼 수 있다. 당시 돌리는 동돌궐에 예속된 동부 부락들을 통제하고 있

---

6) 『册府元龜』卷991 「外臣部」備御4: (貞觀) 2年4月丁亥, 突闕可汗爲頡利可汗所攻, 遣使來乞師.

7) 『資治通鑑』(中國 北京 中華書局 1975)卷193 貞觀3年12月: 靺鞨遠來, 蓋突厥已服之故也. 昔人謂御戎無上策, 朕今治安中國, 而四夷自服, 豈非上策乎!

었으므로 돌리가 당에 항복했다는 사실은 동돌궐이 그 영역의 상당부
분을 잃었음을 의미하며 위에서 '사이자복(四夷自服)'했다는 표현의
함의는 돌리의 항복이 돌궐에 치명적인 영향을 끼쳤을 뿐만 아니라
이민족 세력 판도에도 큰 충격파를 예고하는 것이다.

힐리가한과 욱사설(郁射設)가한 양자 간의 충돌도 격화되었다. 정
관 2년(628)에 하주(夏州)의 양사도(梁師都)를 공략하기 앞서 교치
(僑置) 하주 도독부의 장사(長史)로 임명된 유란(劉蘭)은 욱사설아사
나모말(郁射設阿史那摸末)이 그 부락을 거느리고 하남(河南)에 들어
와 살면서 돌궐이 서로 어그러져 믿지 않고 있음을 알고 유란은 이
들 양지를 이간코자 하였다. 이 결과 힐리는 모말을 의심하게 되었
고 모말도 두려워하는데다 힐리가 군을 내어 추격하자 유란은 이 틈
을 노려 역전을 펼치게 되었다.[8] 여기서 보이고 있는 욱사설아사나
모말은 바로 수말 이후에 하투(河套) 지역에 거주하던 처라가한(處
羅可汗)의 아들 욱사설(郁射設)이다.[9] 힐리가 즉위하고 나서 힐리와
가한의 계승자인 욱사설 간의 관계가 줄곧 긴장으로 치닫고 있었는
데 이 때 욱사설은 돌궐이 서로 이반하였다는 소식을 듣고 다시 하
남에 들어오게 되었다. 위에서와 같이 유란이 힐리와 욱사설 사이의
틈을 이용하여 이간한 결과 힐리와 욱사설 간의 갈등을 초래하였고

---

8) 『舊唐書』卷69「列傳」19 薛萬徹·附劉蘭: 突厥攜離, 有鬱射設阿史那摸末率其
  部落, 入居河南. 蘭縱反間以離其部落, 頡利果疑摸末, 摸末懼, 而頡利又遣兵追
  之, 蘭率衆逆擊. 本傳에서는 이 사실을 貞觀11年으로 誤記하였다. 岑仲勉『突
  闕集史』(中國 北京 中華書局 1958) pp.177~178 參照.
9) 『隋唐五代編』陝西卷(1) (中國 天津 天津古籍出版 1991) p.101「阿史那哲墓誌」에
  서는 郁射設을 摸末單于郁射設이라 하였다(「摸末單于郁射設處羅可汗嫡子也」).

이에 힐리와 욱사설에 예속된 울고니(鬱孤尼) 등 9명의 사근(俟斤)
이 당 하주도독 두정(竇靜)에게 복속하여 왔고[10] 당시 욱사설 본인
도 부족을 거느리고 당에 항복하였다.[11] 호부의 통계 수치에 따르면
정관 2년(629)에 한 해에 새외(塞外)에서 돌아온 중국인과 이 무렵
항복한 사람의 수는 남녀 120만 명에 달하였다.[12] 이 가운데 상당수
가 항복한 부족들이 포함되지 않았나 생각된다.

동돌궐의 왕족 외에도 부락 수령의 인솔로 동돌궐 고지를 떠나
서역 혹은 토곡혼(吐谷渾)으로 간 부족들도 있었다. 아사나사이(阿
史那設爾)는 연타(延陀)와 회흘(回紇) 등의 부족의 공격에서 패하자
정관 2년(628)에 무리를 거느리고 서쪽으로 가서 이오(伊吾)에 머물
다가 다시 부도가한(浮圖可汗)에게로 갔다. 장공근(張公謹)의 상서
가운데 '탁설(拓設)'[13]은 바로 아사나사이이다.[14] 같은 해에 한 돌궐
부족이 숙주(肅州)를 지나 '남으로 토곡혼(吐谷渾)에 진입'하려고 하
였으나 숙주 자사(刺史)인 장무달(張武達)에 의해 장액하(張掖河)에
서 격파되고 '1,000여 명의 포로를 포획하였다(捕虜千餘口)'[15]하는

---

10) 『舊唐書』卷61「列傳」11 竇威·附竇靜: 太宗卽位, ……, 尋轉夏州都督. 値突厥
    擁貳, 諸將出征, 多詣其所. 靜知虜中虛實, 潛令人間其部落, 郁射設所部鬱孤尼
    等九俟斤並率衆歸款.
11) 『隋唐五代編』陝西卷(1) (中國 天津 天津古籍出版 1991) p.101「阿史那哲墓誌」:
    (郁射設)率其部萬餘家, 歸附.
12) 『資治通鑑』卷谷183 貞觀3年: 中國人自塞外歸及四夷前後降服者, 男女一百二
    十餘萬口.
13) 注5 參照.
14) 『舊唐書』卷109「列傳」59 阿史那社爾: 阿史那社爾, 突闕處羅可汗子也. 年十一,
    以智勇稱於本蕃, 拜爲拓設, 建牙磧北, 與欲谷設共統鐵勒紇骨·同羅等諸部.
15) 『舊唐書』卷57「列傳」7 劉文舒傳·公孫武達: 貞觀初, 檢校右監門將軍, 尋除肅

전과를 걷을 수 있었다. 이들도 동돌궐 내분으로 토곡혼으로 간 돌궐 부족이다.

동돌궐 부족의 이탈 현상은 사서를 통해서도 알 수 있다. 아사나사마(阿史那思摩)에 대한 기록에서는 그가 힐리와 장기간 불화가 있어 '그 나라가 어지럽게 되자 여러 부족들은 대부분 중국에 들어왔으나 단 사마(思摩)만이 힐리를 따랐고 끝내 함께 사로잡혔다. 태종은 그의 충성을 가상히 여겼다……'16)고 하였고 아사나소니실(阿史那蘇尼失)에 대해서는 '힐리가 실정(失政)하였는데도 소니실(蘇尼失)이 거느린 부족만이 배반하여 떠나지 않았다'17)라고 하였는데 여기서 '유(惟)'와 '독(獨)' 2글자에 대하여 유의할 필요가 있다. 동돌궐이 사분오열된 상태에서 힐리대가한을 변함없이 따르는 부족은 이미 예외로 간주될 만큼 동돌궐 내부가 와해될 지경에 이르고 있음을 살필 수 있다.

아사나씨(阿史那氏)를 중심으로 하는 돌궐 내부의 갈등이 격화되면서 돌궐에 복속된 부족들도 등을 돌리기 시작하였다. 그리고 중국 동북지방에서도 돌리(突利)에 예속된 거란·해(奚)와 습(霫) 등도 동돌궐에 이반(離反)하였다.

州刺史餘, 歲余, 突數千騎輻重萬余入肅州, 欲南入吐谷渾. 武達頜二千人與其精銳相遇, 力戰, 虜稍却, 急攻之, 選大崩潰;『資治通鑑』卷193 太宗 貞觀3年: 突闕寇河西, 肅州刺史公孫武逡甘州刺史成仁重與戰, 破之, 捕虜干餘口.

16)『舊唐書』194(上)「列傳」144(上) 突闕(上) 及其國院, 諸部多歸中國, 惟思摩隨逐頡利, 竟與同擒太宗嘉其忠(中略)…….

17)『舊唐書』卷109「列傳」59 阿史那社爾·附(叔祖)蘇尼失: 及頡利失政, 而蘇尼失所部, 獨不揣離.

이들 가운데 돌궐의 존립에 제일 큰 타격을 준 것은 바로 철륵(鐵
勒)의 봉기였다. 철륵 여러 부족은 북방 초원지대에 널리 자리 잡고
있으면서 '카스피해의 동쪽에서부터 산곡에 의거하여 왕래가 끊임이
없었다(自西海(裡海)之東, 依據山谷, 往來不絶)' 하였으며 이들 가운
데 금산 서남쪽에 위치하고 있는 설연타부가 강한 부족중의 하나로
설(薛)과 연타(延陀) 두 부락으로 구성되었다.[18) 수당 시기에 철륵은
동서 돌궐 모두에게 예속되었고 그 중 '회흘 등 6부 중의 울도군산(鬱
都軍山)에 있는 부족 중, 동쪽은 시필가한(始畢可汗)에 예속되고 서쪽
은 엽호(葉護)에 신속(臣屬)되어 있다(迴紇等六部在鬱都君山者, 東屬
於始畢, 乙失鉢所部在金山者, 西臣于葉護)'[19)는 기록은 그 세력의 추
이를 보여주고 있다.

철륵 여러 부족은 수당 시기에 강력한 전투력을 지닌 유목 부족인
데다 돌궐이 입국하고 나서 동정서토(東征西討)할 때 모두 그들의 도
움을 받아 북황(北荒)의 통제를 가능케 하였다.[20)

정관 2년(628)에 서돌궐에 예속한 설연타는 서돌궐을 떠나 동천하
기에 이르는데 이에 대하여 여러 사서에서 그들이 동돌궐의 힐리가한
에 부속하였다고 하여

정관 2년 엽호가한이 죽자 나라가 크게 어지러웠다. 을실발(乙失

---

18) 『舊唐書』卷199(下) 「列傳」147(下) 北狄·鐵勒: 自云本姓薛氏, 其先擊減延陀而
有其衆, 因號薛延陀.
19) 『舊唐書』卷199(下) 「列傳」149(下) 北狄·鐵勒『唐會要』96 「薛延陀」와 『新唐
書』卷217 「列傳」142 回鶻 參照.
20) 『隋書』卷84 「列傳」49 北狄·鐵勒: 自突厥有國, 東征西討, 皆資其用, 以制北荒.

鉢)의 손자인 이남(夷男)은 부락 7만 여 호를 거느리고 돌궐에 부속하였다. 힐리의 통치력이 미약해지니 이남은 그 무리를 거느리고 힐리를 반공하여 크게 격파하였다. 이에 힐리 부족의 여러 부족들도 힐리를 떠나 이남에 귀의하여 함께 이남을 추대하여 군주로 하였다.[21]

라 하여 '부어돌궐(附於突闕)'의 표현에서 돌궐은 바로 동돌궐 대 가한을 가리킨다. 『신당서』에서는 명확하게 설연타가 '부어힐리(附於頡利)'[22]라고 하였다.

그러나 이 무렵의 정세로 보아 정관 2년(628) 설연타의 동천은 동돌궐에 '부속(附屬)'하기보다는 동돌궐 분열 세력과의 결합으로 보아야 할 것 같다. 위에서 언급하였듯이 정관 2년(628) 전에 동돌궐의 내란이 이미 시작되어 힐리가한과 돌리가한 간의 분쟁이 노골화되고 있었고 정관 원년에는 사막 북쪽에 있는 회흘 등 6개 부족들도 동돌궐에 반항하기 시작하며 동돌궐의 진압 세력을 수차 격파하였다. 이남(夷南)이 동천하기 전에 회흘 수령인 보살(菩薩)은 마엽산(馬鬣山)에서 욕곡설(欲谷設)이 거느린 10만 대군의 공격을 물리쳤다.[23] 그러나 이러한 반항 세력들은 장공근(張公謹)이 언급하였듯이 돌궐 별부인 동라·복고·회흘과 연타 등이 '모두 스스로 군장을 세웠기(並自立

21) 『舊唐書』卷199(下) 「列傳」149(下) 北狄: 貞觀2年, 葉護可汗死, 其國打亂. 乙失鉢之孫夷男, 率其部落七萬餘家, 附於突厥. 遇頡利之政衰, 夷男率其徒屬, 反攻頡利, 大破之. 於是頡利部諸姓多叛頡利, 歸於夷男, 共推爲主.

22) 『新唐書』卷217(下) 「列傳」142(下) 回鶻(下): 貞觀2年, 葉護死, 其國亂, 乙失鉢孫曰夷男, 率部帳七萬, 附於頡利可汗.

23) 『舊唐書』卷195 「列傳」145 回紇: 突闕頡利遣子欲谷設率十萬騎時之, 菩薩領騎五千與戰, 破之於馬鬚山, 因逐北至於天山, 大破之, 浮其部衆, 回紇由是大振.

君長)'24)는 하였지만 아직 통일된 잡단으로 발전하지는 못하였다. 그러므로 이 때 서쪽에 있는 설연타의 동천 목적은 동돌궐의 분열세력과 회합하기 위해서라고 간주할 수 있다. 설연타의 이남은 동천이후 분산된 막북(漠北)의 철륵 여러 부족을 결속시킨 상황에 대해서는 사서의 기록이 불충분하여 자세히 알 수 없지만 회흘 수령인 보살이 동돌궐을 격파한 후 '부족을 거느리고 설연타에 귀부하였다'25)는 짤막한 표현을 통해 살필 수 있을 뿐이다.

사막 북쪽에서 반란을 일으킨 돌궐 부족들은 설연타의 사근(俟斤)인 이남(夷南)을 중심으로 항거 세력을 결집하여 힐리를 크게 격파하였다.26) 정공근의 상서에 '탁설은 도망가고 한 마리의 말도 돌아오지 못하였으며 욕곡은 군대를 잃어 발 디딜 곳이 없다(拓設出逃, 匹馬不歸, 欲谷喪師, 立足無地)'27)고 한 것은 설연타에 대한 돌궐 전을 이르는 말이다. 이 때 설연타의 세력은 '동은 말갈에 이르고 서쪽은 엽호(葉護)에 이르며 남으로는 사막에 닿아 있고 북은 구륜수(俱倫水)에 이르고 회흘·발야고(拔也古)·아질(阿跌)·동라·복골(僕骨)·습(霫) 여러 큰 부락이 모두 예속 되었다(東至靺鞨, 西至葉護, 南接沙磧; 北至俱倫水, 迴紇·拔也古·阿跌·同羅·僕骨 霫諸大部落皆屬焉'라고 하여 사막 북쪽에서부터 서역 동쪽까지의 광대한 토지가 거의 모두 설연타에 예속되었고 동돌궐의 대 가한인 힐리는 사막 남쪽의 한 모퉁이에

---

24) 注5 參照.
25) 『舊唐書』卷195「列傳」145 迴紇: 率其衆, 附於薛延陀.
26) 『舊唐書』卷194(上)「列傳」144(上) 突闕: 遇頡利之政衰, 夷男率其徒屬反攻頡利, 大破之, 於是頡利部諸姓多叛頡利, 歸於夷男, 共推爲主.
27) 注5 參照.

국한하여 그의 세력을 유지할 수 있었으므로 당이 굳이 출병치 않더라도 동돌궐은 멸망한 거나 다름이 없었다. 늦어도 정관 2년에 동돌궐을 대신한 철륵, 설연타는 이미 사막 북부 전체 지역을 차지하기에 이르고 있었다.

돌궐 내분이 일어나게 된 또 하나의 원인은 힐리가 돌궐을 멀리하고 제 호(胡)와 가까이하며 이들을 믿었기 때문이었는데, 이들 호인(胡人)들의 추이를 살펴보면 이들은 '율특호인(栗特胡人)'이라고도 하는데 돌궐의 정치와 외교에 매우 중요한 역할을 하였다. 먼저 이들의 외교 활동의 단면으로 페르시아에 파견된 동돌궐 최초의 외교 사절단은 모두 율특인으로 구성되었고 사절단의 수령도 율특인이었으며 그들은 동돌궐과 로마 간의 교류를 관장하고 있었다. 이들의 부활은 중국의 경우에도 마찬가지였다. 중국 사서에 따르면 중원 왕조와 돌궐 간의 최초 견사기록은 서위(西魏) 문제 대통(大統) 11년(545)에 보이고 있는데 이때 위(魏)의 문제 우문태(宇文泰)가 돌궐에 파견한 사신은 바로, 주천(酒泉)에 거주한 율특호인 안낙반타(安諾盤陀)였다.[28]

당대 율특호인의 대외 활약상은 율특호인 안흥귀(安興貴) 가족을 통해 엿볼 수 있다. 당초 안흥귀(安興貴) 형제는 이궤(李軌)가 대량(大梁) 정권을 뒤엎고 하서(河西)를 당에 받친 공으로 당 초기에 식읍 600호를 하사받은 공신 중의 첫 번째 자리를 차지한 자였다.[29] 당 태

---

28) 『周書』卷50「列傳」42 異域(下) 突闕: 大統十一年, 太祖遣酒泉胡安諾槃陁使焉.
29) 『舊唐書』卷2「本紀」2 太宗(上): (武德9년) 癸酉……(中略)……安興貴·安修仁·唐儉·竇軌·屈突通·蕭瑀·封德彝·劉義節(食實封)六百戶.

종 정권 원년에 '위수 편고의 전'으로 돌궐 힐리가한의 사절과 밀회할 때 당 태종의 신임을 받고 있기 때문이라는 주장도 있으나[30] 실은 율특 가족과 돌궐 간의 밀접한 관계가 있기 때문에 가능하였다. 정관 4년에 당이 돌궐과 결전을 펼치기 전에 안홍귀의 아우 안수인(安修仁)이 다시 태종의 부탁을 받고 홍로경(鴻臚卿) 당검(唐儉)과 함께 '돌궐을 위유(慰諭, 위로하고 복속을 권함)하자 돌궐 힐리가 크게 기뻐하여 관군이 오는 것을 근심하지 않았다는 사실'[31]과 정관 20년 (646)에 당이 사막 북쪽에 주군을 설치하려고 하자 또 다시 안홍귀의 아들인 안영수(安永壽)를 막북에 보내어 소식을 알리도록 한 조치만으로도 이러한 사실을 입증할 수 있다.[32]

율특인이 돌궐의 외교에서 이 같이 독특한 업무 수행이 가능한데는 지리적인 여건과 전통적 관계와 무관하지 않다. 율특인은 시르다리야강과 아무다리아강 사이에 거주하며 교역의 유리한 입지조건 때문에 상업에 수완을 발휘하는 것으로 유명한데, 그 중 강국(羌國)을 대표적인 예로 들 수 있고 발굴과 문헌 기록을 통해 율특인이 실크로드에 연결하는 곳에 많은 주거지를 차지하고 있었다는 사실도 밝혀지고 있다.[33]

---

30) 「安元詩大婦墓發掘簡報·大唐故右衛將軍上柱國安府君墓地銘并序」『文物』1980年 2輯(北京文物出版量 1980) pp.37~49 參照.

31) 『舊唐書』卷67「列傳」17 李靖: 太宗遣鴻臚卿唐儉·將軍安修仁慰……(中略)…… 頡利見使者大悅, 不虞官兵至也.

32) 『資治通鑑』卷198 太宗貞觀20年: 回紇·拔野古·同羅·僕骨·多濫葛·思結·阿跌·契 苾·跌結·渾·斛等十性各造使入貢……(中略)……「奴等各有分地, 不從薛延陀去, 歸命天子. 願賜哀憐, 乞置官司, 養育奴等」上大喜, 辛未, 詔回紇等使者宴樂, 頒 資拜官, 賜其璽書, 遣右領軍中郎將安永壽報使.

율특인은 돌궐의 외교 외에도 내정에서 힘을 발휘하였다. 사촉호
(史蜀胡)가 돌궐 시필가한의 신임을 받았으나 결국 수나라 조정에 미
움을 샀으며[34] 돌궐의 힐리가한 역시 '매번 호인을 위임하면서 부족
의 무리들을 소원하게 하였다. 호인들은 탐욕스럽고 성격도 번복이
많았다. 이 때문에 법령이 점점 많아지고 해마다 전쟁이 발발되어 나
라 사람들은 이를 두려워하였고 부족들은 두 가지 마음을 가지게 되
었다(每委諸胡, 疏遠族類, 胡人貪冒, 性多翻覆, 以故法令滋彰, 國人
患之, 諸部攜貳)'고 하여 그들의 보는 견해를 밝히고 있다. 율특인들
은 돌궐가한이 수의 이간책에 빠져들지 않도록 하였고 돌리가한은 그
들을 믿고 자신의 부족들과 멀리하자 여기에서 돌궐의 통치 질서가
어지러워지기 시작하여 결국 '법령자창(法令滋彰)', '병혁세동(兵革歲
動)', '제부휴이(諸部攜貳)'라는 과정을 겪게 되었다. 그러므로 호인이
돌궐 와해를 유발하는 작용을 한 것으로 이해할 수 있다.

여기에서 당은 동돌궐 내분을 충분히 이용하기에 이른다. 당의 동
돌궐 대책은 두 단계로 나뉘어 추진되었다. 정관 원년(627)에 원군장
(苑君璋)이 당에 항복한 시기부터 정관 3년(629) 8월에 당 태종이 이
정(李靖)을 정양도행군대총관(定襄道行軍大總管)으로 임명하여 돌궐
공략을 준비한 시기를 첫 번째 단계로 볼 수 있다. 이 때 당은 돌궐의
이반한 자들을 모아 북방 변경의 통제구역을 수나라 시기의 수준으로
까지 확대해 갔다. 두 번째는 작전 수행 기간으로 정관 3년 11월에

---

33) 姜伯勤『敦煌吐魯番文書與絲綢之路』(中國 中文物出版社吐 1994) pp.150~163
參照.

34) 『隋書』卷67「列傳」32 裵矩傳: ……矩又言於帝曰: 「突厥本淳, 易可離間, 但由其
內多有群胡, 盡皆桀黠, 教導之耳. 臣聞史蜀胡尤多奸計, 興於始畢, 請誘殺之」.

전쟁을 시작할 때부터 정관 4년(630) 2월에 힐리를 장안에 사로잡아
올 때까지의 기간이다.

첫 번째 단계에서 돌궐 부족과 그에 예속된 부족들은 뿔뿔이 동돌
궐을 떠나 당에 귀순하거나 형식상으로 당에 칭신(稱臣)하였다. 정관
원년(627) 5월에 돌궐 대행대(大行臺) 원군장은 힐리의 난정(亂政)을
핑계 삼아 부하들을 거느리고 당에 항복하니 당 태종은 습주(隰州)도
독과 예국공(芮國公)을 제수하고 식읍 3,000호 비단 40필을 하사하였
다.35) 정관 2년(628) 4월 거란 추장 마회(摩會)는 부족을 거느려 돌궐
을 이반하고 역시 당에 항복하였다. 바로 이때 당 태종은 하남 수복
을 계획하고 있어 힐리가한은 사절을 당에 보내 양사도(梁師道)와 거
란을 맞교환하자고 제안하였으나 태종은 '거란과 돌궐은 본래 다른
부류이다. 지금에 와서 나에게 항복하였는데 무슨 이유로 취하고자
하나? 양사도는 본래 중국인이다. 나의 주성을 차지하여 도둑질을 하
였으나 돌궐은 이유 없이 그를 받아드렸고 나의 군대가 징벌하러 가
자 구원하였다. 얼마 지나지 않아 스스로 사로잡혀 멸망할 걸로 생각
한다. 만약 얻지 못한다 하더라도 끝까지 거란과 바꾸지는 아니 한
다'36)라고 단호히 힐리의 제안을 수용치 않는 결의를 보이고 있다. 돌
궐의 부족을 받아드리며 당은 출병하여 마침내 양사도의 세력을 소멸
시키고 하투(河套)를 회복하였다. 이미 막북(漠北)과 거란 등 지역을

---

35) 『册府元龜』卷164 「帝王」招懷2: 太宗貞觀元年5月乙丑, 當安賊帥苑君章以衆來
降, 拜隰州都督……(中略)……封芮國公, 邑三千戶, 賜啓四十疋.
36) 『舊唐書』卷199(下) 「列傳」149(下) 北狄·契丹: 契丹·突厥·本是別類, 今來索我,
何故索之, 師都本中國人, 據我州城, 以爲盜竊, 突厥無故容納之, 我師往討, 便
來救援. 計不久自當擒滅, 縱其不得, 終不以契丹易之.

잃은 힐리가한에게 하투(河套)를 상실한다는 것은 마지막의 활동 지역까지 잃어버리는 결과나 마찬가지였다. 그러므로 힐리가한은 군사를 동원하여 양사도를 도와주었으나 이미 대세가 기울어 사기가 저하된 병사들을 거느리고 치른 전투는 바로 돌궐의 실패로 끝났고 사도의 사촌 낙아(洛兒)는 사도를 살해하고 항복하였다.[37] 당은 양사도의 옛 땅에 하주(夏州)·염주(鹽州)·수주(綏州)·승주(勝州)와 풍주(豊州) 등 6주를 설치함으로 수의 전성기 때의 북방 국경 지방을 회복시키게 된다.

정관 3년에 설연타가한 이남(夷男)이 사절을 보내자 당은 그와 친선을 맺고 태종은 교사망(喬師望)을 설연타에 보내어 그를 진주비가가한(眞珠毗伽可汗)으로 임명하였으며 이듬해 내조(來朝)한 그의 아우 통특륵(統特勒)에게 보도(寶刀)와 보편(寶鞭)을 하사하며 큰 죄를 지은 자는 참수하고 가벼운 죄수는 채찍 하도록[38] 하여 설연타의 막북 여러 부족에 대한 통치권을 인정해 주었다.

설연타와 당이 연맹을 형성하자 이미 사분오열 된 동돌궐은 남북으로 협공당하는 곤경에 처하게 되어 '설연타가 막북에서 가한이라 자칭하고 사절을 보내 방물을 조공하였다. 힐리는 비로소 칭신(稱臣)하며 공주에 장가가 서례(壻禮)를 갖출 것을 청하였다'[39]라 하여 설연타와 당의 결맹이 동돌궐에 대단한 위협이 되고 있음을 알 수 있

---

37) 『舊唐書』卷56「列傳」6 梁師都: 頡利可汗遣兵來援師都, 紹逆擊破之, 進屯城下. 師都兵勢日蹙, 其從父弟洛仁斬師都, 詣紹降.
38) 『舊唐書』卷199(下)「列傳」149(下) 北狄·鐵勒: 汝部大罪者斬之, 小罪者鞭之.
39) 『舊唐書』卷194(上)「列傳」144(上) 突厥: 薛延陀自稱可汗于漠北, 遣使來貢方物, 頡利始稱臣, 尙公主, 請修壻禮.

다. 돌궐의 붕괴는 이미 결정된 것이나 다름없음으로 이 같은 상황에서 당은 물론 힐리의 요청을 거절하였고 군사 행동에 착수하였다.

정관 3년 8월에 태종은 이정(李靖)을 진군케 하고 11월에 공식적인 대돌궐 공세를 전개하였다. 당군은 모두 6군으로 편성되었는데 영주(營州) 도독 설만철(薛萬徹)을 창무도 행군총관(暢武道 行軍總管), 유주(幽州) 도독 이절(李節)을 항안도 행군총관(恒安道 行軍總管), 병주(幷州)도독 이적(李勣)을 통한도 행군총관(通漢道 行軍總管), 병부상서(兵部尙書) 이정(李靖)을 정양도 행군(定襄道 行軍) 대부관(大部管), 화주(華州) 자사(刺史) 시소(柴紹)를 금하도 행군총관(金河道 行軍總管), 영주(靈州) 도독 이도종(李道宗)을 대동도 행군총관(大同道 行軍總管)으로 임명하고 이정의 총 지휘 하에 몇 도(道)로 나뉘어 진격케 하였다.

각 총관은 여러 주의 도독이 맡았는데 그 중 이정이 병부상서였으므로 대주(代州) 도독 장공근(張公謹)을 정양도 부총관(定襄道 副總管)으로 임명하였다. 시소는 정관 2년에 하주 평정의 주력이었으므로 하(夏)와 승(勝) 2주의 군대로 구성된 금하도(金河道)의 총관으로 임명되었다. 당군의 이런 조치를 통해 참전 주력군은 변경 지역의 전투력을 위주로 하였음을 엿볼 수 있다.

정관 4년(630) 정월에 이정은 3,000명의 기마병을 거느리고 마읍(馬邑)에서 출발하여 정양(定襄)을 습격하였고 이적은 군을 거느리고 운주(雲州)에서 서쪽으로 출발하여 정양 이북의 백도(白道)에서 돌궐의 후퇴로를 막았다. 이정의 군이 가까이 다가오자 힐리와 가깝게 지냈던 강소밀(康蘇密)을 수(隋) 소후(蕭后)와 수 양제의 손자인 양정도(楊政道)를 잡아 당에 항복하였다. 백도로 후퇴한 힐리는 다시 이적에게 격퇴 당하였다. 그 해 2월에 돌궐은 음산(陰山)을 후퇴하면서 '사절을 보내어 사죄하고 온 나라가 복속하고 스스로 조정에 오기를 청하였다(遣使謝罪, 請擧國內附, 身自如朝)'.

태종은 홍로경(鴻臚卿) 당검(唐儉)과 소무(昭武) 9성호(九姓胡) 안수인(安守仁)을 보내 위무하고 초유(招諭)하는 동시에 이정 당검으로 하여금 정예 기마병 만 명을 거느리고 공격하도록 하였다. 선봉장인 소정방(蘇定方)이 거느린 200명 당군이 힐리의 아장(牙帳)에서 7리도 안 되는 곳에 도착하자 힐리는 황급히 달아나니 돌궐의 10여만 주력군은 저절로 무너져 모두 당에 항복하였다. 4월 힐리가 영주(靈州) 서북쪽 소니실(蘇尼失)의 아장에 도착하자 소니실은 힐리가한을 생포하여 당에 받치고 부하들을 거느리고 귀순하였다. 이로서 당은 북방 변경에서의 최대 외환인 돌궐 문제를 해결하였다.

동돌궐의 와해는 7세기 초 동아시아 정세의 큰 전환점이 된 일대 사건이었다. 정관 4년(630) 2월에 돌궐이 음산에서 소멸되고 나서 10일도 채 안 되어 힐리가 생포되지 않았으나 태종은 대 사면령을 내렸는데 그 내용을 보면

　　　정관 2년 2월 18일에 앞선 죄의 경중을 불문하고 대벽(大辟) 이하의 장수들은 모두 사면하여 죄를 면한다. 갚지 않은 관의 공물은 3분의 1을 면제해준다……홀아비와 과부, 고아와 자식이 없는 사람이 스스로 생활을 할 수 없는 자들에게 주현에서는 상황에 따라 진휼하도록 하라. 온 나라에 5일 동안 큰 연회를 베풀도록 한다.[40]

---

40) 『唐大紹令集』(中國 北京商務印書館 1959)卷83「政事」恩宵1: 自貞觀4年2月十

라고 하여 너그러운 태도를 보이며 온 나라와 같이 축하를 함께 나누고자하는 태종의 포부를 보이고 있으니 그 기쁨이 어느 정도였는지를 짐작할 수 있다. 관례대로라면 온 백성들과 함께 경축하며 참전한 장수들에게 후한 포상을 내려야 하였지만 사실은 이와 다르다. 태종은 육도(六道) 총관을 임명하여 돌궐을 공격하도록 하고도 창무도 행군총관 설만철과 금하도 행군총관 시소의 본전에서는 포상에 대한 언급이 보이지 않을 뿐만 아니라 이번 전역에 대해서도 내용이 보이지 않는다.[41] 대동도 행군총관 이도종은 전후에 힐리를 생포한 공으로 실봉(實封) 600호를 하사 받았고 형부상서로 임명되었다.[42] 그러나 총지휘관인 이정은 태종 즉위 초에 이미 실봉 400호를 하사 받았고 전후에 '광록대부로 추가하고 비단 1,000필을 하사 하며 전과 합해서 실봉이 500호가 되었다(加左光祿大夫 賜絹千匹 眞食邑通前 五百戶)'[43]라 하여 사실상 실봉 100호만 늘렸을 뿐이다. 이적은 전투 이전 이미 병주(幷州) 도독으로 임명되었는데 전후에는 관록대부를 제수 받고 병주 대도독부 장사(長史)가 되었다.[44] 돌궐을 멸망시킨 혁혁한 전공에 비교해 본다면 그들의 이런 수혜는 너무 미미한 감이

八日昧爽以前, 罪無輕重, 自大辟以下系囚見徒, 皆赦除之.通負官物, 三分免一……(中略)……鰥寡孤獨, 不能自存者, 州縣量加販濟, 賜天下大酺五日.

41) 『舊唐書』卷69「列傳」19薛萬徹傳·(附) 萬淑, 『新唐書』卷94「列傳」薛萬均·萬淑 『舊唐書』1卷58「列傳」8柴紹, 『新唐書』卷90「列傳」15 柴紹 參照.

42) 『舊唐書』卷60「列傳」10宗室·江夏王道宗: (貞觀)3年, 爲大同道行軍總管……(中略)……以功賜實封六百戶, 召拜刑部尙書.

43) 『舊唐書』卷67「列傳」17 李靖: 太宗嗣位, 拜刑部尙書, 幷錄前後功, 賜實封四百戶……(中略)……加左光祿大夫, 賜絹千匹, 眞食邑通前五百戶.

44) 『舊唐書』卷60「列傳」10宗室·江夏王道宗: (貞觀)3年, 爲大同道行軍總管……(中略)……以功賜實封六百戶, 召拜刑部尙書.

든다.

그러나 항복한 돌궐 수령들은 오히려 후한 상을 받고 있어서 대조를 이룬다. 돌리(突利)가한은 우위대장군(右衛大將軍)과 북평군왕(北平郡王)에 제수되어 식읍 700호를 하사받았다.[45] 그리고 아사나소니실(阿史那蘇尼失)은 회덕군왕(懷德郡王)으로 아사나사마(阿史那思摩)는 회화군왕(懷化郡王)에 봉하여졌다. 아울러 그 나머지 돌궐 추장들도 '모두 중랑장에 제수받아 조정에 한 자리를 차지하고 5품 이상이 100명이 넘었으며 모두 조정 선비들과 자리를 같이 하여 이로 인하여 장인에 들어와 입주한 집안이 거의 10,000호였다.'[46]라 하여 조정에 들어온 돌궐 수령들은 '인질'이라는 부대조건이 없지는 않으나 그들에 대한 대우가 과분하여 참전해서 공을 세운 장군들과 뚜렷한 대비를 이룬다.

이 같은 양자의 대비를 낳게 한 원인은 바로 돌궐 사람들을 회유하려는 태종의 심중을 계산에 배제할 수 없다. 아울러 돌궐의 와해는 내분에서 기인된 결과이지 당군에 의해 멸망된 것이 아님을 은근히 간접적으로 시사 받게 된다.

전황에 관한 기록은 단 두 번 밖에 보이지 않는데, 첫 번째는 이정 휘하의 군은 3,000명에 불과하였고 두 번째는 음산 결승전에 참전한 당군의 수도 10,000명에 불과하였다. 또한 두 번의 전역에서 모두 양군이 접전하기도 전에 돌궐이 이미 붕괴되었다. 만약 돌궐 부족의 내분이 없었다면 이런 수의 병력으로 동돌궐을 붕괴시킨다는 것은 곤란

---

45) 『舊唐書』卷194(上) 「列傳」144(上) 突厥(上): (貞觀)4年, 授右衛大將軍, 封北平都王, 食邑七百戶.

46) 『資治通鑑』卷193 太宗 貞觀4年5月: 其餘酋長至者, 皆授中郎將, 布列朝廷, 五品以上百除人、殆與朝士相半, 因而入居長安者近萬家.

한 일이다. 동돌궐이 안에서 붕괴된 상태에서 당군이 동돌궐을 멸망시켰다고 하기보다는 동돌궐의 분열된 실상과 당 측이 이를 적절히 이용한 책략과 서로 맞아 떨어진 결과였다고 하겠다.

2. 서역 확전(擴展)

당 초에 서역 지배권은 서돌궐에 속해 있었다. 그러나 서돌궐은 내부권력 투쟁으로 날로 약해져갔다. 당이 이런 내분을 어떻게 이용하여 서역으로 진출하였는지를 살피기로 한다.

1) 서돌궐의 쇠퇴(衰退)

동돌궐의 경우와 마찬가지로 서역을 지배한 서돌궐도 수 말기 당 초기에 이르러 전성기에 접어들고 있었다. 동돌궐이 북방 세력을 지원하여 중국을 침공할 때 서돌궐도 서남으로 세력을 확장하여 태종대에 와서는 서돌궐의 통엽호(統葉護)가한은 동쪽으로는 감숙성 만리장성의 서쪽 옥문관(玉門關)에서부터 서쪽의 사산 제국의 페르시아까지, 남으로는 카슈미르에서부터 북쪽의 알타이산맥까지 이르는 광대한 지역을 장악하게 되었다. 이는 한당시대에 걸쳐 아시아 내륙에서 강력한 세력권이었다. 수 말기의 내란에다 당 초에 당과 동돌궐 간의 세력 각축은 서돌궐이 빠르게 발전할 수 있는 절호의 기회를 제공해 주는 결과가 되었다. 그러나 서돌궐도 얼마 지나지 않아 분열되어 각 부족은 권력 쟁탈전을 벌이기 시작하였다.

동돌궐의 내분을 이용하여 그를 멸망시킨 태종은 오로도스와 몽골 변경지대에 통치 기반을 이룩하고 나서 서돌궐에 대해서도 이간책을 써서 이를 평정하고자 하였다.

역사 기록에 의하면 중원 지역의 농경 왕조와 북방 초원 지역의 유목민족과 비교해 보면 유목 정권은 불안정한 특성을 지니고 있음을 알 수 있다. 이런 점에서는 서돌궐도 제외가 될 수 없다. 유목 국가가 신속히 쇠망하는 원인은 여러 가지를 들 수 있지만 통일제국과 상대적으로 분산된 유목 경제의 갈등, 강력한 무력과 상대적으로 간소한 정치 통치 기구의 마찰, 광활한 영역에 오히려 빈약한 경제 문화와의 연관성 등을 지적할 수 있다. 이런 갈등 요인은 유목 세력이 언제나 극복하기 어려운 난제였다. 그러므로 유목 세력에 정복된 민족이 많으면 많을수록, 피 통치 지역이 넓으면 넓을수록 이 같은 모순은 더욱 두드러지게 나타나고 자연히 정권 교체 또한 더더욱 빈번할 수밖에 없었다.

서돌궐의 권력구조를 동돌궐과 비교하여 보면 이는 더욱 불안정한데다 전란도 또한 빈번하였고 강도도 치열하였다. 서돌궐은 서역 토착 세력 간의 갈등이 심화된데다 정치, 경제와 문화 등의 불균형으로 이곳을 장악해 가는데 더 많은 어려움을 가중시켰다. 통엽호(統葉護)가한 말년에 서돌궐은 전성기에서 점전 쇠락해가며 내전과 분열에 휘말려들었다.

서돌궐 내분의 특성은 그들 귀족 파벌 간의 투쟁이 서돌궐에 대한 반항운동과 뒤얽혀 있다는 점이다. 서돌궐 지배자들은 주로 귀족이

관장하고 있는 무력을 이용하여 서역에 대한 지배를 유지하였다. 그
러나 귀족 파벌 간의 격돌은 결국 대가한의 권력 약화라는 결과를 낳
게 되었고 권력이 약화되면 각 속국들은 이 기회를 틈타 중앙 서돌궐
의 지배에 항거하였다. 역으로 서역 속국의 반항활동은 대가한의 통
치 기초를 흔들어 귀족들에게 권력을 쟁취할 수 있는 기회를 마련해
주기도 하였다. 서돌궐의 귀족과 대가한 사이, 그리고 귀족과 귀족 간
의 투쟁이 발달된 원인은 돌궐 통치자 사이의 권력 재분배로 이어졌
으므로 이런 상황의 속성은 내부 갈등이라는 특성을 지니고 있으며
서돌궐과 예속된 지배세력 간의 쟁투는 정복자와 피정복 간의 투쟁이
었다. 그러나 두 가지 모두 서돌궐의 지배력을 와해시키는 결과로 작
용하였다.

　　태종 정관 원년(627)에 갈나녹(葛邏祿)부가 제일 먼저 서돌궐의 통
치에 반기를 들고 일어나기를

　　　　때때로 통엽호는 스스로 강성하다고 자부하면서 나라에 은혜롭지
　　　　못하였다. 부족의 무리들은 모두 원망하였고 갈나녹 족이 많이 이반
　　　　(離叛)하였다.[47]

라고 하였다. 갈나녹부는 돌궐의 한 피정복 부족으로 동서돌궐의 접
경 지역에서 거처하였다. 갈나녹은 서돌궐에만 예속된 것이 아니라
동서돌궐의 성쇠에 따라 태도를 바꾸었다. 동돌궐이 융성할 때에는
그에 예속되고 서돌궐이 강할 때에는 이에 복속하였다. 그러기 때문

---

47) 『舊唐書』卷194(下)「列傳」144(下) 突闕(下): 時統葉護自負强盛, 無恩於國, 部
　　衆咸怨, 歌邏祿種多叛之.

에 갈나녹의 향배는 바로 동서돌궐 세력의 정도를 살필 수 있는 징표이기도 하다. 갈나녹부의 반란은 통엽호가한 통치 말엽 융성했듯 서돌궐의 기세가 기울기 시작했다는 것을 의미하기도 하며 통엽호의 피살은 내부의 제반 모순이 노골화 되어가는 신호이기도 하다.

정권 2년에 통엽호가한의 백부(伯父)인 막하돌(莫賀咄)은 조카 통역호가한을 죽이고 대가한 자리를 차지하였다. 막호돌의 찬위는 서돌궐 내 각 부족의 강한 저항을 야기시키게 되었다. 이 때 금산 일대에 살면서 서돌궐에 예속했던 철륵 설연타부의 가한인 이남(夷南)은 설연타 부 70,000여 호를 거느리고 돌궐을 이탈하여 동쪽 사막에 들어갔다. 갈나녹과 설연타는 서돌궐이 신뢰하는 중요한 무력집단으로 그들의 반란은 자연히 서돌궐의 세력을 크게 약화시켰으며 귀족 간의 권력 다툼을 더욱 격화시켰다. 철륵 설연타의 동천은 서돌궐의 통치 기반을 동요시키게 되었고 위에서 이미 지적한 것과 같이 동돌궐 멸망을 초래하여 당의 북방 정세를 근본적으로 변화시켰다.

막하돌의 찬위는 서돌궐 내 여러 모순을 더욱 심화시켜 결국 전면 내전의 서막을 올린 셈이다. 먼저 막하돌의 통치에 반기를 들고 나선 것은 서돌궐의 노실필부(弩失畢部)이다. 이들은 통엽호가한의 아들인 질력특륵(呾力特勒)을 사엽호(肆葉戶)가한으로 삼고 막하돌에 대항하였다. 이 일이 일어나고 나서 서돌궐은 막하돌과 사엽호 두 계열로 나뉘었고 서역 여러 나라와 철륵 사이에서 전에 서돌궐에 예속된 것들은 모두 이반하니 국내가 빈 것과 같았다. 서역의 각 예속 부족들도 이어서 서돌궐을 이탈하여 독립하니 서돌궐은 군사적으로는 철륵 여러 부족의 강한 지원 세력을 잃게 되었고 경제적으로는 서역 각국의 세금원(稅金源)을 잃어 국력이 자연히 약화될 수밖에 없었다.[48]

　막하돌과 사엽호는 어쩔 수 없이 외부의 지원을 받아 곤경에서 벗
어나며 파벌 간 투쟁에서 실력을 강화하고자 꾀하였다. 이런 상황에
서 당은 서돌궐 두 집단이 서로 앞 다투어 관계를 맺고자 하는 대상이
되었고 이들은 혼인을 통하여 당 측의 환심과 지원을 얻고자 하였다.
막하돌과 사엽호의 분쟁이 지속되면서 당 태종은 처음에는 서돌궐 내
분에 대하여 예의 주시하며 관망하는 태도를 취하여 그들의 혼인 요
청을 거절하였다.

　사엽호(肆葉戶)가한은 통엽호(統葉戶)가한의 아들인데다 통엽호가
한이 서돌궐 사람들의 인정을 받는 뛰어난 인물이었으므로 결국 사엽
호가한에 정통성이 부여되어 서돌궐 각 부의 호응을 받아 막하돌(莫
賀咄)의 부하들도 사엽호를 지지하자 막하돌은 금산으로 도망가 그곳
에서 니숙(尼孰)에게 살해되었다. 정관 4년(630) 사엽호는 서돌궐 각
부를 잠시나마 통일하여 대가한이 되었다.

　그러나 사엽호가한의 즉위로 서돌궐의 내란을 종식시킬 수는 없었
다. 니숙은 사엽호 파 내에서 강한 세력과 영향력을 가진 인물로 처
음 부족들은 그를 가한으로 추대하고자 하였으나 그는 한위(汗位, 가
한의 자리)를 사엽호에게 양보하고 나아가 찬위한 막하돌까지 살해하
는 공을 세웠다. 이와는 달리 사엽호는 단지 아버지의 명성을 빌어
서돌궐의 대가한으로 추대되었을 뿐이다. 니숙이 사엽호를 추대한 저
의는 '천자를 끼고 제후에게 명'하는 태도였으니 제후가 이미 소멸되

---

48) 『舊唐書』卷 194(下)「列傳」144(下) 突厥·俱遣使來朝, 各請婚於我, 太宗答之
　　日:「汝國擾亂, 君臣未定, 戰爭不息, 何言得婚」竟不許. 仍諷令各保所部, 無相
　　征伐.

었다면 천자는 그 자리에서 내려와야만 하였다. 그러나 사엽호의 입
장은 이와는 전혀 달랐다. 그는 오랫동안 유명무실한 허수아비 가한
이 되는 것을 원하지 않았을 뿐만 아니라 또 이어받은 가한 자리를
내놓을 수 없었다. 이를 위해서는 반드시 니숙의 힘을 약화시키거나
그를 제거해야만 하였다. 막하돌이 제거된 뒤 가한 사엽호와 공신인
니숙 간의 갈등은 날로 더욱 격화되어가서 그 내용을 보면

> 사엽호는 성격상에 의문하는 문제가 많고 꺼리는 맘이 강하고 간
> 언을 믿으며 나라를 통제하고 다스리는 능력이 없었다. 또한 을리(乙
> 利)가한은 사엽호에 대한 공이 제일 많았다. 이때에 소가한으로 임명
> 하고 없는 죄명으로 족멸코자 하니 그의 부하들은 크게 놀라 자연히
> 편안할 수 없었다. 통엽호는 평소에 니숙을 시기하고 두려워하여 도
> 모하고자 했다. 니숙은 결국 언기(카라샤르)로 갔다. 그 후 비달관(毗
> 達官)과 돌궐 노실필(弩失畢) 2부의 호수(豪帥)들은 은밀히 사엽호를
> 공격하고자 했다. 사엽호는 경기(輕騎)로 강거(康居)로 달아났고 얼
> 마 안 되어 죽자 국인들은 카라샤르에서 니숙을 맞이하여 가한으로
> 세우니 이가 곧 돌륙가한(咄陸可汗)이다.[49]

---

49) 『舊唐書』卷194(下)「列傳」(194)(下)突厥(下): 肆葉護性猜狠信讒, 無統馭之略.
又乙利可汗者. 於肆葉護功最多, 由是授小可汗, 以非罪族域之, 群下震駭, 莫能
自固. 肆葉護素憚泥孰, 而慾圖之, 泥孰遂適焉耆. 其後設卑達官與突厥弩失畢
二部豪帥潛謀擊之, 肆葉護以輕騎遁於康居. 尋卒, 國人迎泥孰於焉而立之, 是
爲咄陸可汗.『舊唐書』와『新唐書』突闕傳에서 이들이 서로 충돌한 기록을
살펴보면 사엽호(肆葉戶)를 폄하하는 입장을 취하고 있음을 알 수 있다. 니
숙(泥孰)이 큰 功을 세워도 다시 시기 대상이 되어 할 수 없이 언기(焉耆)로
도망갔다는 사실을 기술하고 있으나『西域傳』에서는 니숙(泥孰)이 설비달관
(設卑達官)과 노실필(弩失畢)과 '작난(作難)'하였음도 알 수 있다. 니숙을 보
필 받은 데는 그가 당의 지지를 얻고 있으며 唐이 책봉한 첫 번째 서돌궐가

라고 하여 부족 두목 간의 군력투쟁의 면모를 보여주고 있다.

정관 5년(631)을 전후하여 니숙과 사엽호가 다툼으로 서돌궐의 내정은 자연히 혼란에 빠졌고 6년(632) 8월에 태종은 홍로소경(鴻臚少卿) 유선인(柳善因)을 보내어 니숙을 해리필돌륳가한(奚利邲咄陸可汗)으로 봉하였다.[50] 니숙은 당이 책봉한 서역 지역의 첫 번째 가한이다. 여기에는 당의 서역 정책의 변화를 시사하고 있다. 당은 서돌궐의 내분이 시작될 무력 어느 한쪽에도 치우치지 않는 관망 태도를 취하였으나 이 책봉을 계기로 니숙계를 지지하기 시작하였다. 이는 당이 동돌궐 문제를 순조롭게 해결하고 여력이 있음을 의미하는 것이다. 니숙가한은 얼마 안되어 죽고 정관 8년(634)에 서돌궐은 이식쿨호와 이리(伊犁)강을 따라 다시 당의 지지를 받는 니숙계의 노실필(弩失畢)과 도륙(都陸) 양 세력으로 분열되었고 서돌궐 내분은 계속되었다.

서돌궐의 내분은 그 자체의 내부 문제만이 아니고 복잡한 민족구성의 지역인 만큼 내분은 자연히 다른 부족에게도 영향을 미칠 수밖에 없었다. 서돌궐 내부 마찰을 이용하여 동돌궐의 아사나사이(阿史那社爾)가 서돌궐에 침입하여 영토의 반을 차지한 것을 그 좋은 예로 들 수 있다.

아사나사이는 동돌궐 처라(處羅)가한의 아들로 사막 북쪽에 정권을 잡고 욕곡설(欲谷設)과 함께 막북 지역에 예속된 부족들을 거느리

한(西突闕可汗)이었기 때문이고 또한 니숙(泥孰) 책봉의 합리성을 보이기 위해서 이다.

50) 『資治通鑑』卷19 4太宗貞觀 6年秋7月: 遣鴻臚少卵柳善因立咄陸奚利咄陸可汗.

고 있었다. 무덕 9년(626) 겨울에 설연타와 회흘이 일어나 동돌궐에
반항하자 요곡설과 아사나사이가 출병하였으나 도리어 설연타에게
패하였다. 동돌궐 내란에 휘말리자 패한 후 갈 곳을 잃은 아사나사이
는 무리를 거느리고 서역으로 도망가서 가한부도성(可汗浮圖城)에
안착하였고 내란을 틈 타 서돌궐을 패배시켰다. 이 사실을 『구당서』
아사나사이전에서는

> 아사나사이는 돌궐 처라(處羅)가한의 아들이다. 11살 때에 지혜와
> 용맹으로 부족에서 칭찬을 받았다. 탁설(拓設)로 임명되어 막북에 아
> (牙)를 세우고 욕곡설과 함께 철륵(鐵勒)·흘골(紇骨)과 동라(同羅) 제
> 부를 나누어 통솔하였다……(중략)……무덕 9년에 연타와 회흘 등
> 제부가 모두 이반하여 욕곡설을 격파하였다. 사이는 공격하였으나,
> 다시 연타에게 패배 당하였다. 정관 2년에 드디어 그 나머지 무리들
> 을 거느리고 서쪽지역에서 세력을 보존하고 가한부도에 의지하였다.
> 이후 힐리가 망하고 서돌궐 엽호(葉護)도 죽자, 해리필돌륙(奚利苾咄
> 陸)가한 형제가 나라를 다투었다. 사이는 항복시키겠다고 떠들며 군
> 대를 거느리고 서쪽을 향해 올라갔다. 습격해서 서돌궐을 격파하고
> 나라의 반을 차지하였으며 무리 10여 만을 얻어 스스로를 '도포(都布)
> 가한'이라 칭하였다.[51]

---

51) 『舊唐書』109「列傳」59 阿史那社爾: 阿史那社爾, 突厥處羅可汗子也年十一, 以
智勇稱於本拜爲拓設, 建牙磧北, 與欲谷設分統鐵勒, 紇骨, 同羅諸部: ……(中
略)……武德9年, 延陀, 迴紇等諸部皆叛, 攻破欲谷設, 社爾擊之, 復爲延陀敗.
貞觀2年, 遂率其餘案保於西偏, 依可汗浮圖. 後頡利滅, 而西著葉護又死, 奚利
苾咄陸可汗兄弟爭國, 社爾揚言降之, 引兵西上, 因襲破西藩, 半有其國圓, 得衆
十餘萬, 自稱都布可汗 여기에서 해리필돌륙가한(奚利苾咄陸可汗)이 바로 니
숙(泥孰)이다. 해리필돌륙가한은 당이 니숙에게 내린 봉호(封號)이다.

라 하였다. 그가 서돌궐전에 승리하고 나서 다시 북쪽으로 나아가 설
연타를 도모하고자 하였는데 그 내용을 보면

　　(사이)는 그 부족에게 이르기를 '먼저 우리나라를 이반하고 격파된
　　것이 연타의 죄이다. 지금 나는 서방을 점거하고 병마를 많이 얻었다.
　　연타를 평정하지 않고 안락을 취하는 것은 선 가한을 잊은 것이고 불
　　효를 저지르는 것이다. 만약 하늘이 이기지 못하게 하여 죽는다 하더
　　라도 한이 없다'고 하니 그 추장들이 모두 간언하기를 '지금 새로 서
　　방을 얻었으니 머물러 진압해야 합니다. 만약 바로 포기하고 떠나 먼
　　곳으로 가서 연타를 공격한다면 엽호의 자손이 반드시 와서 나라를
　　회복하지 않을까 염려스럽습니다'라 하였으나 사이는 따르지 않고 친
　　히 5만 기마병을 이끌고 사막 북쪽에서 설연타를 토벌하여 전쟁을
　　100여 일 동안 지속시켰다……(중략)……사이 부병(部兵)들이 또 오
　　랜 군역으로 고통스러워 대부분 군력을 포기하고 달아났다. 연타는
　　이틈을 타고 군대를 동원하여 사이를 격파하였다. 사이는 다시 고창
　　국에 머물게 되었다. 생명을 보존한 옛 병사들은 겨우 1만여 명이었
　　고 또 서돌궐과 원한을 맺었다. 9년에 무리들을 거느리고 내속하니
　　좌기효위대장군(左騎驍尉大將軍)을 제수하였다.[52)]

라 하였는데 이때 철륵 각 부족은 설연타 이남의 인솔하에 이미 동돌

52) 『舊唐書』卷109 「列傳」59 阿史那社爾에서는 阿史那社爾를 左騎衛大將軍이라
　　하였고 『資治通鑑』卷94 太宗貞觀9年에서는 左騎衛大將軍이라 하였다. 『舊
　　唐書』: (社而)謂其諸部曰「首爲背叛我國者, 延陀之罪也. 今我據有西方, 大得
　　兵馬, 不平延陀而取安樂, 是忘先可汗, 爲不孝也, 若天令不捷, 死亦無恨」其酋
　　長成諫曰: 「今新得西方, 須留鎭壓. 若卽棄去, 遠擊延陀, 只恐葉護子孫必來復
　　國」社而不從, 親率五騎, 討延陀於磧北, 連兵百餘日……(中略)……社爾部兵
　　又苦久役, 多委之逃, 延陀因擊敗之復保高昌國, 其舊兵在者才萬餘人, 又與西
　　蕃結隙. 9年, 率衆內屬, 拜左騎衛大將軍.

궐을 대신하여 막북의 새로운 주인으로 등장하고 동쪽은 실위(室韋)에 서쪽은 금산에 남쪽은 돌궐에 북쪽은 바다에 닿았다. 강병 20만을 보유하여 세력이 매우 커져서[53] 아사나사이의 패배는 어쩔 수 없는 종말이었다. 출병하기 전에 아사나사이는 서돌궐을 반이나 차지하고 있으면서도 설연타에 패하고 부족들이 흩어짐으로 기세가 크게 떨어졌다. 또 이 무렵 당이 니숙을 책봉함으로 서돌궐도 분쟁국면에서 벗어나니 아사나사이가 '다시 고창을 지켰다(復保高昌)'는 뜻은 그가 새로 수중에 넣은 지역을 잃었을 뿐만 아니라 처음의 피난처인 북정(北庭) 지역까지도 포기하고 고창(高昌) 내로 퇴각하게 되었음을 의미한다. 결국 정관 9년(635)에 그는 고창을 떠나 당에 내속하기에 이른다.[54]

서돌궐 내의 전란은 자체의 통치 질서를 붕괴시켰고 이 지역 생산과 생활에 심각한 영향을 끼쳤으며 동서 간의 무역을 저해하여 당초 서역과 중원의 또 다른 관계 변화를 초래하였다. 서돌궐이 혼란에 빠지자 토착세력들은 분분히 사신을 중원에 보내어 당의 보호와 실크로드 질서를 회복해 주기를 요청하였다.

정관 4년(630) 12월에 고창 국왕은 여러 나라가 모두 국문태(麴文泰)를 따라 사절을 파견하여 조공하기를 원한다는 뜻을 전하였다. 태종은 서역의 무역 사절을 맞이하도록 하였으나 위징(魏徵)은 간언하기를

중국은 처음으로 안정되어 상처가 아직 아물지 못하였습니다. 노

---

53) 『舊唐書』卷199(下) 「列傳」149(下) 北狄·薛延陀: 東至室韋, 西至金山, 南至突厥, 北臨瀚海⋯⋯(中略)⋯⋯有盛兵二十萬, 勢力一時稱盛.
54) 『舊唐書』卷109 「列傳」59 阿史那社爾: (貞觀)9年, 率衆內屬.

역이 조금이라도 있어도 편할 수 없습니다. 지난해 문태가 입조하면
서 경과한 주현들도 경비를 댈 수가 없었는데 하물며 이들보다 인원
이 늘어나지 않습니까. 만약 상인들을 마음대로 왕래하게 하면 변경
에 있는 사람들이 이익을 얻을 것이고 만약 손님으로 여기면 중국이
바로 그 피해를 감수해야 합니다……(중략)……지금 만약 10국의 입
공을 허락한다면 그 사절은 1,000명을 넘을 것이니 변경에 있는 여러
주현들을 어떻게 구제하시겠습니까?[55]

라고 하니 태종은 위징의 건의를 받아들여 이미 출발한 사절을 되돌
아오게 하였다.

위의 사실에서 서역 각 국은 서돌궐의 통할에서 벗어나 연합하여
당에게 실크로드를 보호해주도록 요청하고 있다. 이 10개 서역나라들
로 구성된 1,000명 이상의 사절단은 분명 외교 사절단이 아니라 조공
무역에 종사하는 상인들이었다. 10개국에서 보낸 조공 인원수가
1,000명에 달한다는 것은 이 무역단의 규모도 상당히 크다는 것을 의
미한다. 서돌궐 전란으로 실크로드 무역은 큰 영향을 받게 되었고 서
역 10개국이 당의 보호를 받으며 무역의 재개를 요청했다는 사실은
서돌궐이 장기간의 내란에 휩쓸려 무역 안전을 유지할 수 있는 능력
을 이미 잃었음을 말하며 무역의 이익이 주경제원인 서역 토착 종족
들은 새로운 무역체계를 정비하여 무역활동을 하고자 하였다.

당은 이 때 아직 서역에 직접 개입하기를 원치 않고 상인들의 왕래

---

55) 『舊唐書』卷71 「列傳」21 魏徵: 中國始平, 瘡痍未復, 若微有勞役, 則不自安, 往
年文泰入朝, 所經州縣, 猶不能供, 況加於此輩背, 若任其商賈來往, 邊人則獲其
利, 若爲賓客, 中國印受其弊亦……(中略)……今若許十國入貢, 其使不下千人,
欲使緣邊諸州何以取濟?

를 허락할지언정 서역 상인들을 손님으로 모셔 영송(迎送)의 책임을 떠맡으려고 하지 않았다. 정관 5년(631)에는 이익 따지기를 잘하는 것으로 유명한 강국(康國)을 '내부(內附)'하겠다고 요청하였으나 태종은 그들의 요구를 거절하였다.

정관 4년에 조공 요구와 마찬가지로 '내부'도 무역 활동에서 당의 보호를 받고자 하는 저의에 지나지 않기 때문이다. 태종의 이 같은 거절은 첫째 먼 곳 사람을 불러들인다는 것은 '쓰임에 도움이 안 되고 백성들에게 폐를 끼친다(無益于用而糜弊百姓)'며 이득이 없어서고 둘째 '내부(內附)'를 허락한다면 그들에 대한 상당한 의무를 책임져야 함으로 만약 강국이 위험에 처해 있다면 출병하여 도와야 함으로 이는 '백성들을 피곤하게 만들면서 허명(虛名)만 취하는 것'에 불과한 것이 여서였다. 당의 세력이 아직 서역에서 영향을 못 미치고 있는 상황에서 출병하여 구원한다는 것은 불합리한 일이었다. 이외에 더욱 현실적인 문제는 태종이 제기한 '초래절역(招徠絶域)' 즉 실크로드에서의 무역을 책임지는데 따른 경비 문제였다. 10국 입조와 강국은 소무(昭武) 9성 호상(胡商)들의 중요한 집단 거주지임을 고찰할 때 강국이 내부를 당에 요구한 것도 분명 서돌궐이 내전에 빠져든 상황에서 당의 허락을 받아 동북 무역을 위해서이다.

물론 당이 무조건 '내부'를 거절한 것은 아니었다. 당의 서역 진출에 도움이 되는 세력에 한해서 그들의 내속을 적극 환영하였다. 정관 4년 9월에 이오(伊吾) 성주가 7성을 당에 받치고 항복하자 당 태종은 그 곳에 서이주(西伊州)를 두었다. 정관 6년(632)에 서돌궐의 속부(屬部)인 철륵 계필(契苾) 부족의 수령인 계필하력(契苾何力)이

어머니를 따라 부족 1,000여 호를 거느리고 아타미에서 사주(沙州)로 와 내속하였다. 당 태종은 계필하력에게 장안에 들어오도록 하고 그를 좌령군장군(左領軍將軍)으로 제수하고 부족들을 양주(凉州)와 감주(甘州) 경내에 정착케 하였다. 서역의 강력한 세력인 철륵 계필 부족의 내부도 역시 서돌궐의 이어지는 내전과 상호 연계되고 있다.

서돌궐은 내전에 휘말려 국세는 상당히 쇠미해졌고 이에 따라 서역에 대한 돌궐의 통제력도 크게 약화되기에 이르렀다.

2) 토곡혼(吐谷渾) 평정

당이 서역에 확장함과 동시에 청해호(靑海湖) 주변 지역과 청해성 내 황하 발원지에 있는 토곡혼은 당의 서역 진출의 장애물이었다. 서역 진출을 위해 당은 반드시 토곡혼 문제를 해결해야만 하였다.

동서돌궐의 경우와 마찬가지로 토곡혼도 수나라 말기 중원 혼란의 기회를 빌어서 수 양제에 빼앗긴 영토를 회복하고 중국 서북 변경의 여러 주를 습격하기 시작하였다.

당 초기 토곡혼의 부흥은 많은 당항(黨項) 부락이 토곡혼에 복속한 것과 관계가 있다. 당이 동돌궐을 와해하기 전에 당과 토곡혼의 소규모 전쟁은 대체로 오늘의 감숙성과 사천성 접경 지역에서 일어났고 토곡혼이 동쪽으로 진격해 오면서 당과 접경 지역에서 세력 범위를 다투기 시작하였다. 이때 당의 북방 형세가 위급하여 토곡혼을 돌볼 겨를이 없었으므로 쌍방은 이 지역에서 교착상태에 빠져들었다.56)

---

56) 첩주(疊州)를 例로 들면 武德 2년(619)에 唐에 귀속되었다가 5년(622)에 吐

태종이 즉위하고 나서 서돌궐이 쇠미함에 따라 서쪽에 주목하기 시작하였다. 정관 3년에 당의 책동으로 당항 강(羌)의 수령 세봉포뢰(細封步賴)가 당에 항복해 오자 당은 그 땅에 궤주(軌州)를 두고 포뢰를 자사로 임명하였다. 그는 '거느리는 부족들을 인솔하여 토곡혼 공격을 청(乃請率所部討吐谷渾)'하고 나니 토곡혼에 예속된 당항의 다른 부족들도 토곡혼을 떠나 당에 내부하였고 당은 이에 계속하여 거(崌)·봉(奉)·엄(嚴)·원(遠) 등 4개의 기미주(羈縻州)를 두고 역시 당항의 부락 수령들을 자사로 임명하였다. 정관 4년에 당은 오르도스 지역에 돌궐 항복 부족들을 안치하였다. 당은 이듬해에 다시 당항 개척에 나서 16개 주, 47개 현을 설치하였다. 통계에 따르면 정관 6년에 당항 강에 내속한 자가 30만 가구에 이른다.[57] 토곡혼과 관계가 제일 밀접한 당항강 수령 탁발적사(拓跋赤詞)도 이때 당에 귀순하여

(정관)5년에 조서를 내려 사절을 보내 당항 하곡(河曲) 땅을 개척하여 60개 주를 세우니 내속한 호의 수가 34만 가구였다. 탁발적사라는 강족(羌族) 추장이 있어 토곡혼 군주 복윤(伏允)에게서 신임을 받아 그와 혼인하고 누차 관군에 대항하였다. 후에 그의 아들인 사두(思頭)와 함께 무리와 여러 수령을 거느리고 귀부하였다. 그 땅을 나누어 의·차·린·가(懿·嵯·麟·可) 등 32주로 확정하고 송주(松州)를 도독부로 하여, 기미책을 써 마음에 두고 위로하였다. 적사를 서융주(西戎州) 도독에 임명하고 이씨성(李氏姓)을 하사하였다. 이로부터 하원대적석산(河源大磧石山) 동쪽은 모두 중국의 변경이 되었다.[58]

谷渾에 함락되었고 7년(624)에는 唐이 다시 탈환하였다.
57) 『資治通鑑』卷193 太宗貞觀 3年, 貞觀5年, 貞觀6年, 『舊唐書』198「列傳」148 西戎·黨項羌의 內容 參照.

라고 하여 당항강의 대거 내부는 동돌궐 와해 이후 당 세력이 서역에
확대해 가는 서막을 열고 있음을 설명하고 있다. 원래 토곡혼에 예속
된 당항강은 여기에 이르러 당의 토곡혼에 대응력으로 부상하였고 당
은 토곡혼과의 세력 경쟁에서 유력한 위치를 확보할 수 있게 되었다.

　　동부 변경에서 좌절되고 나서 토곡혼은 북쪽으로 방향을 돌렸다.
정관 6년에 난주(蘭州)를 노략질하고 다시 선주(鄯州)와 곽주(廓州)
를 침략하여 당의 행인(行人, 사자) 홍로경(鴻臚卿) 조덕해(趙德楷)
를 억류하였다. 정관 8년에 당은 단지현(段志玄)을 서해도(西海道)
행군총관, 번흥(樊興)을 적수도(赤水道) 行軍總管으로 임명하고 변경
군사와 계필(契苾)과 당항의 무리들을 거느리고 공격하였다. 그러나
이 전역에서 쌍방은 대규모의 전투는 치르지 않았다. 당의 주력은 청
해호에서 30리 떨어진 곳에서 형세를 관망하고 있었고 토곡혼은 이
기회를 타고 도망갔다. 같은 해에 다시 출병하여 병부상서 후군집(侯
君集)을 적석도(積石道) 행군총관에, 형부상서 이도종(李道宗)을 선
선도(鄯善州) 행군총관에, 양주(涼州) 도독 이대량(李大亮)을 차막도
(且莫道) 행군총관에, 민주(岷州) 도독 이도안(李道彦)을 적수도(赤
水道) 행군총관으로 이주(利州) 도독 고증생(高甑生)을 염택도(鹽澤
道) 행군총관으로 하고 이정(李靖)을 서해도(西海道) 대 총관으로 임
명하여 출전하였다.

---

58) 『唐會要』卷98「黨項羌」: (貞觀)5年, 詔遣使開其(指黨項)河曲地爲六十州, 內附
　　者三十四萬口. 有羌酋拓技赤詞者, 其爲渾主伏尤所昵, 與之結婚, 屢抗官軍, 後
　　與其子思頭並率衆諸首領歸款, 列其地屬懿, 嵯, 麟, 可等三十二州, 以松州爲都
　　督府, 羈縻存撫之, 拜赤詞爲西戎州都督. 賜姓李氏, 自是, 從河首大硫石山以東,
　　並中國之境.

토곡혼은 곧바로 붕괴되었고 모용복윤(慕容伏允)은 서쪽 국경인 차막(且莫)으로 달아났다. 계필하력이 도륜적(圖倫磧)에서 추격하자 부하들에 의해 살해되고 토곡혼은 마침내 평정되었다.

태종은 모용순(慕容順)을 허수아비가한으로 하여 토곡혼을 통솔케 하였으며 또 양주 도독인 이대량에게 이를 후원토록 명하였다. 얼마 지나지 않아 토곡혼 사람들이 모용순을 죽이고 그의 아들을 낙갈발(諾曷鉢)가한으로 삼았다. 정관 10년(626)에 낙갈발은 사절을 당에 보내어 '역서를 반포하고 연호를 행하며 자제를 보내 시위(侍衛)할 것을 청(請頒曆 行年號 遣弟子入侍)'하니 당은 이를 허락하였다. 당은 회양왕(淮陽王)을 보내어 낙갈발을 하원군왕(河源郡王)과 오지야발근두가한(烏地也拔勤豆可汗)으로 봉하고 고낭(鼓囊)을 하사하였다. 토곡혼은 이렇게 정식으로 당의 속부(屬府)가 되었다.

만약 정관 시기에 북방 유목 부족의 반란이 동돌궐 와해 과정에서 결정적인 작용을 하였다면 토곡혼을 귀부시키는 과정에서 당에 귀속한 유목민 출신들의 강력한 전투력을 발휘한 공로를 간과할 수 없다. 이 전역에서 6로 행군총관을 세 진격로로 나누었는데 이정, 후군집, 이도종, 이대량은 선주에서 집결하여 목적지를 청해로 하였고 고증생은 도주(洮州)를 지나 목적지를 청해 다잡염지(茶卡鹽池)로 하였으며 이도안과 번홍은 송주에서 적수로 향하였다. 그 중 고증생 군과 이도안 번홍은 실기(失期)하여 전투에 참여하지 못하였으므로 실직적인 작전임무는 이적이 거느린 주력군이 수행한 셈이다.

이미 항복한 동돌궐 부족과 하서(河西)의 계필 부족이 이정 군의 주력이었다. 동돌궐 추장 집실사력(執失思力)은 당 좌령군장군으로 토곡혼을 거여산(居茹山)에서 격파하였고[59] 특히 계필하력의 철륵 기마병의 전적은 가장 뛰어났다. 계필하력은 적수천 전투에서 설만균 (薛萬均) 형제를 구하였고 전세를 역전시켰고 후에는 또 많은 사람들의 반대에도 불구하고 부하를 거느리고 도륜적에 나아가 모용복윤의 아장을 무너뜨려 토곡혼 평정 과정에서 혁혁한 전공을 세웠다. 그러나 전후에 설만균 형제는 계필하력을 배척하고 전공을 자신에게 돌리고자 하였다. 이에 태종은 노하여 설만균의 관직을 박탈하고 하력에게 주고자하자 그는

> 신 때문에 만균을 해임한다면 제번(諸蕃)이 이를 듣고 폐하께서 존이경한(重夷輕漢, 오랑캐를 중히 여기고 한인(漢人)을 가볍게 여김)하신다고 생각하여 돌아서서 서로 무고하고 앞 다투어 고발함이 많아지지 않을까 염려스럽습니다. 또한 이적(夷狄)이 무지하여 한장(漢將)이 모두 이들과 같다고 여긴다면 참으로 안정된 책이 아닙니다.[60]

라고 하여 극구 사양하였다. '번장(蕃將)'의 역할이 날로 중대됨에 따라 번장과 한장(漢將) 간의 균형을 어떻게 처리 조정해야 하는가라는 문제가 이미 복잡 미묘한 해결 과제로 떠오르고 있음을 알 수 있다. 더욱 중요한 것은 돌궐과 철륵 등으로 구성된 '이적(夷狄)' 군대가 당의 정면전에서 핵심적 역할을 하였다.

---

59) 『資治通鑑』卷194 太宗貞觀9年: 將軍執失思力敗吐谷渾於居茹山. 『新唐書』卷110「列傳」35諸夷番將·執失思力: 執失思力, 突闕酋長也. 貞觀中, 護送籲后入朝, 授左領軍將軍.

60) 『舊唐書』卷109「列傳」59 契苾何力: 以臣之故而解萬均, 恐諸落聞之, 以爲陛下厚夷輕漢, 轉相誣告, 馳競必多, 又夷狄無知, 或漢臣皆如此輩, 固非示安寧之術也.

동쪽 전선에서 고증생과 이도안의 실기는 새로 투항한 당항 부족과 직접적인 관계가 있다. 정관 8년(634) 당항강은 번홍이 거느린 적수도 행군에 참여하였다. 9년(635) 정월 말에 귀속한 당항 부락이 반란을 일으켜 토곡혼에 돌아가자 염택도 행군총관 고증생은 도주에서 반란을 일으킨 강족(羌族)을 진압하기 위해 거의 반년(3월~7월)이나 되는 시간을 끌어 진군 시기를 놓침으로 주장 이정의 처벌을 받아야만 했다.[61]

적수도 행군총관 이도안의 경우도 고증생과 유사한 처지였다. 이때 조정은 당항에게 많은 돈을 주어 향도가 되기를 바라고 있었다. 당항 수령 탁발적사는 당 군과 연맹을 맺고도 이도안이 신의를 저버리고 당항을 공격하자 이도안군의 군대는 야고협(野狐峽)에서 당항군에게 차단되어 수만 명을 잃고 송주로 후퇴할 수밖에 없었고 도언이 이로 인해 유배형을 받았다.[62] 이러한 사실은 이민족이 당이 주도하는 전쟁에 참여하여 큰 역할을 담당하였음을 보여주는 사례이다.

---

61) 『舊唐書』卷67「列傳」17 李靖: 初, 利州刺史高甑生爲鹽澤道總管, 以後軍期, 靖薄責之.

62) 『資治通鑑』太宗貞觀 9年: 李靖之擊吐谷渾也, 厚賂黨項, 使爲嚮導、黨項酋長拓跋赤辭來, 謂諸將曰:「隋人無信, 喜暴掠我. 今諸將苟無異心, 我請供其資糧, 如或不然, 我將掠險以塞諸軍之道.」諸將與之盟而遣之. 赤水道行軍總管李道彦行至閣水, 見赤辭無備, 襲之, 獲牛羊數千頭. 於是群羌怨怒, 屯野狐峽, 道彦不得進, 赤辭擊之, 道彦大敗, 死者數萬, 退保松州左驍衛將軍樊興逗失軍期, 土卒失亡多. 乙聊, 道彦興皆坐減死徙邊.

3) 고창(高昌) 진전(進展)

당이 서역으로 정식 출병한 것은 정관 14년(640) 고창을 정벌하면서부터이다. 서돌궐은 비록 내전에 빠져있었지만 아직도 서역 형세를 좌지우지하는 방향타였다. 당 태종의 서역 출병은 단지 당과 고창만의 관계가 아닌 당과 서돌궐의 관계라는 큰 배경에서 이 문제를 취급해야 한다.

서역에서 고창은 유일하게 한인(漢人)을 주체로 하여 건립된 오아시스 정권이다. 당 초기 서역의 교류가 그다지 활발하지 않았고 서돌궐 내란이 일어난 뒤에도 당은 이들 각 파의 서역 제국에 대해 다 같이 중립적인 입장을 취하면서도 고창과는 매우 밀접한 관계를 유지하고 있었다. 무덕 2년(619)에 고창왕 국백아(麴白雅)가 죽자 뒤를 이은 국문태(麴文泰)는 사절을 보내 죽음을 알리니 당 고조는 하주(夏州) 자사를 보내어 문상하도록 하였다. 이후부터 쌍방의 사절 왕래는 지속되었고 고창은 당에 충성하여 서역 제국의 동정을 살펴 바로 알리는 정도로 서역에서 당의 눈과 귀 역할을 하였다. 서역 각 국도 정관 초에 고창을 통해 당과 관계를 맺고 무역을 하고자 하였다. 그러나 당이 서역의 일에 개입하면서 고창과의 관계에도 변화가 일기 시작하였다.

정관 6년(631)은 당과 서역 관계에서 변화의 조짐이 나타나는 중요한 해이며 이 해에 세 가지 큰 일이 발생하였다. 첫째는 태종이 서돌궐 내전에서 중립 입장을 바꿔 처음 서돌궐 니숙가한을 봉함으로 당의 입장을 분명히 하였고, 둘째는 정관 4년(630)에 건립한 '서이주(西伊州)'를 '이주(伊州)'로 개명하며 서이주의 종래까지 써오던 기미정책을 전환하여 이를 내지 주현으로 귀속시켰다.[63] 마지막으로 서역의 언기(焉耆)와도 밀접한 관계를 맺었다. 언기와 니숙계 돌궐이 특별한 관계라는 점을 고려해 볼 때 언기와 당이 니숙계 돌궐과 접하면서 얻어진 결과이다. 이 세 가지 점에서 당은 서역에서 소극적인 태도에서 적극적인 것으로 전환하였음을 살필 수 있다.

고창의 입장에서는, 당과 언기의 관계 개선은 심상찮은 문제였다. 종래까지 서역 각 국과 당의 교역은 주로 고창을 중개로 하여 이루어졌으나 언기의 개입으로 고창의 독보적 입장은 변화될 수밖에 없었고 이 사실을 『구당서』에서는

> 정관 6년에 (언기왕) 돌기지(突騎支)는 사신을 파견하여 지방의 특산물을 조공하였다. 대적로(大磧路)를 열어 짐을 편리케 처리하도록 다시 요청하였다. 태종은 이를 허락하였다. 수 말기에 혼란을 겪고 나서 적로가 결국 폐쇄되니, 서역에서 조공하는 사람은 모두 고창을 거쳤다. 여기에 이르러 고창은 크게 노하여 드디어 언기와 원한을 품고 군대를 언기에 보내 습격하여 대대적으로 약탈하고 돌아갔다.[64]

라고 하여 교역권을 잃게 된 것은 고창이 당과의 관계가 소원해진 주요한 원인이었다. 쌍방관계가 더욱 악화된 것은 을비돌륙(乙毗咄陸) 가한이 동쪽으로 그의 세를 확충하면서였다.

---

63) 張廣達「唐滅高昌後的西州形勢」,『西域史地叢稿初編』(中國 上海 上海古籍出版 1995) pp.113~114 參照.

64) 『舊唐書』卷198「列傳」148 西戎·焉耆: 貞觀六年, (焉耆王)突騎支遣使貢方物, 復請開大磧路以便行李, 太宗許之, 自隋末罹亂, 磧路遂閉, 西域朝貢者皆由高昌. 及是, 高昌大怒, 與焉結怨, 遣兵襲焉者, 大掠而去.

정관 6년 이후부터 당이 서역에 대한 태도를 바꾸고 고창에 출병하기 전에 태종은 책봉한 니숙계 서돌궐을 통하여 서역을 장악하려고 하였다. 그러나 정관 12년에서 13년 사이에 니숙계와 대립하는 을비돌륙가한이 동쪽으로 발전하여 처월(處月)·처밀(處密) 등 천산 동북 지역에서의 돌궐 부족을 통제하며 당과의 관계가 날로 소월해진 고창도 이 때 을비돌륙가한과 연합하여 니숙계와 가까운 언기를 공격하였다. 이 뿐만 아니라 을비돌륙은 고창과 함께 당이 신설한 이주를 공격하고자 하였는데 이러한 내용을 『구당서』에서는

> 이 때에 서역 제국에서 조공하러 온 사람들은 모두 고창을 경유하였고 문태 이후에 점점 길이 가로막혔다. 이오(伊吾)는 전에 서돌궐에 신속하였으나 이때에 이르러 내속하였다. 문태는 또한 엽호(葉護)와 연결하여 이오를 공격하고자 하였다. 당 태종은 그가 번복한다고 하여 조서를 내려 간절하게 권고하고 그의 대신 관군 아사나거(阿史那矩)를 입조(入朝)토록 하여 그와 일을 논의하고자 하였으나 문태는 끝내 보내지 않아 장사 옹(雍)을 보내와 사죄토록 하였다.[65]

라고 하여 을비돌륙가한이 동진함으로 당의 지원을 받고 있는 니숙계 돌궐이 천산 동부지역의 우위를 침해 받게 되었을 뿐만 아니라, 새로 서역에 세를 펼치려는 당에게도 직접적인 위협으로 작용하였다. 이 같이 서역의 정세 변화는 당이 처음 계획한 니숙계 서돌궐을

---

65) 『舊唐書』卷198「列傳」148 西戎·高昌: 時西戎諸國來朝貢者, 皆途經高昌, 文泰俊稍壅絶之, 伊吾先臣西突厥, 至是內屬, 文泰又與葉護連結, 將擊伊吾, 太宗以其反覆, 下害切演征其大臣冠軍阿史那矩入朝, 將與義事, 文泰竟不遣, 乃遣其長史雍來謝罪.

이용하여 서역을 통제하려는 계책을 수포로 돌아가게 하였다. 고창
출병은 바로 태종의 니숙계 돌궐이 서역 동부지역을 잃은데 대한 조
치라 할 수 있다.

정관 13년 12월의 고창 징벌 조서에서 태종은 고창 출병 이유에
대하여 이르기를

> 수나라 말기에 치도(治道)가 소실되고 나서 천하가 혼란에 빠져
> 권문세가나 농민은 여러 융군(戎軍)에 운명을 기탁하거나 도둑의 손
> 에 구속받아야 했다. 중원이 안정됨에 이르러 황제의 기풍는 먼 곳
> 까지 숙연케 하였다……(중략)……길의 경계를 지나려면 감금되었
> 다. 게다가 중한 노역이 추가되니 먼 외지에서 고통스러워하며 호소
> 할 곳이 없었다. 또한 이오의 우측과 페르시아 이동(以東)에서 직공
> 이 끊이지 않고 남녀가 줄줄이 이어지나 가진 물건은 모두 그들의 노
> 략질을 당했고 도로는 이 때문에 막히게 되었다. 또한 서번 돌궐은
> 전쟁이 이미 오래 되어 짐은 그들의 어지러운 것을 가련히 여겨 안정
> 시키고 회복하는 데에 뜻을 두고자 하였다. 그래서 질리시(咥利始)
> 가한 형제를 책립하여 옛 영토를 회복하도록 하였다. 문태는 치도에
> 어긋났고 도덕을 거역하여 난을 일으키고 화를 좋아했다. 추호들을
> 염탐하고 부족을 교란시켜 드디어 수장들이 자주 싸우도록 하였다.
> 군민들은 다시 도탄을 당하게 하였다. 또 언기의 땅은 그와 인접하였
> 다. 문태는 언기가 충절을 다 하는 것을 시기하여 경솔히 악한 위세
> 를 함부로 하니 국경의 수비는 매우 위태로움이 있고 지방의 여인네
> 와 갓난아이들의 겁탈은 극심하였다. 여기다가 그 무리들을 혹사하였
> 다……66)

---

66) 『大唐詔令集』卷130 「討伐」討高昌王麴文泰詔: 自隋季道消, 天下論喪, 衣冠之
族, 疆場之人, 或寄命諸戎, 或見拘寇手. 及中州旣定, 皇風遠肅……(中略)……
途經彼境, 皆被囚系, 加之重役, 忍苦遐外, 控告無所. 又伊吾之右, 波斯以東, 職

라 하니 위의 인용 사료에서 고창의 죄명은 모두 네 가지인데, 첫째 동돌궐이 멸망한 이후 당에 가려고 하는 한인(漢人)을 막은 거, 둘째 교역로를 두절한 것, 셋째 서돌궐 반대파와 연합하여 당이 책봉한 니숙계 서돌궐 가한에 반항한 것, 넷째 언기가 당과 가깝다고 하여 언기를 공격한 것 등이다. 이 때는 동돌궐이 망한지 이미 10년이 지나서였고 고창과 언기 사이에 무역 분쟁이 일어난 지도 8년이 지난 시기였다. 한인을 억압하였다는 사실과 무역로를 막는다는 것은 당과 고창 간에 이미 있어왔던 문제였는데도 이때에 와서 이런 문제를 새삼스럽게 제기한 것은 당이 고창 출병에 대한 구실일 뿐이므로 고창 공격의 주 이유로 보기는 곤란하다. 그리고 셋째와 넷째 것은 국문태가 서돌궐의 을비돌륙가한과 손잡고 당이 책봉한 니숙계 질리시가한에 맞서고 을비돌륙계의 서돌궐과 언기를 공격했다는 사실은 모두 을비돌륙의 동진과 관련시켜 이해할 수 있다. 태종이 반포한 조령으로 그가 서역에 출병한 것은 을비돌륙가한이 동진에 대한 맞대응으로 파악할 수 있다.

태종은 후군집을 교하도(交河道) 해군대총관으로 임명하고 좌둔위대장군(左屯衛大將軍) 설만균(薛萬均), 돌궐과 계필의 보병, 그리고 기마병 수만을 거느리고 고창을 공격하게 하였다.[67] 고창왕 국문태

貢不絶, 商旅相繼, 琛賮遭其寇攘, 道路由其擁塞. 又西蕃突厥, 戰爭已久, 朕憫其亂離, 志在安輯, 乃立晊利始可汗兄弟, 庶令克復舊土. 文泰反道敗德, 與災好禍, 間謀酋豪, 交亂種落, 遂使酰表之長, 亟動干戈, 引弓之人, 重罹塗炭. 又焉者之地, 與之鄰接, 文泰嫉其盡節, 輕肆兇威, 城池有危亡之憂, 士女要劫掠之酷.加之虐用其衆.……

67)『舊唐書』卷198「列傳」148 西戎·高昌: 太宗乃命吏部尙書侯君集交河道行軍大總管, 率左屯衛大將軍薛萬均及突厥·契芯之衆, 步騎數萬衆以擊之.

(麴文泰)는 당황하여 어쩔 줄 모르다가 결국 죽고 그의 아들 국지성 (麴智聲)이 즉위하였으나 패하여 당에 항복하였다. 정관 14년(636) 9 월에 당은 고창을 완전히 손에 넣게 되었다.

고창이 패배한 원인은 세 가지로 볼 수 있다. 첫째 국문태와 서돌궐 을비돌률가한이 연합하여 무역 도로를 독단하여 서역 각 국의 강력한 불만을 초래한데서 왔다. 위의 태종 조서 가운데 '이오(伊吾) 우측, 페 르시아의 동쪽은 조공이 끊이지 않았고 상인들이 이어졌다. 그러나 보물은 그들에게 침탈을 당했고 도로는 그들에 의해 막혔다'[68]는 것 은 서역 각 국의 입장에서 고창의 독단행위는 그들의 이익에 큰 피해 를 입히는 일이었다. 더욱이 위징의 견해와 같이 고창이 '조공을 차단 (遏絶貢獻)'한다고 호상(胡商)들이 호소하였음을[69] 알 수 있으며 당시 무역은 조공 형식으로 이루어졌으므로 고창은 이 때문에 서역의 많은 지역에서 지지기반을 상실하였으리라 짐작할 수 있다.

둘째는 고창 국내 상황의 혼란이다. 국문태가 '그 무리를 혹사(虐用 其衆)'한다고 하니 백성들은 가혹한 통치에 대단히 고통을 겪고 있었 다. 당이 출병할 즈음 고창에 유행한 '고창의 병마는 설상 같고 당의 병마는 해, 달과 같다. 해, 달이 설상을 비치면 설상은 스스로 사라진 다'[70]는 동요는 백성들이 국씨 통치에 강한 불만을 토로한 면이다. 이 들의 은근한 지지가 있으므로 당이 빠른 시일 안에 고창을 장악할 수

---

68) 注67 參照.
69) 『貞觀政要』卷9「議安邊」36: 陛下初臨天下, 高昌王先來朝謁, 自後數有商胡, 稱 其遏絶貢獻, 加之不禮大國詔使, 遂使王誅載加.
70) 『新唐書』卷35「志」25 五行(2): 高昌兵馬如雪霜 漢家兵馬如日月. 日月照霜雪 回首自消滅.

있었다.

셋째, 고창이 빠르게 귀속하게 된 중요한 외부적 원인은 서돌궐 을비돌류가한이 고창을 지원하지 않았기 때문이다. 당의 서역 진군 이전에 고창은 을비돌류가한의 지지로 서돌궐과 함께 언기를 공격하고 이오를 도모하려고 하였다. 당군이 서역에 진입하자 서돌궐 을비돌류가한은 아사나보진(阿史那步眞)엽호를 보내어 가한부도성을 지키게 하고 고창과 서로 지원세를 이루어 당군에 맞서도록 하였다. 그러나 후군집이 고창에 도달하였을 때 을비돌류은 두려워서 서쪽으로 천리나 도망갔고 아사나보진도 소속을 거느리고 당에 항복하였다. 을비돌류의 배신과 항복은 고창으로 하여금 독립무원한 곤경에 빠트리게 하여 고창의 종말을 초래하였다.

고창 전 이후 태종은 대신들의 반대에도 불구하고 고창에 서주(西州)를 설치하였고 돌궐 가한부도성에 정주(庭州)를 세웠다. 서주와 정주 그리고 앞서 세운 이주는 각각 군사요충지로서 당은 이들을 통해 서역 동부지역을 효과적으로 통제할 수 있었다. 태종은 또한 서주에 안서도호부를 설치하고 매년 1,000여 명의 군대를 보내어 지키도록 하였다. 이주·수주·정주 3주와 안서도호부의 설치는 서돌궐 을비돌류가한이 서역에서 그가 세를 확대하는 기선을 제압하였고 당이 이미 달성한 승세를 다져 서역경략의 전략기지로 발전시켰다.

4) 구자(龜玆) 진군(進軍)

정관 14년에 고창으로 출병한 후에도 당은 계속해서 니숙계 가한을 책봉하였다.[71] 을비돌류계 돌궐이 실패하기 전 당과 니숙계 서돌궐의 관계는 서로 이용하는 입장이었다. 그러므로 당의 지원은 을비사궤(乙毗射匱)가한에게 을비돌륙과 싸우는 명분을 제공해 주는 결과가 되었다. 이와는 반대로 당은 자신이 지지하는 서돌궐 수령을 통해 서역을 간접적으로 지배할 수 있게 되었다. 을비돌륙가한은 을비사궤가한과 당의 공동의 적이었으며 당이 서돌궐 니숙계 가한과 관계를 유지하는 조건이었다.

고창의 전 이후, 당은 서돌궐 내전에 더욱 깊숙이 개입하기 시작하였다. 을비돌륙이 점차 동진하여 세력을 강화하고 그는 이를 믿고 함부로 행동하여 니숙계 서돌궐의 강한 불만을 사게 되었다. 정관 16년(642)에 서돌궐 부족들은 을비돌륙가한을 내쫓고 당에게 새로운 가한을 세워줄 것을 요청하였다. 이런 상황에서 책봉된 사람은 니숙가한의 종손인 을비사궤(乙毗射匱)가한이었다. 니숙계 서돌궐은 당의 지지 하에 을비돌륙가한을 내쫓고 서돌궐의 파벌 싸움에서 절대적인 우세를 차지하게 되었다.

당은 을비가한의 승리를 당이 서역에서 종주국 지위를 확보한 것

---

71) 정관 6년, 니숙가한(泥孰可汗)을 책봉(冊封)하면서부터 정관 17년(643) 을비사궤(乙毗射匱)를 가한으로 선택할 때까지 당의 서돌궐 대책은 일관성 있게 추진되었다. 이 시기에 니숙계(泥孰系)의 사발라질리실가한(沙鉢羅咥利失可汗, 634~639), 을비사발라엽호가한(乙毗沙鉢羅葉護可漢, 640~641)과 을비사궤가한(乙毗射匱可汗, 643~651) 등의 가한들은 재위한 지 일년도 채 되지 않은 을굴리실을비가한(乙屈利失乙毗可汗)의 실상이 불분명한 것 외에 모든 니숙계 서돌궐가한은 모두 당에 의해 책봉을 받았다. 이와 명확히 대조를 이루는 것은 같은 시기에 당과 돌륙가한의 관계가 매우 소원된 것이다. 정관 15년(641)을 좌우하여, 을비돌륙가한이 사발라엽호가한을 살해하고 서돌궐의 대부분 지역을 차지하였는데도 당은 그를 인정하지 않았다.

으로 보았으므로 을비가한은 마땅히 당의 서역 구상을 받아드려야 했
다. 그러나 을비사궤의 입장은 이와는 다르다. 당에 신복(臣服)한 것
은 자신의 통치 입장을 합리화시켜 파벌 투쟁에서 우위를 차지하고자
한 것이었다. 가한은 통치 위치가 확고해지자 당 측의 요구를 받아드
리려고 하지 않았다. 특히 당의 지배에서 벗어나 서역에서 독자적인
통치를 이루고자 하였다.

정관 20년(646)에 을비사궤가한이 백수호성(白水胡城)을 고수(孤
守)하던 을비돌륙가한을 패하니 을비돌륙가한은 토화라(吐火羅)로
달아났다. 이에 따라 자연히 서역에서 영향력을 상실하게 되었고 을
비사궤가한은 서돌궐의 실질적인 통치자로 군림하였다. 당이 직접 통
제하는 지역을 제외하고 대부분의 영토가 을비사궤가한의 수중에 들
어가면서 당과의 관계를 어떠한 방향으로 설정해 가야하는 가는 관심
의 초점이었다.

이에 대하여 사서에서는

> 서돌궐 을비사궤가한이 사신을 파견하여 조공하고 청혼하니 태종
> 이 허락하였다. 또한 구자(龜玆)·어전(於闐)·소륵(疏勒)·주구파(朱俱
> 波)와 총령(蔥嶺)을 빙례(聘禮)로 하도록 하였다.[72]

고 하여 당이 혼례를 수락한 것은 서돌궐이 전란 뒤에 서돌궐과 서역
에서 새로운 통치 질서를 확립하고자 하는 의도를 드러낸 것으로 볼
수 있다. 구자·어전·소륵·주구파·총령은 천산이남 타림분지의 변연

---

72) 『資治通鑑』卷198 太宗貞觀20年6月: 西突厥乙毗射匱可汗遣使入貢且請婚, 上許
　　之, 且使割龜玆·于闐·疏勒·朱俱波·蔥嶺五國以爲聘禮.

에 위치하며 사막 관개농업을 주로 하는 오아시스 지대이다. 태종의 의도는 당군이 주둔하기 쉬운 농경 지대를 점유하고 다른 지역은 서돌궐을 통해 기미 통치하여 소위 간접 통치제를 실시코자한 조치이다.

　그러나 서역에 대한 정책이 어떻게 실시되었는가는 기록은 분명하지 않다. 『구당서』권194(하) 「열전」144(하)에서 '태종은 (청혼을) 허락하였다. 조서를 내려 구자·어진·소륵·주구파·총령 등 5개 나라를 빙례로 하도록 명하였다(太宗許之, 詔令龜玆·於闐·疏勒·朱俱波·蔥嶺等五國 爲聘禮)'고 하고 『신당서』권215(하) 「열전」140(하) 돌궐(하)에서는 '을비사궤가 사절을 보내 방물을 조공하였고 또한 청혼하였다. 황제는 구자·어진·소륵·주구파·총령 등 5개 나라를 할양하여 빙례로 삼았지만 결혼은 성사되지 못하였다'라 하였으며 그리고 『신당서』권215(하) 「열전」140(하) 돌궐(하)에서 '태종이 붕하고 하로가 반란을 일으키자 사궤 부락은 모두 구자에게 병합되었다'라고 하여 아사나하로(阿史那賀魯) 의 반란이 '청혼(請婚)'한 일이 실패를 초래한 것처럼 연관시켜 기술하 였지만 당이 을비사궤와 혼례를 의논한 시기는 정관 20년(646)이었고 하로는 고종 영휘 2년(651)에 반란을 일으켰으므로 5년 후에 있은 난이 양측의 혼사의론에 영향을 미칠 수 있었는지는 단언하기 어렵다.

　각종 기록을 통하여 보면 불극혼(不克婚)의 원인은 을비사궤가 탐 리분지 5국을 당에 할양하기를 거부함으로 태종의 귀자 공격을 촉발 시키지 않았나 생각된다.[73]

---

73) 사서에서 '의혼(議婚)'결과와 구자 출병 원인에 대한 서술이 불분명한 것은 사신의 휘식(諱飾)과 관계가 있을 것이다. 을비사궤가한(乙毗射匱可汗)과 니숙(泥孰)계 서돌궐은 오랫동안 당의 '속신(臣屬)'이라는 표현으로 보이고 있으므로 당은 乙毗射匱可汗이 당의 욕구를 거절한 것을 수치스러운 일이라고

정관 21년(647)에 서돌궐이 혼인을 요청하고 나서 1년 후에 당은 대규모 구자전(龜玆戰)을 전개하였다. 이 전역의 발발 원인을 검토할 때 유의해야 할 점이 있으며 이것은 당이 을비사궤가한에게 구자 등 5국을 할양하여 빙례로 요구한 것이다. 이는 탐리분지가 이때 이미 완전히 서돌궐 손에 들어간 뒤였으므로 구자 용병은 바로 을비사궤가한에 대한 선전(宣戰)으로 보아야 할 것이다.

태종이 구자 등 5국에 빙례하도록 하고 나서 구자에 출병하기까지 1년의 시간이 필요하고 이는 정관 20년 6월부터 설연타에 내란이 발발하여 당이 막북에 파병하지 않을 수 없었으며 또 정관 21년(627) 2월에서 7월까지는 고구려 공격을 시작하였기 때문이다. 설연타전에서 승리를 거둔 뒤 철륵 기마병의 지원을 받아 구자전을 펼쳤다. 정관 23년에 태종은 안서도호부의 치소를 고창에서 구자에 옮겨 구자(龜玆)·소륵(疏勒)·어진(於闐) 언기 등 안서사진(安西四鎭)을 설치하였다. 안서사진은 중요한 요충으로 장안을 지키려면 반드시 하서(河西)를 수비하여야 하고 하서를 지키기 위해서는 반드시 서역을 관장하여야 하였다.[74]

태종 시기의 서역 진출은 서돌궐 내부 각 파벌 간의 세력 다툼의 추이와 관계가 있고 그 영향을 받지 않을 수 없다. 서돌궐은 당의 세력을 끌어들여 자신의 정통성을 보완하거나 공인 받으려고 하였다. 그리고 당의 서역 진출과정을 4단계로 정리할 수 있다.

정관 6년(632) 전까지는 그 첫 번째 단계에 해당되며 당은 니숙을

여겨 고의로 기록하지 않았을 것이다.
74) 馬大正主編『中國邊疆經略史』(中國 鄭州 中州古籍出版 2000) pp.134~135 參照.

가한으로 임명하기에 앞서 관망하는 자세를 취하였다. 이러한 당의
태도는 당이 동돌궐에 온 힘을 기울고 있었으므로 서역에 진출할 여
력이 없었던 사실과 상관시켜 이해할 수 있다.

정관 6년(632)에 니숙이 임명되고 나서 정관 14년(640) 고창 출병
을 단행하기까지를 두 번째 단계로 볼 수 있다. 당은 계속 니숙계의
가한을 세우면서 이들을 통해 간접적으로 장악을 시도하였다. 그러나
유목사회에서 가장 중요시되는 것은 바로 실력이었다. 당은 서역에
단 한 명의 군인도 보내지 않고 외교적 수단을 통하여서만 지배하고
자 하는데는 한계를 드러냈고 서돌궐은 다시 이려하(伊黎河)를 중심
으로 니숙계 가한과 일비돌륙가한으로 양분되었다. 당이 니숙계 가한
을 지원하기로 하였으나 당과 대립하고 있는 을비돌륙가한의 세력이
커져 당의 서쪽 변경을 위협하기에 이르렀다.

정관 14년(640)부터 정관 21년(647) 구자 출병 때까지가 세 번째
단계에 해당되며 고창에 군대를 파견하면서 당은 서역에 점차 관여하
여 서주(西州), 정주(定州) 그리고 이주(伊州)를 기반으로 영역을 확
장해 갔다. 당 세가 서역에 서진(西進)하고 나서 니숙가한의 세력도
급속히 회복되어 마침내 상대방을 격파하고 서역을 다시 통일하기에
이르렀다. 양자가 상생할 수 있는 기회가 마련되었으나 공공의 적이
사라지고 나니 당은 지금까지 지원해온 니숙과도 반목하기에 이르고
사서에서 그다지 중요하게 취급하지 않은 '구자의 전'이 바로 그 산물
이다.

정관 21년(647)에 구자 출군이후 정관 23년(649)까지가 네 번째 단
계로, 당은 니숙계 가한과의 갈등으로 구자전 후 태도를 바꾸어 돌궐

계의 아사나하로를 지원하기에 이르렀다. 이 같이 서역의 새 추이에
맞는 당의 반전으로 서역의 통치 영역을 확대하고 이를 안정시키는
기반을 마련하게 되었다.

3. 고구려 친정(親征)의 실패

태종 시기(627~649)에 당은 서북방에서 각 부족 간의 내분을 이용
하여 북방을 안정시키고 서역의 진출을 가능하게 하는 두 가지 목적
을 달성하였다. 이는 당이 창건되고 '관중본위정책(關中本位政策)'의
핵심은 수도 장안에 군사와 외교 역량을 집중시키는 정책으로 중국
전체의 판도에서 볼 때 중심을 서북 한 귀퉁이에 두는 것이지만[75] 이
를 실현하기 위해 태종은 국경을 접하고 있는 동돌궐 문제를 해결하
고 토곡혼을 평정하였으며 서역에는 안서도호부를 두었다.[76]

그러나 당은 고구려와 변경에서 알력이 없었으므로[77] 고구려 용병
은 국가의 안위에 도움이 될 수 없었다고 생각한다. 태종 시기 고구

---

75) 陳寅恪「外族盛衰之連環性及外患與內政之開係」『唐代政治史述論稿』(中國 上
海古籍出版社 1982) p.130: 李唐乘襲宇文奉 '關中本位政策', 全國重心本在西北
一隅.

76) 陳寅恪「外族盛衰之連環性及外患與內政之開係」『唐代政治史述論稿』(中國 上
海古籍出版社 1982) pp.133~134: 中國欲保其度心之關隴, 不能不固守四鎭……
唐代之所以開拓西北, 遠征蔥嶺, 實亦有不容已之故, 未可專咎時主之武黷武開
邊也.

77) 侯林伯『唐代夷狄邊患史略』pp.160~161 參照.

려 침공을 단행한 태종의 저의가 어떤 것인지에 대하여 많은 연구가
이루어졌다.[78] 본문에서는 태종의 침공 실패 원인을 규명키로 한다.

1) 지리와 천후의 난제

　태종이 고구려를 공략하려면 반드시 경과해야할 요하 지역에는 광
활한 소택이 분포되어 있으므로 지리상의 악조건을 극복해야만 했다.
『자치통감』에서는 '소택이 2백여 리나 되어 사람과 말이 통과할 수 없

---

78) 수당 시기의 고구려 공략 목적에 대한 견해가 상이하다. 종래의 주장은 수가
　진을 평정하고(589년) 중원에 통일된 제국이 출현하자 고구려가 위협을 느껴
　전쟁을 일으켰다고 보는 것이다.(『隋書』卷81「列傳」46 東夷·高麗「開皇初,
　頻有使入朝. 及平陳之後,(高麗王)治兵積谷, 拒守之策.」); 북한에서는 수의 침
　입 때문에 전쟁이 일어났다고 주장하고 있다.(북한 조선과학원력사소 『조선
　통사』 하검성(賀劍城) 옮김, 『조선통사』상권 중국 北京 三聯書店 1962.) ;당
　이 주변국을 자신의 체제 안으로 끌어들이기 위해서라는 주장도 있다.(黃技
　連 「天朝禮治體系硏究(中卷)『東亞的磁義世界中國封建王朝與朝鮮島關係形態
　論』中國 北京 人民大學出版1994 ; 韓昇「一場求不戰而勝的攻戰」『唐硏究』1
　北京大學出版社, 1999「唐平百濟戰後的東亞國際形勢」, 『唐硏究』1); 수당 고구
　려 정벌은 군주 개인의 『큰 일을 하거나 공을 세우기를 좋아하는(好大喜功)』
　성격과 관계있다는 주장도 있다.(侯林伯『唐代夷狄邊患史略考』타이완 商務印
　書館 中華民國53年);비교적 일치된 주장은 수당과 고구려의 정치 이익에서의
　충돌 때문이라는 견해이다.(韓 金榮煥「隋唐時期對外關係硏究的回顧與展望」
　『唐代學會會刊』5臺北 1994.2, 劉進實「試論唐太宗唐高宗高麗的戰爭」『中國邊
　疆史地硏究』中國北京中國邊史地硏究編部 1995.3). 이 외에 중국의 王小甫는
　중국 입장에서보다는 신라의 적극적인 외교 태도를 지적하며「당이 고구려
　전에 개입한 것은 신라 때문이라고 하였고(『당연구』6 北京大學出版社 2000),
　한국의 박한제는 수양제와 당 태종의 황권 정통성 확보라는 시각으로 이해
　하고 있다.(「七世紀隋唐兩朝攻略韓半島經緯小考」『東洋史學硏究』43 東洋史學
　會 1993).

다'79)라고 기술하였고『선화을사봉사금국행정록전증(宣和乙巳奉使金
國行程錄箋證)』에서도 이러한 실상에 대하여

> 제23여정은 현주(顯州) 90리에서 토아와(兔兒渦)에 이르는 것이고
> 제24여정은 토아와에서부터 양어무(梁魚務)에 이르는 것이다……(중
> 략)……토아와에서 동쪽으로 가면 지세가 낮아서 억새와 풀숲이 가득
> 한 저택에는 물이 차있다. 이 날 모두 38번 물길을 지나 물에 빠진 이
> 가 많았다. 요하(遼河)라고 하는 강이 있는데 이 강은 남북 1,000여
> 리, 동서 200리이고 북요하(北遼河)는 그 중간에 있다. 수당이 고구려
> 를 공략한 길은 모두 이 곳을 지나야 하였다. 여름과 가을에는 모기와
> 등에가 많아 낮과 밤을 구분하지 않으니 소나 말도 갈 수가 없었다.80)

라 하고『上揭書』「청궁역어(淸宮譯語)」에서도

> 초 7일에 토아와를 지났고 초 8일은 양어무를 건넜다. 이 이틀은
> 물속에서 가는 것 같아 비희(妃姬)들은 자루에 누워 말 등에 태워 있
> 더라도 겹겹으로 입은 옷에 물이 스며들어 적셨으니 지옥의 고통이라
> 도 이보다 더함이 없다.81)

---

79)『자치통감』권197 태종 정관 19년 5월: 沼澤二百餘里, 人馬不可通.
80) 確耐庵編 崔文印箋證『靖康秕史』「宣和乙巳奉使金國行程錄箋證」(北京 中華
    書局 1988): 第二十三程, 自顧州九十里至兎兒渦, 第二十四程, 自兎兒渦至梁魚
    務……(中略)……離兎兒渦東行, 卽地勢卑下, 畫皆崔荀沮洳積水, 是日, 凡三十
    八次渡水, 多被溺, (有河) 名日意河河南北千餘里, 東西二百里, 北遼河居其中,
    其地如此. 隋唐征高麗, 路皆由此, 夏秋多蚊虻, 不分晝夜, 無牛馬能致行.
81)『上揭書』「淸宮譯語」: 初七日過兎兒渦, 初八日渡梁魚務, 此兩日如在水中行,
    妃姬輩難隊兜子中, 駝馬背亦濕透重裝, 地之苦無加於此.

라고 하며 자연 지리 조건 가운데 수로가 얼마나 통과하기 힘들었나를 밝히고 있다.

그리고 동북 지방의 기후도 당군이 해결할 수 없는 난제였다. 요녕(遼寧) 지역은 온대대륙성 기후에 속하여 4계절이 분명하고 연 평균 기온이 5~10℃이며 9~10월에는 기온이 급속히 떨어진다. 9월 하순부터 10월 초순이 되면 서리가 내리고, 겨울이 길며 1월 평균 온도는 요남(遼南) 연해 지역이 영하 4℃에서 영하 9℃ 외에 다른 지역은 모두 영하 10℃에서 영하 17℃로 내려간다. 기온이 제일 낮을 때 요동 산간 지역은 보통 영하 35℃에서 영하 41℃이고, 대련(大連) 지역이 비교적 높은 편인데도 영하 25℃이며 다른 지역은 영하 25℃에서 35℃로 떨어진다.[82] 중원의 섬서성은 평균 기온이 11~13℃이고 가장 추운 1월의 온도는 영하 3℃에서 11℃로 내려갈 정도이다.[83] 이를 요녕 지역의 기후와 비교해 볼 때 매우 온화한 편이다.

이러한 기후와 지리조건으로 『자치통감』에서는 태종도 매우 어려워하였음을 살필 수 있으니

> 상(上, 태종)이 정주(定州)를 출발할 때 그가 입은 갈포(褐袍)를 가르치며 태자에게 이르기를 '너를 볼 때 이 포를 바꿀 것이다'라 하였다. 요좌(遼左, 요하 동쪽)에서 혹열에 땀을 흘리면서도 포를 가라 입지 않았다. 가을에는 구멍이 나니 좌우가 바꾸어 입기를 청하였으나 상은 '군사들의 옷이 많이 피폐해 있는데 나만이 새 옷을 입으면 되겠는가?'라고 하였다. 이 지경에 와서 태자가 새 옷을 올리니 바꿔 입었다.[84]

---

82) 인터넷 요녕성기상대 망, 참조.
83) Sina 망, 「섬서당안」 참조.
84) 『자치통감』권198 정관 19년 9월: 上(太宗) 之發定州也, 指所御褐袍謂間太子

라 하여 태종이 황제의 권위를 지키기 위하여 무더위를 참아 가며 명
분을 찾아 버텼다가 태자의 진상을 마지 못해하며 받아들일 수밖에
없었다고 하였다. 진인각(陳寅恪)은 태종의 생각으로 당군은 요동의
기후를 극복할 수 없기 때문에 성패를 떠나 반드시 회군해야 한다는
것을 알고 있으면서 호언을 하여 인심을 수습하고자 하였다고 그의
당시 궤휼적인 태도를 꼬집었다.85)

2) 전략과 전술의 착오

태종과 대신들은 수의 고구려 공략 실패가 그의 멸망을 초래하였
다는 것을 잘 알고 있었다. 그러므로 태종은 즉위 초부터 고구려를
공격하려는 뜻을 지니고 있었으나 나라 형편을 살피면서 결정하였다.
태종은 고구려 친정을 결정한 후 군의 수를 가급적 줄이되 식량을
충분히 확보하고 속전속결 전략을 구상하였다. 이런 전술을 택하게
된 배후에는 수의 전철을 충분히 고려해서 내린 결단이었다. 수 양제
의 첫 번째 고구려 공략(645)이 실패하게 된 원인이 식량과 보급의
원활하지 못한데다 고구려의 보루 전술 때문이었던 것으로 파악되고
있다.
태종은 이 전역에서는 계획한 대로 식량 보급 문제는 별 차질 없이

日:「俟見汝, 乃易此袍耳. 在遼左, 雖盛暑流汗, 弗之易. 及秋, 穿敗, 左右請易
之, 上日:「軍土衣多弊, 吾獨御新衣, 可乎?」至是, 太子進新衣, 乃易之.
85) 陳寅格『陳寅恪先生論文集』「唐代政治史述論稿(下篇) 外族盛衰之連環性及外
患與內政之關係」(臺北 三人行出版 中華民國 63年 5月) p.292: 至太宗難経寒
署不肯易弊袍之時, 無論成敗如何, 斷不能不班師歸來.與太子相見. 故不妨先作
豪語, 以收人心, 斯亦英雄權傴話之一端歟?

해결하였다고 볼 수 있으며 이는 회군 후 군량 공급 기지인 요동성에 속미(粟米) 10만 석이 남아있었다[86]는 사실에서 보급계획에 차질이 없었음을 살필 수 있다.

그러나 보급은 비교적 순조로울 수 있었지만 군사력 부족이 큰 문제였다. 안시성 전투에서도 이런 점이 드러나고 있다. 안시성 포위전에서 고구려 측에서는 15만 명에 달하는 대 지원군을 보내어 성을 지원하도록 하였다. 당군의 수는 3만 명에 불과하였다.[87] 이는 일부 병력을 나누어 이미 확보한 성을 지키게 할 수밖에 없었고[88] 여기다가 군사력의 일부를 동원시켜 전선에 수송하는 군수품의 운반책임을 지도록 했으며[89] 또 그 일부는 성을 계속 포위하며 고구려의 성내와 성밖에서의 협공에 대치하도록 했다. 3만 명의 병력으로 15만 명의 고구려 지원군을 저지시켰다는 사실은 실로 요행이라고 하지 않을 수 없다.

---

86) 黃約瑟『薛仁貴』(中國 陝西 西安 西北大學出版社 1995) p.68: 9月 20日, 唐太宗回到了遼東城, 當地據載尙有粟米十萬石.

87) 『舊唐書』卷199(上)「列傳」149(上) 東夷·高麗에서는 당은 육군 6만 명 수군 4만 명을 파견하였다고 한다. 육군과 수군이 연합하여 전쟁을 수행하였다는 기록은 찾을 수 없고 안시성 공격을 지휘한 리적은 1만 5천 명, 장손 무기는 1만 1천 명, 태종은 4,000명을 거느렸다.

88) 이러한 예를 들어보면 위정(韋挺)은 당이 공략한 개모성(蓋牟城)을 수비하도록 하였다. 『舊唐書』권77「열전」27 위정: 部韋挺統兵土領蓋牟……(중략)…… 挺城守去大軍懸遠, 與高麗新城鄰接, 日夜戰鬥, 鼓譟之整不絶.

89) 『通典』卷148「兵典」引「衛公兵法」에서는「諸大將出征, 且約授兵二萬人馬步通計, 總當四千, 共二百八十除當戰, 餘六千人守重」이라고 하여 당군은 작전을 책임진 전투 부대와 군수품 부대로 나누었고 군수품 부대가 군의 30%를 차지했다는 것을 알 수 있다.

당의 군신들도 전쟁을 수행하면서 보급 문제에 특히 유의하였다. 전쟁 초기에 태종이 안시성을 우회해서 그 남부의 건안성(建安城)을 공격할 작정이었으나 이적이 이를 반대하며 이르기를

건안은 남쪽에 있고 안시는 북쪽에 있습니다. 아군의 군량이 다 요동에 있으니 지금 안시를 넘어서 건안을 공격하여 적들이 우리의 운도(運道, 보급로)를 끊으면 어찌하겠습니까? 먼저 안시를 공격하고 안시를 함락시키면 고행(鼓行)하여 건안을 취하는 것만 같지 못할 따름입니다.[90]

라고 하였고 또한 안시성 전투를 치르고 나서 고구려 항장(降將)인 고연수(高延壽)와 고혜진(高惠眞)이 오골성(烏骨城)을 먼저 공격할 것을 건의하였으나 장손무기(長孫無忌)가 이에 반대하여

천자가 친정(親征)할 경우 여러 장군과는 달리 위기를 타고 뜻하지 않은 행운을 바랄 수 없습니다. 지금 건안, 신성(新城)의 적 무리가 아직 10만 명이니 만약 오골로 향하면 모두 우리의 뒤를 밟을 것입니다. 먼저 안시를 격파하고 건안을 취한 후에 먼 길을 달려감만 못하니 이는 만전의 계책입니다.[91]

라고 하였던 사실에서 이러한 사실을 엿볼 수 있다. 병력이 부족한

---

90) 『資治通鑑』卷197 太宗 貞觀19年: 建安在南, 安市在北, 吾軍糧皆在遼東, 今逾安市而攻建安, 若賊斷道, 將之若何? 不如先攻安市, 安市下, 則鼓行而取建安耳.
91) 『資治通鑑』卷198 太宗 貞親19年: 天子親征, 異於諸將, 不可乘危徼興. 今建安, 新城之虜, 衆縮十萬, 若向烏骨, 皆吾後, 不如先破安市, 取建安, 然後長驅而進, 此萬全之策也.

상태에서 공급선의 안전을 우려해야 하였으므로 당은 차근차근 전진
을 가다듬으며 정공법으로 싸우는 전술을 사용할 수밖에 없었다. 그
러나 이러한 전술은 짜놓은 전쟁 일정을 지연시키는 결과가 되는 셈
이다. 당군의 속전속결이 지연될 수밖에 없었으니 전세는 고구려가
계획한 대로 유력하게 진행되어갈 수밖에 없었다. 백전노장인 태종의
전략과 전술이 조화를 이루어낼 수 없으니 어쩔 수 없이 이번 친정은
그의 뜻을 달성할 수가 없었다.

3) 무리한 신라의 지원

당은 동돌궐을 멸하고 서역으로 진출할 때 그들의 내분을 십분 활
용하여 이를 당의 군사 행동과 연결시켜 큰 성과를 얻을 수 있었다.
그러나 태종의 고구려 친정에서는 이 같은 사전 계획이 미흡한데다
고구려 내부의 취약점을 파악하지 못하였다.

당도 침공에 임박해서 고구려·백제·신라 간의 분쟁을 이용하고자
하였다. 그러나 이는 고구려의 문제와는 이용도가 다르다. 백제는
양단의 자세로 대당 외교에 접근하며 기회를 틈타 신라의 10개성을
공략하였다.[92] 그리고 신라는 여러 차례 사절을 보내 상서를 올려
당에게 고구려의 침공 압박을 호소하며 당이 지원병을 보내줄 것을
요청하였다. 정관 17년(643) 신라가 사절을 보내어 고구려 공격을 요
청하자 당은

---

92) 『舊唐書』卷1990(下) 「列傳」149(下) 東夷·百濟: 及太宗親攻高麗, 百濟懷二, 乘
　　虛襲破, 新羅十城.

　　황제(태종이) 말하기를 "내가 소부대를 보내 거란, 말갈을 거느리
고 요에 들어간다면 너희 나라는 1년 동안 늦출 수 있음이 한 계책이
다. 내가 강포(絳袍)와 단치(丹幟) 수천을 너의 나라에 내려 보내 이
로써 진을 짜서 두 나라가 보도록 하면 당군이 이르렀다고 여겨 반드
시 도망가도록 하는 것이 두 번째 계책이다. 백제는 바다를 의지해서
정비하지 않으니 내가 수군 수만으로 습격할 수 있다. 너의 나라는
여군(女君)이므로 인국에게 수모를 당하니 내가 종실로 너의 나라를
관장하도록 하고 안정을 기다려서 스스로 지키게 함이 세 번째 계책
이다. 사자는 어느 계책을 취하겠는가?" 사자는 답할 수 없었다.[93]

라고 하여 신라에게 세 가지 방책을 제시하였다. 이 중 첫 번째와 두
번째 계책은 문제를 잠시 미봉하는 것에 불과하고 근본적으로 해결할
수 없으며 특히 세 번째 대책에 대해 신라는 관심을 기울일 수밖에 없
었다.

　　정관 19년(645) 3월에 신라 왕실은 종실의 묘를 안치한 황룡사에
새로운 탑을 세웠다. 『삼국유사』권3 안홍(安弘)의 「동도성립기(東都
成立記)」를 보면

　　신라 27대는 여왕이 주(主)가 되었다. 비록 치도(治道)가 있으나
위망이 없어 9韓의 내범(來犯)에 수고로우신다. 용궁 남 황룡사에 9
층탑을 세워, 제1층은 일본, 제2층은 중화, 제3층은 오월, 제4층은 탁
라(托羅), 제5층은 응유(鷹遊), 제6층은 말갈, 7층은 단국, 제8층은 예

---

93) 『新唐書』卷220 「列傳」 東夷·新羅: 帝曰: 「我以偏兵率契丹, 靺報入遼, 而國可
　　紓一歲, 一策也, 我以絳袍丹巾數千賜爾國, 至, 建一陣, 二國見, 謂我師至, 必
　　走, 二策也百濟特海, 不脩戒械, 我以舟師數萬襲之; 而國女君, 故爲僻悔, 我以
　　宗室主爾國, 待安則自守之, 三策也, 使者計執取?」 使者不能對.

맥(穢貊)이다.[94]

이라고 하여 탑을 세운 목적을 암시하고 있다. 이 탑은 태종의 계책이 알려지고 나서 얼마 지나지 않아 건립된 것이니 이를 통해 신라의 대당 정책에 미묘한 변화의 조짐이 나타나고 있었음을 알 수 있다. 이러한 단편적 사료를 통하여 신라로써는 당에 대한 협조에서 소극적인 자세를 취하였음을 알 수 있다. 정관 18년(644) 봄에 조공하고 나서 양나라 간의 교류 내용이 보이지 않고 있으며 드디어 당은 신라의 효과적인 협조를 이끌어내지 못하였다.

패전 이후 당의 대고구려 전술이 바뀌는 조짐이 보이고 있음을 살필 수 있는데 그 일면은 정규전에서 소모전을 쓰기 시작한 것을 들 수 있다.

당시 당의 조정에서는

> 고구려는 산을 따라 성을 축조하여 공격하여도 쉽사리 함락할 수 없다. 전에 폐하께서 친정할 때 나라 사람들은 농사를 짓고 곡식을 모두 거둘 수 없었다. 가뭄이 계속 되니 백성의 태반이 음식이 부족하였다. 이제 만약 소부대를 여러 차례 보내서 그 변경을 자주 소란스럽게 하면 그들로 하여금 생활하는데 급급하게 하여 쟁기를 버리고 보에 들어가게 할 수 있다. 수년간에 천리가 쓸쓸히 인가 없게 하면 저절로 떠나게 되니 압록강 북쪽은 싸우지도 않고 취할 수 있다.[95]

---

94) 『三國遺事』卷3 安弘 「東都成立記」: 新羅二十七代, 女王爲主. 雖有道無威, 九韓侵老苦. 龍宮南黃龍寺, 建成九層塔. 第一層日本, 第二層中華, 第三層吳越, 第四層托羅, 第五層鷹遊, 第六層靺鞨, 第七層丹國, 第八層女狄, 第九層穢貊.
95) 『資治通鑑』卷198 太宗 貞觀 21年2月: 高麗依山爲城, 攻之不可猝拔. 前大架親征, 國人不得耕種, 悉收其穀, 糙以旱災, 民太華乏食今若數遣偏師, 更送擾其疆

라고 하는 논의가 있었고 이는 고구려 보루전에 효과적으로 대응할 수 있는 전술이었으며 당은 현경 5년(660)까지 줄곧 이 전술을 썼다.

정관 21년(647) 3월 좌무위대장군 우진달(牛進達)을 청구도(靑丘道) 행군대총관, 우무위대장군 이해안(李海岸)을 부총관으로 임명하며 1만여 명을 거느리고 내주(萊州)에서 바다를 건너 들어갔고 이적과 손이랑(孫二郎)은 3,000명을 거느리고 신성(新城)에서 출발하였다. 21년(647) 9월 송주(宋州) 자사 왕리파(王利波)는 강남 12주의 장인을 동원하여 대선(大船) 수백 척을 만들어 고구려 원정에 대비하고자 하였다. 정관 22년(648) 1월 좌무위대장군 설만철(薛萬徹)을 청구도(靑丘道) 행군대총관, 우무위장군 배행방(裵行方)을 부총관으로 하여 고구려 공격에 나섰다. 4월에는 오호도(烏胡島) 진장(鎭將) 고신감(高新感)이 전선을 거느리고 바다를 건너 고구려를 공격에 나서 역산(易山)에서 고구려 보병 5,000명을 대파하였다.

이 전술이 효과를 나타내기 시작하였으나96) 태종은 고구려를 취하리라는 숙원을 이루지 못한 채 생을 마감하였다.

場, 使彼疲於奔命, 釋未入堡, 數年之間, 千里蕭條, 則人心自離, 鴨綠之北, 可不戰而取矣.
96) 『新唐書』卷220 「列傳」145 東夷·高麗: 帝與長孫無忌計曰:「高麗困吾師之入、戶亡耗. 田歲不收, 蓋蘇文築城增陴, 下飢, 臥死溝壑, 不勝弊矣」.

〈表 2〉 高祖·太宗時期 對外關係 年表(p.44~53)

出處·時期		相對國	內容
『資治通鑑』 卷186 高祖 武德元年 (618)	5月	突厥	始畢可汗遣骨咄祿特勒來朝, 宴之於太極殿.
	7月	西突厥	西突厥可汗遣使內附.
	9月	突厥	始畢可汗遣骨咄祿特勒來, 引升御座以寵之.
	12月	西突厥	西突厥曷娑那可汗自宇文化及所來降, 以爲歸義王.
『資治通鑑』 卷187 高祖 武德2年 (619)	2月	突厥	突厥始畢可汗將其衆渡河至夏州, 欲入寇中原, 會卒. 其弟俟利弗設立爲處羅可汗
	2月	吐谷渾	與吐谷渾可汗伏允連和, 使擊李軌. 並還其質子順. 可汗遣使入貢.
	4月	突厥	劉武周引突厥之衆軍于黃蛇嶺(楡次北)繼陷楡.
	6月	突厥	突厥來告始畢可汗之喪.
	7月	西突厥	西突厥統葉護可汗遣使朝貢.
	8月	突厥	梁師都與突厥合寇延州.
	9月	西突厥	西突厥使者殺曷娑那可汗于中書省.
『資治通鑑』 卷188 高祖 武德3年 (620)	2月	西突厥	突厥處羅可汗以隋齊王子政道爲隋王.
	3月	高昌	高昌王麴伯雅遣使朝貢.
	4月	突厥	劉武周宋金剛兵敗, 均亡入突厥, 嗣金剛謀走上古, 突厥追斬之.
	5月	突厥	突厥獻馬于王世充, 且求昏互市.
	7月	突厥	梁師都導突厥稽胡寇旁, 行軍總管段德操敗之.
	9月	突厥	突厥莫賀咄設寇涼州, 總管楊恭仁爲所敗, 突厥大掠而去.
	11月	突厥	突厥處羅可汗卒, 隋義成公主立其弟莫賀咄, 號頡利可汗, 遣使告喪.
『資治通鑑』 卷189 高祖 武德4年 (621)	正月	稽胡	稽胡部落爲旁患, 詔太子建成統諸軍討之.
	3月	突厥	突厥寇汾陰, 又寇石州. 刺史王集擊卻.
	3月	稽胡	太子建成獲稽胡酋長數十人, 酋帥亦降. 建成誘殺數千人.
	4月	突厥	突厥頡利可汗寇鴈門, 李大恩擊走之. 又寇並州, 留執唐使者漢陽郡王瓌, 太常卿鄭元璹, 及左驍騎大將軍長孫順德.
	6月	突厥	突厥寇旁, 長平靖王叔良都軍擊之, 中流矢卒.
	7月	高句麗	高句麗王建武遣使入貢.
	8月	突厥	突厥寇代州, 執行軍總管王孝矩拒之, 擧軍皆沒進圍崞縣.
	9月	突厥	突厥寇並州, 又寇原州. 遣屯衛大將軍竇琮, 行軍總管尉遲敬德分擊之.
	9月	突厥	靈州總管楊師道擊突厥, 破之.
『資治通鑑』 卷194 高祖 武德5年 (622)	3月	突厥	突厥來修好. 遣還漢陽公瓌鄭元璹長孫順德等.
	3月	突厥	劉黑闥兵敗, 亡奔突厥.
	4月	突厥	代州總管李太恩及突厥戰於新城, 以獨孤晟失期未至, 突圍被殺.
	6月	突厥	劉黑闥與突厥寇山東, 又寇定州.
	6月	吐谷渾	吐谷渾寇洮旭疊三州. 岷州總管李長卿擊敗之.
	7月	突厥	突厥殺劉武周于白道.

出處·時期		相對國	內容
	8月	突厥	突厥頡利大狙寇旁, 入鴈門, 寇并州. 別遣兵寇原州, 進寇朔州. 命皇太子出幽州道, 秦王出秦州道以禦之. 并州總管襄邑郡王神符敗突厥於汾東. 突厥寇廉州, 又陷大震關.
	8月	吐谷渾	吐谷渾寇岷州. 益州道行一左僕射竇軌敗之. 吐谷渾又寇洮州.
	9月	突厥	弘州總管宇文歆靈州總管楊師道敗突厥於三觀山. 宇文歆又激擊突厥於崇岡, 大破之. 定州總管雙士洛驃騎將軍魏道仁又敗于恒山之南. 領軍將軍安興貴又敗之于甘州.
	10月	契丹	契丹寇北平.
	11月	突厥	任城郡王道宗大破突厥於靈州, 逐出之于五原. 斥地千餘裡.
	12月	高句麗	賜高麗王建武書, 使歸遷中國人沒入高麗者.
『資治通鑑』卷190 高祖 武德6年 (623)	2月	林邑	林邑王梵志遣使入貢.
	4月	吐谷渾	吐谷渾陷芳洲 : 又寇洮岷二州.
	5月	突厥	突厥寇林州.
	5月	吐谷渾	吐谷渾黨項寇河州, 刺史盧士良敗之. 高開道引奚騎寇幽州, 長史王說敗之.
	6月	突厥	突厥寇馬邑, 朔州總管高滿政敗之.
	6月	吐谷渾	柴紹救岷州, 與吐谷渾戰, 破之.
	7月	突厥	突厥寇馬邑, 右武侯大將軍李高? 及高滿政破之於臘河谷. 突厥寇原州, 又寇朔州. 李高? 爲所敗. 行軍總管尉遲敬德將兵救之.
	8月	突厥	突厥寇眞州, 又寇馬邑.
	8月	吐谷渾	吐谷渾內附.
	9月	突厥	突厥退. 太子班師. 高開道又引突厥寇幽州.
	10月	突厥	頡利可汗大發兵攻馬邑, 李高遷宵遁. 頡利自帥衆攻城, 高滿政爲其下所殺, 以城降突厥.
	10月	突厥	頡利可汗大發兵攻馬邑, 李高遷宵遁. 頡利自帥衆攻城, 高滿政爲其下所殺, 以城降突厥.
	12月	羌	白簡(蘭)白狗羌遣使入貢.
	12月	突厥	突厥寇定州, 州兵擊走之.
『資治通鑑』卷190 高祖 武德7年 (624)	2月	高麗百濟新羅	封高麗王高武爲遼東郡王. 百濟王扶餘璋爲帶方郡王. 新羅王金眞平爲樂浪郡王.
	3月	突厥	突厥寇原州.
	4月	黨項	黨項寇松州.
	5月	突厥	突厥寇朔州.
	6月	突厥	突厥寇代州之武圍城, 州兵擊走之.
	6月	吐谷渾	吐谷渾寇扶州, 刺史蔣善合擊走之.
	7月	吐谷渾	吐谷渾寇岷州, 又與黨項寇松州. 扶州刺史蔣善合擊吐谷渾於松州赤

出處·時期	相對國		內容
			摩鎭, 破之.
	7月	突厥	突厥寇朔州, 總管秦武通敗之.
	8月	吐谷渾	吐谷渾寇鄯州, 驃騎將軍彭武傑死之.
	10月	突厥	突厥寇忻州, 又寇龜並州, 京師戒嚴. 又寇綏州, 刺史劉大敗之. 是時頡利突利二可汗舉國入寇, 連營南下. 秦王世民引兵拒之. 遇於豳州. 秦王曉以利害. 並與突利可汗結盟突利引去.
	10月	突厥	柴紹破突厥于杜陽穀. 遣左僕射裴寂使於突厥.
	10月	突厥	突厥寇甘州.
	10月	吐谷渾	吐谷渾及羌人寇疊州, 陷合州.
『資治通鑑』卷191 高祖 武德8年 (625)	正月	突厥	突厥請互市, 許之.
	4月	西突厥	西突厥統葉護遣使請婚, 許之. 遣高平王道立至其國.
	4月	黨項	黨項寇渭州.
	6月	突厥	頡利可汗寇靈州.
	7月	突厥	頡利可汗寇相州. 代州總管藺暮與突厥戰於新城, 不利. 命行軍總管張瑾屯石嶺, 李高遷趨太谷以禦之. 命秦王世民屯蒲州, 以備突厥突.
	8月	突厥	突厥碻石嶺, 寇並州, 靈州, 又寇潞州, 沁州, 韓州. 詔安州大都督李靖行軍總管出潞道, 行軍總管任瓌屯太行, 以禦之. 頡利大掠朔州, 並州道總管張瑾與突厥戰于太谷, 全軍覆沒. 彦博陷於賊. 突厥又寇綏州, 頡利可汗遣使請和而退.
	9月	突厥	突厥沒(莫)賀咄設陷並州一縣. 代州都督藺暮擊破之. 右領軍將軍王君廓破突厥於幽州.
	10月	吐谷渾	吐穀渾寇疊州, 遣扶州刺史蔣善合救之.
	10月	突厥	突厥寇鄯州, 又寇彭州.
	11月	吐谷渾	吐谷渾寇岷州.
『資治通鑑』卷191 高祖 武德9年 (626)	2月	突厥	突厥寇原州.
	3月	突厥	突厥寇靈州, 又寇涼州. 都督長樂郡王幼良擊走之.
	3月	吐谷渾	吐谷渾黨項寇岷州.
	4月	突厥	突厥寇朔州, 原州, 又寇涇州. 安州大都督李靖與突厥頡利可汗戰于靈州之峽石, 突厥引退. 突厥又寇西會州.
	5月	突厥	突厥寇秦州蘭州.
	5月	吐谷渾	吐谷渾黨項寇河州.
	5月	黨項	黨項寇廓州.
	6月	突厥	突厥寇隴州渭州. 遣右衛大將軍柴紹擊之.
	6月	吐谷渾	吐谷渾寇岷州.
	7月	突厥	柴貂破突厥于秦州.
	8月	突厥	突厥遣使請和.

出處·時期	時期	相對國	內容
	8月	突厥	突厥頡利突利二可汗合兵寇涇州, 進至武功. 京師戒嚴. 突厥進寇高陵. 涇州道行軍總管尉遲敬德大破突厥於涇陽. 頡利可汗進至渭水便橋之北. 太宗親幸渭水, 責頡利負約. 幸便橋與頡利設盟, 突厥引退.
	8月	吐谷渾	吐谷渾遣使請和. 是歲新羅龜玆高麗百濟黨項, 並遣使朝貢.
	9月	突厥	頡利獻馬三千匹, 羊萬口, 太宗不受. 令歸還所掠中國人口.
『資治通鑑』卷192 太宗貞觀元年 (627)	12月	西突厥	西突厥統葉護可汗遣眞珠統俟斤與高平王道立來獻物以迎公主. 頡利屢遣兵阻其經過, 未成婚.
『資治通鑑』卷192 太宗 貞觀2年 (628)	正月	吐谷渾	吐谷渾寇岷州, 都督李道彥敗之.
	2月	靺鞨	靺鞨內屬.
	3月	薛延陀	以李靖關內道行軍大總管, 以備薛延陀.
	4月	突厥	突厥突利可汗與頡利可汗失和. 表請入朝, 並以頡利發兵相攻, 遣使求救.
	4月	契丹	契丹長帥部落來降.
	5月	突厥	突厥大發兵救梁師都. 右衛大將軍柴紹等大破之于朔方境. 遂克朔方, 平梁師都. 以其地爲夏州.
	12月	西突厥	西突厥統葉護可汗爲其伯父所殺, 自立爲莫賀咄可汗. 國人不服. 立統葉護子爲乙毗鉢羅肆葉護可汗. 相攻, 連兵不息, 遣使來求婚, 不許. 東西突厥皆亂.
	12月	薛延陀	遣使册薛延陀俟斤夷男珍珠毗伽可汗. 夷男遣使入貢.
『資治通鑑』卷193 太宗 貞觀3年 (629)	正月	契丹	契丹渠帥來朝.
	8月	突厥	以頡利旣請和親, 復援梁師都, 命兵部尙書李靖爲定襄道行軍大總管, 以伐突厥, 張公謹副之.
	8月	薛延陀	薛延陀珠可汗遣弟統特勒入, 賜以寶刀寶鞭.
	9月	突厥	突厥俟斤九人帥三千騎來降. 拔野古僕骨同羅奚酋長井率衆來降.
	11月	突厥	突厥寇河西. 肅州刺史公孫武達甘州刺史成仁重破之.
	11月	西突厥	西突厥遣使朝貢.
	11月	突厥	以並州都督李世勣爲通漠道行軍總管, 柴紹爲金河道行軍總管, 任城王道宗大同道行軍總管, 幽州都督衞孝節爲恆安道行軍總管, 營州都督薛萬徹爲暢武道行軍總管伐突厥. 任城王道宗破突厥於靈州.
	11月	高昌	高昌遣使來朝貢.
	12月	突厥	突厥突利可汗來奔.

出處·時期	時期	相對國	內容
	12月	突厥	突厥鬱射設帥所部來降.
	12月	靺鞨	靺鞨遣使入貢.
	12月	黨項	黨項長細封步賴來降. 其餘各姓部落, 亦相繼來降.
『資治通鑑』 卷193 太宗 貞觀4年 (630)	正月	突厥	李靖自馬邑進屯惡陽嶺, 大破突厥於定襄. 獲隋蕭后及煬帝孫政道. 李世勣出雲中, 大破突厥於陰山.
	2月	突厥	李靖破突厥頡利於陰山. 李靖李世勣會師白道. 靖勒兵襲頡利, 世勣軍磧口防頡利度磧北. 頡利遂潰. 大酋長皆帥衆降. 殺隋義成公主.
	3月	突厥	頡利奔依沙鉢羅小可汗蘇尼失. 將奔吐穀渾. 大同道行軍副總管張寶相帥衆奄至, 俘頡利送京師. 沙鉢羅亦降. 東突厥遂亡.
	4月	突厥	禦順天門, 執頡利獻捷. 赦其死罪. 西北諸番上尊號爲天可汗.
	5月	突厥	處突厥降衆, 分突厥所統地, 置順祐化長四州, 以突利爲順州都督, 帥部落之官. 又分頡利故地爲六州, 左置定襄都督府, 右置雲中都督府, 以統其衆.
	6月	林邑	林邑獻大珠.
	8月	突厥	突厥欲穀設來降.
	12月	西突厥	西突厥肆葉護可汗爲衆所附, 攻莫賀咄敗之. 莫賀咄爲泥熟設所殺. 諸部推肆葉護爲大可汗.
	12月	高昌	高昌王麴文泰入朝.
『資治通鑑』 卷193 太宗 貞觀5年 (631)	4月	突厥	以金帛贖中國人因隋亂沒突厥者, 男女八萬人, 盡還其家屬.
	8月	高句麗	遣使高麗祭隋人戰亡者.
	11月	倭	倭國遣使入貢.
	11月	林邑	林邑獻五色鸚鵡, 新羅獻美女, 均遣歸之.
	11月	康國	康國求內附.
	11月	新羅	新羅王眞平卒. 國人立其女善德王爲王.
『資治通鑑』 卷194 太宗 貞觀6年 (632)	3月	吐谷渾	吐谷渾寇蘭州.
	7月	西突厥	西突厥肆葉護可汗卒. 國大迎立莫賀設子泥熟爲咄陸可汗. 遣使內附. 遣鴻臚少卿劉善因立咄陸爲利咄陸可汗.
	7月	焉耆	焉耆王突騎支遣使入貢.
	11月	鐵勒	契苾酋長何力帥部落六千餘, 詣沙州降.
『資治通鑑』 卷194 太宗 貞觀7年 (633)	正月	薛延陀	薛延陀遣使來朝.
『資治通鑑』 卷194		西突厥	西突厥咄陸可汗卒, 其弟同娥設立, 是爲沙鉢羅咥利失可汗. 其國分爲十部. 每部有酋長一人, 通稱十姓.

出處·時期		相對國	內容
太宗 貞觀8年 (634)	3月	吐谷渾	吐谷渾可汗伏允大掠鄯州, 徵入朝, 不至, 又寇蘭廓二州.
	6月	吐谷渾	吐谷渾寇涼州. 以左驍衛大將軍段志玄爲西海道行軍總管, 左驍衛將軍樊興爲赤水道行軍總管以伐之.
	10月	吐谷渾	段志玄擊吐谷渾, 大破之, 追奔八百餘裡, 去靑海卅裡.
	11月	吐藩	吐蕃贊普棄宗弄讚遣使入, 始通中國. 遣使者馮德遐往慰之.
	11月	吐谷渾	吐谷渾寇涼州, 拘行人趙道德.
	12月	吐谷渾	以特進李靖爲西海道行軍大總管, 侯君集任城王道宗李大亮等爲總管, 分道討吐谷渾. 是歲龜玆高昌女國遣使朝貢.
『資治通鑑』 卷194 太宗 貞觀9年 (635)	正月	黨項	黨項羌內屬者, 皆叛歸吐谷渾.
	3月	羌	洮州羌殺刺史孔長秀附於吐谷渾.
	4月	吐谷渾	任城王道宗敗吐谷渾於庫山. 可汗伏允輕兵走入磧.
	4月	吐谷渾	大總管李靖侯君集李大亮分南北二道追擊吐谷渾. 任城王道宗破吐谷渾於牛心堆.
	5月	吐谷渾	侯君集任城王道宗追及伏允於烏海, 大破之. 副總管薛萬均薛萬徹, 又破之於赤水源, 李大亮又敗之於蜀渾山, 獲名王人, 將軍執失思力又敗之居茹川.
	5月	吐谷渾	李靖平吐谷渾於西海上, 獲其王慕容伏允. 以其子慕容順光爲西平郡王, 復其本國.
	12月	吐谷渾	慕容順光爲下所殺, 仍封其子諾曷鉢爲河源郡王烏地也拔勒豆可汗, 使統其衆.
『資治通鑑』 卷194 太宗 貞觀10年 (636)	正月	突闕	突厥拓設阿史那社爾帥衆來降, 以爲左驍衛大將軍.
	12月	吐谷渾	吐谷渾河源郡王慕容諾曷鉢來朝.
『資治通鑑』 卷195 太宗 貞觀11年 (637)	12月	百濟	百濟王遣太子隆來朝.
『資治通鑑』 卷195 太宗 貞觀12年 (638)		西突闕	西突厥咥利失可汗失衆心. 西部改立欲穀設爲乙毗咄陸可汗, 中分其地, 伊列水以西屬乙毗咄陸, 以東屬咥利失.
		薛延陀	封薛延陀二子拔酌頡利苾爲小可汗.
	8月	吐藩	吐蕃遣使求婚, 未許, 寇松州. 以侯君集爲當彌道行軍大總管, 率執失思力. 牛進達·劉簡三總管兵伐之.
	9月	吐藩	吐蕃攻松州, 闊水道行軍總管牛進達敗之於松州城下. 吐蕃退走. 遣使謝罪, 復求婚.

出處·時期		相對國	內容
	10月	百濟	百濟遣使貢金甲彫斧.
『資治通鑑』卷195 太宗 貞觀13年 (639)	3月	薛延陀	薛延陀上言：願爲軍導擊高昌. 邊民部尙書唐儉右領軍大將軍執失思力賜帛, 與延陀謀進取.
	8月	突闕	立化州都督懷化郡王李思摩爲突厥乙彌泥熟俟利苾可汗, 率所部建牙於河北, 以保邊塞. 西突厥分南庭北庭. 二國遣使朝貢.
	8月	薛延陀	賜薛延陀璽書, 已更立突厥可汗, 勿與突厥相抄掠, 薛延陀奉詔.
	12月	高昌	以侯君集爲交河道行軍大總管伐高昌.
	12月	吐谷渾	吐谷渾河源郡王慕容諾曷鉢來朝, 以宗女爲弘化公主妻之.
		高麗等諸國	是歲高麗新羅吐火羅康國女國波斯疏勒林邑相次遣使朝貢.
『資治通鑑』卷195 太宗 貞觀14年 (640)	2月	吐谷渾	遣左驍騎將軍淮陽王道明送弘化公主歸吐谷渾.
	3月	突闕	置寧朔大使以護突厥.
	3月	流鬼	東夷流鬼國遣使入貢, 重三驛而來.
	6月	薛延陀	薛延陀遣使求婚.
	8月	高昌	侯君集平高昌. 以其地置西州, 置安西都護府於交河城.
	閏10月	吐蕃	吐蕃贊普遣使獻黃金器千斤, 固請求婚. 許以宗女文成公主妻之.
	12月	高昌	侯君集俘高昌王麴智盛以獻.
	12月	高句麗	高麗世子相權來朝.
『資治通鑑』卷196 太宗 貞觀53年 (641)	正月	突闕	突厥俟利可汗帥部落濟河, 建牙於故定襄城.
	正月	吐蕃	吐蕃遣國相祿東贊來逆(迎)女. 命禮部尙書江夏王道宗, 送文成公主歸吐蕃.
	5月	百濟	百濟王扶餘璋卒. 詔立其世子扶餘義慈嗣位, 仍封帶方郡王.
	7月	西突闕	命左領軍將軍張大師持節立西突厥沙鉢羅葉護僞可汗. 乙毗咄陸可汗使石國吐屯擊沙羅葉護, 擒歸殺之.
	7月	高句麗	遣職方郎中陳大德使高麗.
	11月	薛延陀	薛延陀眞珠可汗, 以同羅僕骨迴紇靺鞨霫之衆度漠, 屯於白道川, 乘機取突厥. 俟利苾可汗告急, 入長城, 保朔州. 命營州都督張儉統兵壓其東境, 兵部尙書李勣爲朔方道行軍總管, 右衛大將軍李大亮爲靈州道行軍大總管, 李襲譽爲涼州道行軍總管, 分道以禦之.
	12月	突闕	突厥思結部居五臺者, 叛去. 李勣破薛延陀還軍, 破滅之.
	12月	薛延陀	李勣大破薛延陀於諾眞水, 薛延陀遁走.
	12月	薛延陀	薛延陀遣使入見, 請與突厥和親.
『資治通鑑』卷196 太宗 貞觀16年	正月	西州	遣使安撫西州. 募戍西州者, 徙天下死罪囚, 實西州.
		高句麗	高麗大臣泉蓋蘇文弒其君高武, 立武兄子藏爲王, 自爲莫離支.
	9月	西突闕	西突厥乙毗咄陸可汗, 拘唐使者, 侵暴西域, 寇伊州. 安西都護郭孝恪擊敗之.

出處·時期		相對國	內容
(642)			乙毗咄陸又遣處月處密二部圍天山. 孝恪擊走之, 乘勝進拔處月俟斤所居城, 降其部衆. 西突厥乙毗咄陸可汗部落, 請廢乙毗咄陸, 更立可汗, 立莫賀咄之子乙毗射匱可汗.
	9月	薛延陀	薛延陀眞珠可汗遣沙鉢羅泥熟俟斤來請婚, 許以新興公主妻之. 換取失陷之契苾何力.
『資治通鑑』 卷196 太宗 貞觀17年 (643)	閏6月	薛延陀	薛延陀眞珠可汗, 遣其子突利設獻馬五萬匹及牛羊請婚. 徵眞珠可汗親迎, 眞珠失期不至, 乃絶其婚.
	9月	新羅	新羅遣使言百濟與高麗連兵攻新羅, 乞援.
『資治通鑑』 卷197 太宗 貞觀18年 (644)		突厥	突厥俟芯可汗失衆, 輕騎入朝.
	7月	高句麗	遣營州都督張儉等率幽營兵及契丹奚伐高麗.
	8月	焉耆	以安西都護郭孝恪爲西州道行軍總管伐焉耆.
	10月	焉耆	郭孝恪滅焉耆, 執其王突騎支, 送行在.
	11月	高句麗	命李勣爲遼東道行軍大總管, 禮部尙書江夏王道宗副之, 刑部尙書張亮爲平壤道行軍大總管, 以舟師出萊州, 率十六總管兵伐高麗.
『資治通鑑』 卷197 太宗 貞觀19年 (645)	2月	高句麗	親征高麗, 發洛陽.
	4月	高句麗	誓師於幽州. 李勣克蓋牟城.
	5月	高句麗	車架渡遼, 圍遼東城. 平壤道行軍總管程名振克沙卑城, 至馬首山. 又克遼東城.
	6月	高句麗	克白巖城. 大敗高麗於安市東南山. 左武衛將軍王君愕死之. 高麗別將高延壽以其衆降. 因名所幸山僞駐蹕山, 刻石紀功.
	7月	高句麗	李勣攻安市城, 不克.
	9月	高句麗	班師.
	9月	薛延陀	薛延陀眞珠可汗卒, 多彌可汗.
	12月	薛延陀	薛延陀多彌可汗寇河南, 又寇夏州. 左領軍大將軍執失思力大敗之. 敕江夏王道宗鎭朔州, 代州都督薛萬徹, 阿史那社爾鎭勝州, 又命執失思力發突厥兵與道宗等相應. 薛延陀至塞下不敢進.
『資治通鑑』 卷198 太宗 貞觀20年 (646)	正月	薛延陀	夏州都督喬師望右領軍大將軍執失思力等擊薛延陀, 大敗之多. 彌可汗輕騎遁去.
	5月	高句麗	高麗王藏及莫離支蓋金(蘇文), 遣使謝罪.
	6月	西突厥	西突厥乙毗射匱可汗遣使入貢請婚. 許之.
	6月	薛延陀	遣兵部尙書崔敦禮, 特進英國公李世勣, 擊薛延陀於鬱督軍山北. 薛延陀諸部大亂, 多彌可汗奔阿史德時健部落. 迴紇酋長吐迷度與僕固同羅共攻殺之. 迴紇遂據有其地. 餘衆西走. 立咄摩支爲伊特勿失可汗. 李勣至鬱督軍山, 咄摩支降. 李勣並追擊其爲降部落.

出處·時期		相對國	內容
	8月	薛延陀	江夏王道宗渡磧遇薛延陀阿波達官衆數萬, 擊破之. 遣使招諭, 敕勒諸部皆降.
		北荒諸國	鐵勒迴紇拔野等十一姓各遣使朝貢. 北荒悉平.
『資治通鑑』卷198 太宗 貞觀21年 (647)	3月	高句麗	以右武衛大將軍牛進達爲靑丘道行軍大總管, 李世勣爲遼東道行軍大總管,率三總管兵, 分道伐高麗.
	5月	高句麗	李世勣渡遼, 克南蘇木底城而還.
	6月	鐵勒	遣使往鐵勒諸部, 購中國人陷沒者.
『資治通鑑』卷199 太宗 貞觀23年 (649)	正月	龜茲	阿史那社爾俘龜茲王訶黎布失畢, 及相那利等, 以獻. 龜茲平. 西域震駭.
	2月	西突闕	置瑤池都督府, 以阿史那賀魯爲瑤池都督.
	7月	于闐	于闐王伏闍信, 隨行軍長史薛萬徹入朝.
	9月	突闕	左翊衛郎將高侃伐突厥車鼻可汗. 大軍入境, 部落相繼來降.
	10月	突闕	以突厥諸部置舍利蘇農等十一州, 分隸雲中定襄都督府.

제2장 고종 시기의 대외관계

고종(高宗, 650~683)의 내치(內治) 업적(業績)에 어떠한 평가를 내리든 당의 군사력과 위세는 이 시기에 최고에 달하였으며 태종(太宗) 시기를 능가하였다. 고종 시기의 대외관계에서 대외전쟁이 차지하는 비중은 상당히 크다고 할 수 있다. 태종 정관 23년(649) 고종이 제위에 오르고 나서부터 홍도(弘道) 원년(683) 그가 세상을 떠날 때까지 34년간 거의 해마다 전쟁이 있었으므로[1] 전쟁이 고종 재위기간 대외관계의 주류를 이루었다고 할 수 있으며 또한 전역의 규모도 크기 때문에 희생도 클 수밖에 없었으므로 이 시기 대외관계의 한 특징이라고 지적할 수 있다.[2] 여러 차례 전쟁을 통하여 짧은 기간에 당(唐)은 영역을 더욱 광활하게 하였고 이에 따라 장안(長安)의 영향력도 이미 중앙아시아와 동아시아의 대부분 지역에 이르렀다.

특히 한반도의 고구려와 백제가 바로 이 시기에 당에 의해서 국토를 상실하게 되었으나 신라(新羅)는 백제(百濟)의 영토를 차지하여 통일신라의 기초를 이룩하였다. 그런데 당 고종이 고구려(高句麗)에

---

1) 〈表 3〉 高宗時期對外關係年表 參照.
2) 崔明德 「論唐高宗和武則天時期的民族關係思想」 『K21中國古代史(一)(先秦至隋唐)』 1994年 4期(北京 中國人民大書報資料中心 1994. 5) pp.110~111 參照.

대한 전역의 연도를 하필 왜 660年으로 설정하였으며 또 한반도 삼국
을 관리하기 위해 설치한 안동도호부(安東都護府)를 어째서 평양에
서 요동으로 옮겨야만 하였는가? 이러한 의문은 고종 시기에 빈번한
대외전쟁과 관련해서 그 해답을 찾을 수 있을 것 같다.

아쉽게도 태종(太宗, 627~649)과 무측천(武則天, 684~705)에 관한
연구 성과는 많지만은 고종에 관한 것은 그리 많지 않은 편이다. 그
리고 이 시기의 고구려 전역을 중심으로 한·중관계에 관한 연구는 한
국과 일본 학자들에 의해 많이 이루어졌지만 이들 대부분은 당과 고
구려·백제·신라와의 관련에만 편중되었다. 당과 주변 다른 나라들과
의 관계가 당의 대한반도 정책에 어떻게 작용하였는지에 대한 과제로
다룬 것은 그다지 많지 않다. 고종 시기에 당은 한반도 삼국뿐만 아
니라 주변의 다른 국가들과도 관계를 유지한 상황에서 당과 한반도
삼국과의 관계만을 떼어내어 살피는 것은 당의 대한반도 정책의 객관
적 실체를 파악하는 데는 무리가 있을 뿐만 아니라 고종 시기 대외관
계의 실제 상황에 대한 올바른 이해를 기대하기도 곤란하다.

고종 시기의 당과 사방이족(四方異族)과의 관계를 총체적으로 파
악하고 나서 그 공통성이 대외정책에서 어떻게 작동하였는지 특히 한
반도 관계에서 그 상관성을 이해하고자 한다. 이를 위해 먼저 당 초
기의 최대 사건인 서돌궐 '하로의 란(賀魯之亂)' 평정 과정과 이 난이
고구려 전(戰)에 어떻게 영향을 미쳤는지를 정리하고, 다음 토번(吐
蕃)이 융성하고 나서 당과 청해(靑海) 서역에서의 각축전 상황이 어
떠한가를 살피며, 당과 토번의 관계 변천이 한반도 3국 대책에 끼친
영향과 안동도호부를 내륙으로 옮긴 의도를 이해해 보고자 한다.

이 시기는 일본 역사에서도 중요한 시기이다. 일본은 4~5세기부터 정치와 외교관계에 개입하기 시작하였다. 그러나 용삭(龍朔) 3년(663) 백강구지전(白江口之戰)에서 패한 후 대륙에서 물러나 중국의 선진 문물을 수입하는데 몰두하였다. 이런 와중에서 동아 질서가 어떻게 바뀌었는가도 함께 정리하고자 한다.

1. 서돌궐 하로(賀魯)의 난과 요동 전역과의 상관성

1) 하로의 난(亂)의 평정

정관 22년(648)에 구자(龜玆)를 평정한 이후 태종은 행군총관(行軍總管) 좌효위장군(左驍衛將軍) 아사나하로(阿史那賀魯)를 니복사발라엽호(泥伏沙鉢羅葉護)로 임명하고 천산 이북으로 진출하게 하여 서돌궐의 여부(餘部)를 초토(招討)케 하였다. 출병 상황기록이 부족하여 그 내용을 상세히 파악할 수 없으나 태종이 아사나하로를 보내고 2개월 후에 당이 천산 이북의 서돌궐 지역에 요지도독부(瑤池都督府)를 세워 아사나하로를 도독으로 임명하면서 그로 하여금 '처밀(處密)·처월(處月)·고소(姑蘇)·가라록(歌羅祿)·노실태(弩失泰) 등 오성(五姓) 집단을 통솔케 하였다'[3]는 사실은 당이 천산 이북 서돌궐 고지의 통치 목적을 기본적으로 달성하였다고 볼 수 있다. 이와 동시에

---

3) 『舊唐書』卷194(下) 「列傳」144(下) 突闕(下): 統處密·處月·姑蘇·歌羅祿·弩失畢 五姓之衆.

당은 고간(高侃)을 금산(金山)에 보내 이곳에서 다시 변란을 일으킨 동돌궐 차비(車鼻)정권을 평정하고 갈나록(葛邏祿)·결골(結骨)·발실밀(拔悉密)·발새복(拔塞匐)·처목곤(處木昆) 등 부락의 투항을 권유하였으며 차비정권의 주요 부분들을 욱독군산(郁督軍山)에 옮김으로서 아사나하로의 서돌궐 각부 초토(招討)에 필요한 전제를 마련해 주었다, 이러한 순서에 따라 하로는 당에 의해 임명된 천산 이북의 서돌궐 고지를 통치하는 최고 통치자가 되었다.

당 고종은 즉위한 뒤에 태종의 사진(四鎭) 설립 계획을 수정하여 구자(龜玆)를 평정하면서 생포한 서역 국왕들을 고향에 보내어 왕위를 회복시켜 주었다. 그러나 천산 이북 지역에서는 요지(瑤池)도독부를 그대로 두어 아사나하로를 요지 도독으로 임명하였으며 정관 23年(649) 11월에 하로를 좌효위장군으로 승진시켜 그를 특별히 예우하였다.4) 여기서 요지도독부 설립할 때 아사나하로의 직함 변화(職銜變化)에 유의할 필요가 있다. 요지도독부가 설립되기 전에는 '곤구도(昆丘道) 행군총관·좌효위장군·니복사발라엽호(泥伏沙鉢羅葉護)'라는 직함을 사용하였다. 즉 당에서 내린 직위와 서돌궐의 것을 함께 사용하였다. 그러나 요지도독부가 설치된 이후에는 아사나하로가 요지 도독으로 재임할 때나 좌효위대장군으로 진급 한 이후에는 '니복사발라엽호(泥伏沙鉢羅葉護)'라는 직함은 사용하지 않았다.5) 이 같이 호칭의 변화는 요지도독부가 설립된 이후 아사나하로의 공식 신분은 서돌궐의

---

4) 『舊唐書』卷4「本紀」4 高宗: 以阿史那賀魯爲左驍衛大將軍. 『舊唐書』卷194(下)「列傳」144(下)「突闕傳」(下): 高宗印位, 進拜左驍衛大將軍, 瑤池都督如故.
5) 『資治通鑑』卷199 太宗 貞觀23年, 高宗 永徽 2年條 參照.

수령과 당의 관직을 겸임한 서돌궐의 수령이 아니고 당의 정식 관리였다는 점을 시사해준다. 이는 아사나하로의 재임기간과 관계없이 당이 그를 통해 서돌궐에 통치권을 행사하였다는 것을 의미한다.

당의 그에 대한 특례에도 불구하고 아사나하로는 요지 도독이 된지 1년 후인 영휘(永徽) 원년(650)에서 2년(651) 사이에 거병하여 결국 당을 배신하고 만다. 그러나 사서에서는 그의 배반한 이유를 자세히 기술하고 있지 않아 위에서 언급한 내용으로 그것을 살피기로 한다.

고종은 즉위 후에 구자(龜玆)·어진(于闐)·언기(焉耆) 등 타림 분지에 자리 잡은 서역 국왕들의 왕위를 회복시켜 주었고 아울러 당의 정식 관원이 된 서돌궐 수령들에게도 모두 가한(可汗, 칸)의 호칭을 붙여주었다. 그러나 아사나하로는 요지 도독 신분으로 서돌궐을 다스리면서 '가한'이라는 호칭을 받지 못하였을 뿐만 아니라 원래 지니고 있는 '엽호(葉護)'의 호칭까지도 사용치 못하였다. 이러한 사실만 가지고도 타림 분지의 여러 나라와 이후 당의 직함을 가지고 서역을 지킨 서돌궐의 수령들과 비교해 볼 때 특이한 경우라고 할 수 있다. 사서에서는 아사나하로가 당을 배신한 후에 '스스로 니복사발라엽호(泥伏沙鉢羅葉護) 칭하였다'[6]라는 점을 강조하고 있는데 여기에서 아사나하로의 반란은 '가한' 호칭을 받지 못한 사실과 관련성이 있지 않을까 하는 생각을 자아내게 한다. 또한 정관 말기 영휘 초기, 서역에 주둔

---

6) 『舊唐書』卷194(下) 「列傳」(下) 突闕(下): 永徽2年, 與其子咥運率衆西道, 據咄陸可汗之地, 總有西域諸部, 建牙於雙河及千泉, 自號沙鉢羅可汗. 『資治通鑑』 권199 高宗 永徽 2年, 咥運乃設其父擁衆西走……(中略)……建牙於雙河及千泉, 自號沙鉢羅可汗.

한 당군의 수가 제한되어있는 데다 각 행정조직도 개선할 필요가 있었고 당의 통치 체계가 어수선한 시간이라는 점들을 고려할 때 아사나하로의 변란이 일으킨 동기가 되지 않았나본다. 8년(651~658) 동안이나 지속된 아사나하로의 반란은 서역에 대한 당의 통치기반을 크게 뒤흔들어 놓았고 이는 고종 초기 가장 중대한 전환이었다.

반란을 일으킨 후 아사나하로는 먼저 정주(庭州)에 침입하여 금령성(金嶺城)과 포류현(蒲類縣)을 함락시키고 그곳의 백성 수천 명을 학살하였다. 영휘 2년(651) 7월 고종은 양건방(梁建方)과 계필하력(契苾何力) 궁월도(弓月道) 행군총관으로 임명하고 3만 한군(漢軍)과 5만 회흘(回紇) 기마병을 이끌고 아사나하로를 토벌케 하는 첫 번째 전역에 착수하였다. 당이 출병하니 서역 동부에 있는 처월(處月)부 수령 주사고주(朱邪孤注)도 하로의 반란에 호응하여 영휘 2년(651) 12월에 당의 초위사(招慰使)인 단도혜(單道惠)를 살해하고 하로와 손을 잡았다. 당의 대군이 진군한다는 소식에 접한 하로는 서쪽으로 도망갔고 주사고주는 뇌산(牢山)을 고수하며 당군의 하로 추격을 가로막았다. 당군은 몇 도로 나뉘어 영휘 3년(652) 정월에 뇌산을 공략하고 주사고주를 죽였으며 처밀(處密)의 시건(時健)·사근(俟巾)·합지하(合支賀) 등 거수(渠帥) 60여 명을 포로하고 약 5,000명을 참수하고 가축 만여 마리를 얻었다.[7] 이 전역에서 당은 비록 성과를 얻었다고

---

7) 『新唐書』卷110 「列傳」35 諸夷番將·契苾何力, 『舊唐書』卷4 「本紀」4 高宗, 『舊唐書』卷194(下) 「列傳」144(下) 突闕(下)條參照. 고종 본기에서는 「斬首九千級, 虜渠帥六十餘人」라고 하였고 『資治通鑑』高宗 永徽3年 正月條에서도 「斬首九千級」이라고 하였으며 『新唐書』卷110 「列傳」35 諸夷番將契苾何力條에서는 「俘斬萬餘」라고 하였다.

하나 하로와 교전하지 못하였으므로 전후에 양건방(梁建方)은 승세를 타고 하로를 추격하지 못한 죄로 어사(御使)의 탄핵까지 받게 되었다.[8]

궁월도 행군은 목적을 실현하지는 못하였을지라도 서역의 긴장된 상황을 다소 완화시켜주었다. 전전(戰前)에 처월·처밀 등 천산 동부의 유목 세력들이 하로에 귀순하자 북정(北庭)은 하로(賀魯) 세력에 의해 포위된 고성이 되었다. 이 때 사비부(射脾部)의 사근(俟斤)인 사타나속(沙陀那速)만이 하로의 반당(叛唐)에 동참하지 않았으므로 고종은 하로 대신해서 그를 요지 도독으로 임명하였다. 그렇지만 당은 이미 천산 동부 대부분의 지역 통치권을 잃었고 요지 도독도 단지 허명만 있었을 뿐이다. 궁월도 행군 이후 처월·처밀 등 부가 다시 당에 예속하자 영휘 4년(653) 고종은 요지도독부를 폐지하고 처월에 금만(金滿)·사타(沙陀) 2개의 주를 설치하고 처월 수령을 도독으로 임명하였다. 금만·사타 주의 설치는 당이 천산 이북 서역의 동부 지역을 회복하였다는 상징적 의미가 있으며 아울러 정주(庭州)와 서주(西州)에 대한 하로의 위협도 해소가 가능하였고 서돌궐의 고지 평정에서 한 장애가 제거된 셈이다.

영휘 6년(655) 고종은 정지절(程知節)을 총산도(蔥山道) 행군대총관에 임명하고 아사나하로에 대한 두 번째 전쟁을 펼쳤다. 이 전역에서 정지절은 하로 속부(屬部) 갈나녹(葛邏祿)·처월(處月)·돌기시(突騎施) 등을 격파하여 달독성(怛篤城)·인면성(咽面城)을 공략하였으

---

8) 『册府元龜』卷134 「帝王部」念功: 高宗永徽3年10月, 弓月道總管梁建方副總管高德逸爲御使所効, 建方兵衆足以追討而逗留不進.

나 앞선 궁월도 행군과 마찬가지로 하로의 주력을 추격하지 못하여
정지절도 파직되었다.[9]

　세 번째 전역이 시작되기 前에 앞서 당은 현경(顯慶) 2년(657) 정월
에 갈나녹(葛邏祿)부에 음산(陰山)·대막(大漠) 그리고 현지(玄池) 3개
의 도독부를 설치하고 갈나녹부의 수령들을 도독으로 임명하였다. 이
전역에서 당은 출병과 동시에 하로를 반대하는 서돌궐(西突闕) 수령
들과의 연합을 시도하여 하로에 대한 협공을 꾀하기도 하였다.[10]

---

9) 『舊唐書』卷68「列傳」18 程知節: 顯慶2年, 授葸山道行軍大總管以討賀魯. 師次
　恒篤城, 有胡人數千家開門出降, 知節屠城而去, 賀魯印遠通. 軍還, 坐免官.『資
　治通鑑』卷200 高宗顯慶元年: 恒篤城, 有群胡歸附……(中略)……知節亦坐逗留
　追賊不及, 減死免官.

10) 하로와 겨룰 수 있는 두 세력이 있었는데 그 하나는 앞에서 언급한 을비사궤
　(乙毗射匱)이고 다른 하나는 을비돌륙(乙毗咄陸)이다. 을비사궤의 세는 많이
　약화되어 서역 정세에 큰 영향력을 지니지 못하였고 사서에서도 하로가 을
　비사궤를 멸망시킨 내용을 언급하지 않고 있다. 을비돌륙가한은 하로의 지
　난날 주인인데다 당의 숙적이기도하다. 정관 20년(646) 을비사궤가한은 당
　의 지지를 받아 을비돌륙을 격파하고 나서 후자는 군사들을 거느리고 멀리
　토화라 지역으로 달아났다. 아사나하로의 난 후에 을비돌륙가한은 다시 서
　역으로 진출하였다. 아사나하로가 을비도륙과 연합하자 처월(處月)과 처밀
　(處密) 그리고 서역 각국이 그들을 추종하게 되었다. 당에 항복하기 전에 아
　사나하로는 을비돌륙가한이 임명한 '엽호(葉護)'이고 천산 이북 서역 동부의
　처월·처밀 등 부를 관장하였다. 연합한 이후 그들의 관계에 대한 기록이 없
　으나「唐會要」에 의하면 영휘(永徽) 4년(653) 12월 을비돌륙이 죽자 그의 아
　들 힐필달도설(頡苾達度設)이 진주엽호(眞珠葉護)라 하였고 사발라(沙鉢羅)
　와 흠이 있어 얼마 지나지 않아 사발라에 의해 병합되었다는 기록이 있는데
　이 곳에서의「사발라(沙鉢羅)」는 즉「사발라가한(沙鉢羅可汗)」의 약칭으로
　아사나하로를 가르친다. 이 때 하로는 이미 서돌궐 제부의 가한이었다. 지난
　날 주인의 이들의 직함이 엽호(葉護)였다면 자계부위(子繼父位)라는 풍속을
　통해 을비돌륙은 예전의 한위(汗位)를 회복하지 못하였다는 것을 추측할 수

갈나녹부를 안치한 후에 현경 2년(657) 윤 정월에 서장빙(蘇定方)을 이려도(伊麗道) 행군대총관으로 임명하고 제3차 토벌을 단행하였다. 이 전역에서 소정방은 전군을 남도군과 북도군으로 나누어 동시에 진군하면서 소탕과 위로를 실행하는 전술을 폈다. 북도군은 소정방의 지도에 따라 금산(金山)에서 서진하여 액이제사(額爾齊斯)강에 도착 후 방향을 바꾸어 이리하(伊犁河) 유역에서 남하하는 전략을 택하였다. 남도군은 유사도(流沙道) 안무대사(安撫大使)인 아사나미사(阿史那彌射)·아사나보진(阿史那步眞)의 인솔 하에 서주(西州)에서 사북으로 나아가 천산 이북 서돌궐 고지로 진입하였다. 남북 2군은 쌍하(雙河)에서 회합하고 나서 이리하와 초하(楚河) 등지에서 아사나하로를 공파하였다. 하로는 실패한 후 석국(石國)으로 달아났고 같은

있다. 아사나하로와 을비돌류 부자가 연합하였는지는 아니면 을비돌류의 반대로 예전의 부하에 칭신(稱臣)하였는지는 알 수 없으나 을비돌류이 죽은 이후에 그의 이들 진주엽호(眞珠葉護)와 하로 간에 충돌이 발생하였고 나아가 전쟁을 벌였다는 것은 그들이 한위(汗位)를 둘러싼 모순 때문이었을 것이다. 진주엽호(眞珠葉護)와 아사나하로의 분쟁은 아사나하로의 힘을 약화시켜 서역 정세의 새로운 변화를 일으켰다. 주도권을 얻기 위해 진주엽호는 수 차례 글을 올려 당에 귀순하고 당을 도와 하로를 협공하겠다는 의사를 전달하였다. 당은 그의 건의에 적극 호응해 나섰다. 영휘(永徽) 6년(655) 5월 고종은 정지절 등 5명의 장군에게 「師師出蔥山道, 以討賀魯」(『舊唐書』卷4「高宗紀」) 명하였으나 바로 출병하지 않았고 같은 해 11월 원예신(元禮臣)을 서역에 보내 힐필달도설(頡苾達度設)을 책봉하도록 하였는데 힐필달도설(頡苾達道設) 책립은 정지절의 아사나하로 정벌과 병행된 것으로 총산도(蔥山道) 행군의 일부로 볼 수 있다. 그리고 정지절 등은 현경(顯慶) 원년(656)에 이르러서야 출군하였고 첫 번째 전투도 8월 辛丑에 이르러서야 벌어졌는데 이는 출정한 지 1년이 지난 시기였다. 당군이 이때까지 힐필달도설을 책립한 결과를 기다리고 있었던 것으로 고려된다.

해 11월 소돌성(蘇咄城) 성주인 이습달간(伊濕達干)에게 포획되어 당에 바쳐졌다. 현경 3년 11월 장안에 압송된 하로는 소릉에 헌상되었고 같은 해에 병으로 죽었다.

8년(651~658) 동안 지속된 아사나하로의 반란은 당의 서역 통치기반을 크게 흔들어 놓았고 이는 고종 초기의 중대한 전역이었다. 이 반란은 당대 서돌궐 지역의 반란 가운데서는 규모가 가장 큰 전쟁이었으며 당이 동돌궐의 힐리(頡利)를 패배시킨 이후 얻은 제일 큰 전과이다. 힐리의 평정이 동돌궐의 멸망을 뜻한다면 하로의 난의 평정은 서돌궐의 멸망과 당의 서역 정복을 마감하였음을 뜻한다. 돌궐의 중앙아시아 속국들이 당에 복귀해옴에 따라 당의 국경이 페르시아까지 뻗어 나가게 되어 이는 당 서역 통치의 전성기라 하겠다.

현경 3년(658)부터 고종은 서역 각지에 일련의 각기 다른 행정기관을 설치하여 서역에 대한 통치를 강화하여 그의 통치 질서를 확립하였다.

고종은 먼저 안서도호부(安西都護府)를 고창(高昌)에서 구자(龜玆) 옛 땅에 옮겨와 구자(龜玆)·어진(于闐)·언기(焉耆)와 서륵(疏勒) 4진을 설치하여 타림 분지를 당의 직접적인 군사통제권 안에 넣었고 또한 이곳에 기미 도독부와 주현을 설치하였다, 그리고 천산 이북의 서돌궐 고지에는 곤릉(昆陵)·몽지(濛池) 2도호부를 설치하여 서돌궐 수령인 아사나미사(阿史那彌射)와 아사나보진(阿史那步眞)으로 하여금 도독을 맡도록 하였고 돌궐 각부(各部)에 기미주 도독부를 두어 옛 수령에게 자사(刺史) 이하의 관직을 임하도록 하였다. 총령(蔥嶺) 서쪽의 서역 지역에 대해서도 서역 각국의 상황에 따라 많은 기미 도독부주를 설치하여 서역 통치의 기본 구조를 형성하였다. 이후에 통치의 구조가 약간 변동이 있었지만 이 통치 체계는 한 세기 이상 유지되면서 돌궐·서역과 당의 역사와 문화 또한 그들 상호의 관계에 있어서도 모두 중요한 영향을 미치게 되었다.

2) 고구려 전역과의 연관성

현경 3년(658)부터 고종은 서역에 행정 기구를 설치하여 서역 통치를 강화하며 통치 질서를 확립하였다.

고종은 즉위 초에 태종의 언행을 매우 중시하여 그것을 계승하며 실천하는데 노력하였다. 이 같은 사례는

> (고종)이 조정 밖으로 나와 사냥을 하였다. 비를 만나자 간의대부(諫議大夫)인 창악(昌樂) 곡나률(谷那律)에 묻기를 : "만약 비옷을 만들었더라면 비가 새지 않겠지?" 곡나률(谷那律)이 대답하기를 "만약 기와로 하였더라면 틀림없이 새지 않을 것입니다"라 하였다. 고종은 기뻐하여 이일로 해서 사냥을 그만두었다.[11]

라는 군신 간의 짤막한 대화에서 살필 수 있듯이 태종의 선례를 본받고 있음을 볼 수 있다.[12]

---

11) 『資治通鑑』卷199 高宗永徽 元年 (650)9月: 上出畋, 遇雨, 問諫議大夫樂谷那律曰: 「油衣若爲則不漏?」對曰: 「以瓦爲之, 必不漏」上悅, 爲之罷獵.
12) 『舊唐書』谷189(上) 「列傳」139(上)儒學(上): 谷那律, 魏州昌樂人也. 尋遷諫議大夫, 兼弘文館學士. 嘗從太宗出獵, 在途遇雨, 因問: 「油衣若爲則不漏?」那律曰: 「以瓦爲之, 必不漏矣.」意欲太宗不爲畋獵. 太宗悅, 賜帛二百段.

영휘 원년(650) 가을 7월에 유사(有司)가 고종의 휘(諱)인 '치(治)'자를 피하기 위하여 치서시어사(治書侍御史)를 어사중승(御史中丞)으로, 제주치중(諸州治中)을 사마(司馬)로, 별가(別駕)를 장사(長史)로, 또 치례랑(治禮郎)을 봉례랑(奉禮郎)으로 수정할 것을 요청하자 고종은 "태종 때에서는 태종의 이름 '세민(世民)'을 피하지 않았다"[13]는 선례를 들어 허락하지 않았다. 유사가 "태종은 이름이 '세민(世民)' 두 글자로 되어 있었으므로 휘를 하지 않아도 되지만 고종은 이름이 '치(治)'자 1글자이니 신하가 언급하는 것은 적합하지 않다"고 하여 유사의 건의에 따랐다.

고종도 태종과 마찬가지로 '요동지역(遼東之役)'에 각별한 관심을 기울였다. 정관 18년(644) 태종이 고구려 공략 전선에 몸소 출전하니 당시 태자였던 고종은 수시로 태종의 기거를 알기 위해 역전을 이용해서 전선의 태종 근황을 자세히 알 수 있도록 요청하여 태종의 허락을 받았다.[14] 용삭(龍朔) 원년(661) 고구려 전역에서도 고종은 친히 이 전역에 참여하고자 하였다.[15]

대고구려 전역에서의 패배는 태종의 풀지 못한 한이었다. 그리하여 그는 만년에도 고구려 전을 착실히 준비하였다. 이상의 사례에서

---

13) 『舊唐書』卷4「本紀」4 高宗(上): 秋7月丙午, 有司請改治書侍御史爲御史中丞, 諸州治中爲司馬, 別架爲長史, 治禮郎爲奉禮郎, 以避上名. 以貞觀時不諱先帝二字, 不許. 有司奏曰:「先帝二名, 禮不偏諱, 上旣單名, 臣子不合指斥」上乃從之.

14) 『舊唐書』卷4 本紀4 高宗(上): 太宗將伐高麗, 命太子留鎭定州. 及駕發有期, 悲啼累日, 因請飛驛遞表起居, 幷遞勅垂報, 幷許之, 飛表奏事, 自此始也.

15) 『資治通鑑』卷200 高宗 龍朔 元年(661)3月: 上與群臣及外夷宴於洛城門, 觀屯營新數之, 謂之一戎大定樂. 取一戎衣天下大定之義……(中略)……大定樂加金鉦, 象平遼東而邊隅大定也……. 契苾何力時上欲親攻高麗, 以象用武之意.

볼 수 있듯이 고종은 태종의 선례를 그대로 계승코자 하였으며 대고구려 전에 많은 관심을 기울였던 고종이 어째서 즉위 한지 10년이 지나서야 요동 공략을 재개16)하였을까?

하로의 난의 여파로 고종은 대고구려 전을 지연할 수밖에 없었다. 즉위하자마자 맞게 된 하로의 난이 8년이나 지속되어 현경 2년(657)에야 평정되었지만 이 난이야말로 대외관계의 방향을 결정짓는 관건으로 작용하였다. 660년에 고구려 전에 참여한 장수인 소정방(蘇定方)·계필하력(契苾必力)·설인귀(薛仁貴)·소사업(蕭嗣業)과 임아상(任雅相) 등은 모두 서역 지역에서 큰 군공을 세웠을 뿐더러 실전 경험을 쌓은 노장들이 되었고 더욱이 서쪽 하로의 난이 끝나지 않은데 동쪽에서 동시에 또 대고구려 전역을 단행할 수는 없었다.

2. 고구려의 실조(失祚)와 동아시아 정세

1) 고구려의 실조와 나당관계

정관 19년(645) 태종의 고구려 친정 실패는 신라와 당의 관계를 신

---

16) 고종 시기 대고구려 파병기록은 655년에야 사서에서 보이고 있다. 그러나 이 해에 당은 단지 변경 영주(營州)의 군대만을 출병시켰는데 그 목적은 고구려의 남하를 견제하여 동맹국인 신라에 대한 압력을 덜어주고자 하는 의도였으므로 대규모 전역의 발단으로 볼 수는 없다. 현경(顯慶) 5년(660) 당은 대군을 파견하여 백제를 멸망시켰고 백제에 설치한 웅진도독부를 고구려 전의 교두보로 하였음으로 고구려 전은 660년에 시작된 셈이다.

속하게 종결시켰다. 당은 이미 제기 했던 당의 종실(宗室)들이 신라의 국정을 맡아 대신해서 다스리고자 계책을 포기하게 되었고 독립을 보장해 주는 것을 전제로 신라는 당과의 관계 강화를 위해 여러 가지 조치를 취하였다.

정관 22년(648) 진덕(眞德)은 그의 남동생 국상(國相)·이찬간(伊讚干) 김춘추(金春秋)와 그의 아들 법민을 당에 보내어 내조(來朝)하였다. 그러자 태종은 조서를 내려 춘추를 특진하여 제수하고 법민을 좌무위장군(左武衛將軍)에 임명하였다.[17] 정관 23년(649) 신라는 '중원왕조의 의관을 복용(服用)'하고 같은 해 도살(道薩)에서 백제군을 격파하자 이듬해 당(唐)에 승리를 보고하였고 진덕왕은 직접 직금(織錦)하여 '오언태평송(五言太平頌)'을 지어 고종에게 증여하고 당의 연호를 사용하기 시작하였다.[18]

당은 이에 위로하고 물품 하사 외에 『진서(晋書)』1권을 같이 보냈다. 당에서 신라에 『진서』를 보낸 사실에 대하여 가볍게 보지만 사실 이는 나당 관계를 이해하는데 있어서의 중요한 일로 간과할 수 없다.

중국 고대에 사서를 다른 나라에게 주는 것을 매우 신중한 입장을 택하였다는 데에 유의해야 한다. 사서 가운데는 많은 합종연횡(合縱連橫)과 같은 책략이 포함되어 있어 다른 나라가 내용을 아는 것을 매우 꺼려하였기 때문이다. 예를 들어 전한(前漢) 동평(東平) 사왕(思

---

17) 『舊唐書』卷199(上)「東夷·新羅」: 德遣其弟國相伊讚干金春秋及其子文王來朝. 詔授春秋特進, 文王爲左武衛將軍.
18) 『三國史記』「新羅本紀」5 眞德王: 遣使大唐, 告破百濟之衆, 王織錦作五言大平頌, 遣春秋子法敏, 以獻唐皇帝……(中略)……是歲, 始行中國永微年號.

王)이 황제께『태사공서(太史公書)』를 요구하자 대장군인 왕봉(王鳳)
은 "『태사공서』에는 전국 때의 종횡 권휼(權譎)의 꾀가 있어 한이 흥
기한 초기 모신(謀臣)들의 기책(奇策), 천관(天官)의 멸이(滅異), 지형
의 요새는 모두 제후들이 알고 있기에 적합하지 않으니 주면은 되지
않습니다"[19]라고 하여 주는데 반대하는 입장을 취하였다. 또 당 개원
연간(713~741) 토번이 금성공주(金城公主)를 통해 『모시(毛詩)』·『예
기(禮記)』·『좌전(左傳)』과 『문선(文選)』 등을 요구하자 우휴열(于休
烈)은 줄 수 없다고 하면서 "신이 듣기로는 토번 사람 본성은 민첩하
고 용맹하며 과감하고 결단력이 있습니다. 사정에 민감한데다 날카로
운 기개를 지니고 있으며 배움에 능력이 있고 지속적입니다. 만약『서
(書)』에 통달하면 반드시 전쟁을 이해할 수 있게 되고 『시(詩)』에 깊
이 이해하면 용사는 군대의 시도가 있음을 알게 되고 『예(禮)』에 깊이
이해하면 계절에 따라 출동하고 출동하지 않은 군이 있다는 것을 알
게 되고『전(傳)』에 깊이 이해하면 용병에 간사한 계책이 많은 것을
알게 되며『문(文)』에 깊이 이해하면 오가는데 군대와 관청의 문서제
도가 있다는 것을 알게 되니 도둑에게 병사를 빌려주고 도적에게 식
량을 제공하는 것과 무엇이 다릅니까!"[20]라 하였다. 또『당회요(唐會
要)』권63『사관(史館)』에 의하면 당시 새로 편찬된『진서(晋書)』를

---

19) 『前漢書』卷80「宣元六王傳」50 東平恩王 劉宇: (王鳳曰)『太史公書』有戰國縱橫
　　權譎之謀, 漢興之初謀臣奇策, 天官滅異, 地形阨塞, 皆不宜在諸侯王. 不可予.
20) 『舊唐書』卷196(上)「列傳」146(上) 吐蕃(上): 臣聞吐蕃之性, 慓悍果決, 敏情持
　　銳, 善學不回. 若達於書, 必能知戰, 深於「詩」, 則知武夫有師干之試; 深於『禮』,
　　則知月令有興費之兵; 深於「傳」, 則知用師多詭詐之計; 深於「文」, 則知往來有書
　　檄之制. 何異借寇兵而資盜糧也!

태자와 신라에게만 하사하였다고 하니 신라와 당의 관계가 얼마나 긴
밀하였는지를 짐작할 수 있다.

나당관계가 새로운 단계로 접어들면서 신라와 당은 서로 협조해야
할 문제가 있다 하더라도 고구려의 멸망이라는 공동목적을 달성하기
위해 풀어 나아가야 했다. 신라에 대한 백제와 고구려의 압박이 날로
거세지면서 백제의 종말은 점차 가까워졌다. 태종 친정에서 볼 수 있
듯이 백제를 교두보로 하지 않으면 신라는 고구려 공략에서 당을 효
과적으로 도울 수 없었다.

2) 백제의 종말과 당일관계

7세기 초에 당과 신라가 연맹하여 백제와 고구려에 대응하니 상
호 힘의 작용에 의하여 백제와 고구려는 일본과 연맹하여 당에 대
항하였다.[21]

623년 견당사를 따라 중원에 온 혜일(惠日) 등은 몇 년 뒤 왜에 돌
아간 후 "대당(大唐)이라고 하는 나라는 법이 준비되고 결정된 진귀
한 나라입니다. 반드시 자주 다녀야 합니다"[22]라고 상서하였다. 그러
나 불안한 국정 때문에 왜는 계속해서 견당사를 보내지 못하였고 7년
후 정권이 안정된 연후에야 서명(舒明) 천황이 630년에 첫 번째 견당

---

21) 이 문제에 관한 연구는 韓昇「唐平百濟戰後의 東亞國際形勢」『唐研究』1(北京
   大學出版社1995) p.234; 卞麟錫「7세기중엽 白江口戰을 둘러싼 東아시아의 國
   際情勢」『(아주대) 인문논총』4(아주대학교 인문과학연구소 1993) pp.223~245
   를 참조.
22) 『日本書紀』卷22 推古天皇31年: 大唐國者, 法式備定之珍國也, 常須達.

사를 파견하게 되었다. 이들 견당사들은 이듬해인 정관 5년(631) 장안에 도착하였다. 『구당서』권199 「동이·왜」에서 태종은 "길이 먼 것을 가엾게 여겨 칙서(勅書)를 내려 공납하지 않도록" 하고 견당사가 귀국할 때에 '신주(新州) 자사(刺史)인 고표인(高表仁)을 보내 지절(持節)하여 '위무(慰撫)'케 하였으나 "고표인은 왕자와 예의를 다투며 명을 알리지 않고 돌아왔다"[23]고 하였다. 이에 대한 『일본서기』권23에 의하면 고표인은 서명 천황 4년(632) 8월에 대마(對馬)에 도착하고 10월 난파진(難波津)에 상륙하였는데 왜에서는 고표인 일행에 대하여

대반(大伴) 연마양(連馬養)을 보내 강 입구에서 맞이하게 하였다. 배 32소척 및 북, 피리기를 모두 장식하였다. 고표인에게 이르기를 "천자의 명으로 보내진 사신이 천황의 조정에 오신 것을 알고 마중을 나왔습니다"라고 하였다. 고표인은 "바람이 찬 날에, 배를 장식하여 마중 나오신 것을 기쁘고 두렵게 생각합니다"라고 대답하였다. 난파 길사소규(難波吉士小槻), 대하내직시복(大河內直矢伏)에게 명령하여 손님들을 인도하고 관아에 들어오게 하였다. 그 날 술을 하사 하였다. 5년 봄 정월 기묘 삭 갑진에 대당의 고표인 등이 귀국하였다. 송사(送使) 길사웅마려(吉士雄摩呂) 흑마려(黑麻呂) 등이 대마까지 환송 갔다가 돌아왔다.[24]

---

23) 『舊唐書』卷199(上) 「東夷倭」: 太宗矜其道遠, 勅所司無令歲貢, 又遣新州刺史高表仁持節往撫之. 表仁無綏遠之才, 與王子爭禮, 不宣朝命而返.
24) 『日本書紀』卷23: 遣大伴連馬養迎於江口, 船卅二艘及鼓吹, 旗幟, 皆具裝飾, 便告高表仁等曰, 聞天子所命之使到於天皇朝, 迎之. 時高表仁對越風塞之日, 飾整船艘以賜迎之, 歡愧也. 於是令難波吉士小槻大河內直矢伏爲導者, 到於館前, 乃遣伊岐史乙等, 難波吉土八牛引客等入於館, 卽日給神酒. 5年春正月己卯朔,

라고 하여 고표인이 왜에서 4개월 동안 활동하였고 그에 대한 왜의 대접 또한 매우 융성하였으며 송별 의식에 대한 기록은 보이지 않으나 귀국 때에도 예의를 충분히 갖추고 있음을 살필 수 있다, 위의 내용을 『구당서』의 것과 상이한 것인데 이러한 결과는 당과 왜 양국 간의 분쟁에서 이유를 찾을 수 있을 것 같다. 왜는 당에 칭신하고자 하지 않았고 당 또한 왜가 대등한 입장을 취하는 것을 용납하지 않았다. 고표인이 4개월 동안이나 왜에 있으면서 아무런 성과를 거두지 못한 것을 『구당서』에서는 그가 "왕과 예를 다투고 명을 선포하지 않고 돌아왔다(與王子爭禮, 不宣命而返)"고 하고 왜는 담담하게 그를 귀국시켰다.

중국과 왜 간의 첫 번째 사행은 이렇듯 별 성과 없이 끝났으나 양국의 관계는 파국에 이르지는 않았으나 당은 고표인이 "먼 곳의 사람을 품는 재능이 없다(無綏遠之才)"라며 왜 관계에 성과를 얻지 못한 것을 개인의 외교적 재능 때문이라고 하였다.

냉기가 감도는 당일 관계와는 대조적으로 한반도의 형세는 날로 긴장이 고조 되고 있었다. 백제와 고구려는 연맹을 맺은 후 끊임없이 신라를 공격하였고 신라 또한 계속해서 당에게 원조를 요청하니 당은 마침내 한반도의 분쟁에 개입하게 되었다. 정관 19년(645) 태종의 고구려 친정은 결국 실패로 끝났으나 당군은 이후에도 몇 차례 소규모 전투를 벌이기도 하였으나 확실한 성과를 거두지는 못하였다.

대화(大化) 2년(646)에 왜는 사절을 신라에 파견하여 신라와 백제가 임나를 대신하여 행해온 유명무실한 조공을 끝내고 인질을 보내

甲辰, 大唐客高表仁等歸國, 送使吉士雄摩呂, 黑麻呂等到對馬而還之.

줄 것을 요구하였다.[25] 태종은 고구려에 군사 압력을 가하여 고구려
의 신라 침공을 견제하는 한편 신라가 당의 정삭과 의관제도를 이용
하도록 하고 당의 위엄으로 신라에 대한 백제의 공격을 저지하고자
하였다. 그리고 신라는 왜의 외교적인 압력에 대응코자 651년에 당의
의복을 착용한 사자를 왜에 보내 신라가 당의 지원을 받고 있음을 암
시하자 왜 조정은 이에 대해 진노하며 신라가 마음대로 의복제도를
바꾼 것을 불쾌하게 여겨 책하여 쫓아 보냈다. 그 때에 거세(巨勢)
대신이 글을 올리기를 "지금 신라를 치지 않으시면, 후에 반드시 후회
할 것입니다"[26]라고 대 신라 강경론을 피기도 하였다.

　고종이 즉위한 후 백제는 당과의 긴장 관계를 완화시키고 당의 동
아시아 정책을 파악하기 위해 651년에 당에 사절을 보냈다. 이에 앞서
태종은 유서에서 요동 전역을 중지하도록 하였으나 고종은 요동에 각
별한 관심을 기울였다. 이러한 태도는 고종이 백제 의자왕에게 보낸
새서(璽書)를 통해서도 살필 수 있는데 이 새서에서 고종은 백제왕 의
자에게 "차지한 신라의 성들은 모두 그 나라에 돌려주는 것이 마땅하
며, 왕은 짐의 말을 깊이 생각하여 스스로 다복(多福)을 구하여 양책
을 심사숙고하고 도모하여 후회를 남기지 말라"고 고압적 표현을 쓰
고 있다.[27] 백제의 노력에도 당의 대 백제 정책을 변화시킬 수 없게

---

25) 『日本書紀』卷25 孝德天皇大化2年9月, 遣小德高向博土黑痲呂於新羅, 而使貢質.
26) 『日本書紀』卷25 孝德天皇白雉2年: 新羅貢使知萬沙飡等, 着唐國服, 泊于筑紫.
　　朝廷惡恣移俗, 訶嘖追還. 于時, 巨勢大臣奏請之日:「方今不伐新羅, 於後必當
　　有悔」.
27) 『舊唐書』卷199(上)「列傳」149(상) 東夷·百濟: 所兼新羅之城井宜還其本國……
　　(中略)……王可深思朕言, 自求多福, 審圖良策, 無貽後悔.

되자 백제는 고구려와의 연맹을 더 강화해 갔으며 655년에는 고구려, 말갈과 함께 신라를 공격하였다. 이에 다급해진 신라는 당에게 도움을 요청하며 "백제와 고구려·말갈이 그 북쪽 국경을 침범하여 이미 30여 성을 함락하였다"[28]고 절박한 사정을 당에 고(告)하였다.

한반도의 날로 긴장되어 가는 상황에서 왜는 당의 정책과 나당관계의 실질적인 내용을 파악하려고 20여 년이나 지속되어 온 소원한 관계를 깨고 653년 5월에 두 번째 견당사를 보내게 되었다. 두 번째 견당사는 두 배로 나누어 떠났으나 그 중 한 척은 조난되었고 한 척의 사신들만 당에 도착하여 사명을 마친 뒤에 654년 7월에 왜에 돌아왔다. 두 번째 견당사의 효과를

서해사(西海使) 길사장단(吉士長丹) 등이 백제, 신라의 송사와 축자(築紫)에 도착하였다. 이 달, 서해사들이 당나라의 천자에 봉대(奉對)하여 많은 문서와 귀중한 물건을 받은 것을 칭찬하여 소산상(小山上) 대사(大使) 길사장단(吉士長丹)에 소화하(小花下)를 내렸다, 봉호(封戶)를 200호(戶) 주고 오씨(吳氏) 성을 내렸다. 소을상(小乙上) 부사(副使) 길사구(吉士駒)에 소산상(小山上)을 주었다.[29]

라고 하여 견당사 길사장단(吉士長丹) 등이 "당의 천자를 명을 받아 만나 많은 문서와 보물을 하사 받았다(奉對唐天子, 多得文書寶物)"라

---

28) 『上揭書』卷199(上) 「列傳」149(上) 東夷·百濟: (永徽)6年, 新羅王又表稱百濟與高麗靺鞨侵其北界, 已沒三十餘城.

29) 『日本書紀』卷25 孝德天皇白雉5年: 西海使吉士長丹等共百濟, 新羅送使泊於築紫. 是月褒美西海使等奉對唐天子, 多得文書寶物, 授小山上大使吉士長丹以花下, 賜封二百戶, 賜姓吳氏, 授小乙上副使吉士駒以小山上.

고 하였는데 '많은 문서와 보물을 얻었다'의 표현 뒷부분에 두고 있음은 이번 외교 사절의 주요 취지가 있지 않음을 짐작할 수 있다. 이보다 중요한 것은 '봉대당천자(奉對唐天子)'였지만 이에 대한 구체적 내용이 어떠하였는지 알 수가 없으나 귀국하여 포상을 받게 된 첫째 이유였음은 이번 견당사의 사명이 바로 외교이었음을 감지할 수 있으며 만족스러울 만한 성과를 거두었다는 것을 알 수 있다. 견당사 중에는 백제와 신라의 사신도 포함되어 있었다. 이는 백제가 왜에게 협조를 청하여 중국과의 관계를 좀 완화시키고자는 의도가 있지 않았을까 고려해볼 수 있고 신라가 고구려와 백제의 침공을 받는 상황에서 왜와 외교적인 마찰이 있지만 그래도 왜가 당과 할께 신라의 압력을 완화해줄 것을 바라고 있음을 알 수 있다.

그리고 왜가 당과 급히 외교 관계를 맺고자하였기 때문에 견당사의 사명이 더 막중하였다. 왜 조정은 2차 견당사의 선박 한 척이 조난되었다는 소식을 접하자 당에 도착한 사절이 귀국하기도 전인 654년 2월에 제3차 견당사를 파견하였다. 3차 견당사는 두 배에 분승시켰으나 수개월 동안 표류하다가 신라도를 거쳐 내주(萊州)에 묵은 다음 경성에 도착하여 천자를 알현하였다.[30]

영휘 5년(655) 12월에 왜는 사신을 파견하여 호박과 마노를 헌상하였는데 호박의 크기가 말과 같았으며 마노(瑪瑙)의 크기는 5리터의 기물(器物)과 같았다. 고종은 조서를 내려 위로하며 이르기를 "왕의 나라는 신라와 가깝습니다. 신라는 평소 고구려와 백제에 침입을 받

---

30) 『上揭書』卷25 孝德天皇白雉5年: 分乘二船, 流連數月, 取新羅道, 泊於萊州, 遂到於京, 奉觀天子.

으니 만약 위급하면 왕은 군대를 보내어 구원해야만 합니다"[31]라고 신라를 두둔하고 있다. 3차 견당사 하변신마려(河邊臣麻呂)는 귀국 후에 2차 견당사 길사장단(吉士長丹)처럼 포상을 받지 못하였는데 이는 2차 견당사처럼 사명을 제대로 수행하지 못하였기 때문일 것이다. 길사장단(吉士長丹)의 행적은 찾아 볼 수 없으나 당은 하로의 난으로 힘든 상황에서 그의 외교활동에 우호적이었을 것을 고려해 볼 때 당연히 천황의 칭찬과 포상을 받았을 것이다, 그러나 하변신마려(河邊臣麻呂)는 고종이 신라를 도우라는 요청만을 받았으니 이는 한반도에 대한 왜의 정책과 상반되는 뜻이었으므로 그의 외교는 소기의 성과를 거두지 못한 것이다. 이는 당의 서북 정세가 점차 안정되면서 그의 주의력을 동북쪽으로 돌리려는 것과 관계가 있다고 하겠다.

당의 입장에서 고종은 왜의 계책을 아적 간과하지 못하였거나 아니면 알고 있으면서도 왜와 신라의 관계가 아직 악화되지 않은 상황을 이용하여 왜가 자신의 계략대로 움직여 주기를 바라는 것일 수 있다. 이는 태종이 고구려 친정 때 백제가 고구려와 연합하여 신라를 침공한 사실을 알면서도 '제군과 신라·백제·해(奚)·거란에게 조서를 내려 길을 나누어 고려를 공격하도록'[32]한 조치와 같이 '만국의 주인(萬國之主)'의 존엄을 드러내고자 하는 것에 불과한 것이다. 왜는 3차 견당사의 외교 노력이 실패로 돌아간 것을 인정치 않고 제명(齊明) 천황 3년(657)에 신라에 사신을 보내어 이르기를 "사문지달(沙門智

---

31) 『唐會要』9「倭」: 遣使獻琥珀瑪瑙, 琥珀大如斗, 瑪瑙大如五升器, 高宗降書慰撫之, 仍云:「王國與新羅接近, 新羅素爲高麗, 百濟所侵, 若有危急, 王宜遣兵救之.
32) 『資治通鑑』卷197 唐太宗貞觀18年12月: 詔諸軍及新羅百濟奚契丹分道攻高麗.

達), 간인련어구(間人連御廐), 의망련치자(依網連稚子)들을 그대의
나라의 사신에 따라서 대당(大唐)에 보내려고 한다"고 하였다, 그러
나 신라가 받아들이지 않자 사문지달(沙門智達) 등은 어쩔 수 없이
돌아 왔다. 서해사(西海使) 소화하(小花下) 아두련협수(阿曇蓮頰垂)
와 소산하(小山下) 진신언루(津臣偃僂)가 백제에서 돌아와 낙타 1필
과 노새 2필을 바쳤다.[33] 이러한 왜의 처사는 백제의 요구에 의해 행
해진 외교적인 책략이고 그 목적은 당을 설득하여 당과 신라 사이에
쐐기를 박아 두고자 한 것이라고 보는 이도 있다.[34] 사실 왜는 당의
새서(璽書)를 받은 후 당의 전략이 자신의 전략과 다르다는 것은 알
게 되었고 당의 실력이 월등함으로 당과 공공연하게 대결이 불가능함
으로 백제에게 유리한 타협을 도모하고자 하였다. 백제가 왜에 낙타
와 노새를 보냈다는 것은 백제가 이미 그들의 주장을 받아들이고 또
한 지지하는 것을 의미한다. 그러나 신라는 왜의 의도가 자신의 이익
과는 위배된다고 거절하였다. 왜와 신라의 관계는 이 때문에 순탄하
지 못하게 되었다.

왜의 외교 노력이 실패로 들어간 뒤 백제는 다시 659년 4월에 군대
를 내어 신라의 독산(獨山)과 동잠(桐岑) 2성을 공격하자 신라는 다
시 사신을 당에 보내어 도움을 요청하였다. 이때 왜는 당의 한반도

---

33) 『日本書紀』卷26 齊明天皇3年: 使使於新羅曰: 「欲將沙門智達, 間人連御廐, 依
    網連稚子等付汝國使, 令送大唐. 新羅不肯聽送, 由是沙門智達等還歸. 西海使
    小花下阿曇連頰垂, 小山下津臣僂僂自百濟還, 獻駱駝一個, 驢二箇.
34) 藤家醴之助著 張俊彦·卞立强譯 『日中交流二千年』(中國 北京大學出版 1982)
    p.92: 這顯然是根據百濟的請求所施展的一種外交戰術, 目的是對唐朝做工作, 企
    圖在唐與新羅之間打進一個楔子.

관계에 간섭 저지와 지연의 저의를 가지고 659년 7월에 제4차 견당사를 보내었다. 『일본서기』권26 제명(齊明) 천황 5년에 보이는 『이길련박덕서(伊吉連博德書)』에서는 이 견당사 일행에 관하여 소개하고 있는데 그들은 중국의 남쪽 길을 통해 월주(越州)에서 경성으로 들어가 10월에 낙양에 도착하여 고종을 알현하였지만 왜 사자의 언행에 문제가 생겨 어려움을 겪게 되는데

> 12월 3일 한지흥(韓智興)의 종자 서한대마려(西漢大麻呂)가 왜의 객인을 쓸데없이 참언하였다. 객인(客人)은 당에서 죄를 자어 이며 유배형에 결정되었다. 전에 지흥은 3천리 밖으로 유배형에 처하였다. 객인 중에 이길련박덕(伊吉連博德)이 상주하니 이로해서 죄를 면하였다. 일이 끝나고 칙서로 명하기를 "국가는 내년(來年)에 반드시 해동의 정부에 쳐들어갈 것이다. 너희들 왜 객인은 동쪽으로 돌아가지 못할 것이다"라 하였다, 드디어 서경에 억류시켜 다른 곳에 유배시켜두고 문을 닫고 출입을 금지하고 자유롭게 행동하는 것을 허락하지 않아 곤궁하고 고통스럽게 지냈다.[35]

라고 하여 4차 견당사도 사명을 수행할 수 없었고 '참언(讒言)' 때문에 '유배형'을 당하기도 하였다. 그렇다면 '참언'이 무엇이었을까? 사서에 명확하지 않았으나 사명을 통해 그들이 당의 백제 파병 정보를 수집하려는 것과 관련되지 않았을까? 생각된다. 당에서 그들을 1년 가까이 유치한 이후에야 되돌려 보낸 것은 당이 왜의 의도를 알고 있

---

35) 『日本書紀』卷26 「伊吉連博德書」: 12月3日, 韓智興傔人西漢大痲呂枉讒我客, 客等獲罪唐朝, 已決流罪前流智興於三千里之外, 客中有伊吉連博德奏, 因即免罪, 事了之後, 敕旨: 國家來年必有海東之攻, 汝等倭客不得東歸. 逗西京, 幽置別處, 閉戶防禁, 不許東西, 困苦經年.

어 나당동맹군의 백제 공격에 영향을 끼치는 것을 피하기 위해 견당
사를 억류하였을 것이다.

백제는 고구려의 지원을 받아 신라를 공격하였다. '백제의 선왕은
순리를 거역하는데 미혹되어 이웃과의 우호를 돈독히 하지 않고 인친
(姻親)과 화목하지 않으며 고구려와 결탁하고 왜와 친하게 사귀어 왕
래하며 함께 잔혹하고 악함을 저질러서 신라를 침략하여 국토를 잠식
하고 성을 도살하여 거의 편안한 해가 없다'[36]라고 하는 긴박한 상황
에서 당에게 신라의 지원 요청이 점점 더 절실해졌다. 신라의 위급한
처지에서 신라와 당의 관계는 매우 밀착될 수밖에 없었다.

마침내 고종은 신라의 요청을 받아들여 바다를 건너 백제를 공격
하기에 이른다.[37] 660년 당은 좌무위대장군 소정방을 신구도(神丘
道) 행군대총관으로 임명하고 좌효위대장군 류백영(劉伯英) 등 수륙
군(水陸軍) 10만 명을 거느리고 백제 공략에 나섰다. 당의 이 같은
해외원정은 중국사에서 전무후무한 전역이라고 할 수 있다. 김춘추
를 우이도(嵎夷道) 행군총관으로 임명하고 신라의 군을 이끌고 소정
방과 합세하게 하였다.[38] 이 전투에 대해 백제 사자는 왜에 고하기

---

36) 『舊唐書』卷199(上)「東夷·百濟」: 百濟先王迷於逆順, 不敦鄰好, 不睦親烟, 結
   托高麗, 交通倭國, 共爲殘暴侵新羅, 破邑屠城, 略無寧歲.
37) 한국 학계에서는 백제의 정세 변화가 나당연합군의 공격을 초래하였다고 지
   적한다. 즉 '백제는 의자왕 15년까지의 외교적으로 노력하며 나름대로 당의
   움직임을 견제하다가 후반 정권의 교체와 함께 그것이 무너지자 결국 나당
   연합군에 의하여 쉽게 멸망된다는 것이다.' 金壽泰「百濟의 滅亡과 唐」(「百
   濟研究」22, 1991) p.175. 이 밖에 李昊榮「百濟 連和說의 檢討」『慶照史學』
   19~10합집 1982, 金周成「義慈王代 政治勢力의 動向과 百濟 滅亡」『百濟研
   究』19, 1988 참조.

를 "금년 7월 10일에 대당 소정방이 수군을 거느리고 미자진(尾資
津)에 결진하였다. 백제를 협격하여 양측이 싸운지 3일만에 우리의
왕성[부여을 함락하였다"[39]고 보고하였다.

백제가 정복 된 후 소정방은 낭장(郞將) 류인원(劉仁願)에게 당군
10,000명을 거느리고 백제의 땅을 지키도록 하고 신라군 7,000명으로
보좌하도록 명한 후 회군하였다.

백제의 몰락은 왜의 이익에 상반되는 결과였다. 당군의 주력이 귀
국한 후 백제 사신은 왜에 자주 사절을 보내 도움을 청하는 한편 주
둔한 당에 항거하였다. 660년 9월 백제 사자가 왜에 가서 도움을 요
청하였고 10월에도 사절을 보내어 당 포로를 헌상하면서 언질로 왜에
머물고 있는 백제 왕자 부여풍을 귀국할 수 있도록 요청하면서 "당
나라 사람들이 우리의 적을 데리고 와서 우리 나라를 분탕질치고 나
라를 뒤엎어 놓았으며 우리 군신을 사로잡았습니다. 그리고 백제국은
멀리서 천황의 비호해주는 염려에 의지하며 다시 모여서 나라를 이루
었습니다. 이제 삼가 백제국이 보내어 천조를 섬기는 왕자 풍장을 맞
아들여 나라의 주인으로 하고자 합니다"[40]라고 위급한 사항을 간절
히 호소하였다. 왜의 제명(齊明) 천황(天皇)은 이 간청을 받아들이고

---

38) 『資治通鑑』卷200 唐高宗顯慶5年: 以左武衛大將軍蘇定方爲神丘道行軍大總管,
　　帥左驍衛將軍劉伯英等水陸十萬以伐百濟, 以(金)春秋爲嵎夷道行軍總管, 將新
　　羅之衆與之合勢.

39) 『日本書紀』卷26 齊明天皇 6年: 今年7月10日, 大唐蘇定方率船師軍於尾資之津,
　　新羅王春秋智率兵馬軍於怒受利之山, 夾擊百濟, 相戰三日, 陷我王城.

40) 『日本書紀』卷26 齊明天皇 白雉6年冬10月: 唐人率我蝥賊來蕩搖我疆場, 覆我
　　社稷, 俘我君臣, 而百濟國遙賴天皇護念, 更鳩集以成邦. 方今謹願迎百濟國遣
　　侍天朝王子豐璋, 將爲國主.

원군을 보내면서 "군사를 간청하고 구원을 요청하는 것을 이전부터 들었다. 위험에 처한 나라를 도와주고 대가 끊긴 나라를 계승시켜주는 것은 원칙에 맞는다. 백제국이 빈궁에 처하여 나에게 왔으니 자기 나라를 잃고 의지할 곳이 없고 호소할 곳도 없다. 창을 베고 쓸개를 맛보며 꼭 구원을 염두에 두고 멀리서 와 보고를 하여 뜻에 묵살하기 어려움이 있으니 장군에 명하여 여러 길로 나누어 같이 나아갈 수 있게 할 것이다……유사는 갖추어 주어서 예로써 보내어라"41)라고 백제의 절박한 처지를 알고 구원해 줄 것을 말하고 있다. 더욱이 백제 왕자 풍장에게 직관(織冠)을 주었고 또 다신장부(多臣蔣敷)의 누이를 처로 삼게 하였다.42) 왜는 여러 차례 백제에 군대를 보내 도왔다. 또한 고구려의 요청에도 응하여 백제에 주둔한 당군을 견제하여 요동의 당군과 함께 고구려를 협공할 수 없도록 하였다.43) 이 같은 정세에 따라 당도 병력을 두 차례 증파하여 백제에 주둔하고 있는 류인원의 군을 증원하도록 하였는데 먼저 조서로 류인궤(劉仁軌)를 검교대방주(檢校帶方州) 자사로 기용하고, 왕문도(王文度)의 군을 거느리게 하며 편도(便道)에서 신라의 군을 출동시켜 류인원을 구원케 하였다.44) 그러나 백제에 도착한 류인궤의 병력이 너무 약하여 백제와 왜

---

41) 『日本書紀』卷26 齊明天皇白雉6年冬10月: 乞師請救, 聞之古昔, 扶危継絶, 着自衡典、百濟國窮來歸我, 以本邦喪亂、靡依靡告. 枕戈嘗膽, 必有拯救, 遠來表啓, 志有難奪、可分命將軍百道具前……宜有司具爲與之, 以禮發遣.

42) 『日本書紀』권27 天智天皇元年: 以織冠授於百濟王子豊璋, 復以多臣蔣敷之妹妻之焉.

43) 『日本書紀』卷27 齊明天皇7年: 日本救高麗軍將等, 泊於百濟加巴利濱. 天智天皇元年3月: 唐人新羅人伐高麗, 高麗乞救國家, 仍遣軍將據疏流城, 由是唐人不得略其南界.

의 연합군에 맞설 수 없자 계속하여 지원군을 요청하니 고종은 우위위장군(右威衛將軍) 손인사(孫仁師)에게 조서를 내려 웅진도(熊津道) 행군총관으로 명하고 제병(齊兵) 7,000명을 징발하여 출발하도록 하였다.[45] 당과 왜 간의 관계가 신속히 대결로 치달아 드디어 663년 8월에 백강구(白江口)에서 양 세력은 결전의 날을 기다리게 되었다.

3) 백강의 전과 당일관계

백강의 전은 나당의 연횡(連橫)이 왜와 백제의 합종을 격파한 전투라고 할 수 있다. 왜는 백제를 돕기 위해 몇 년 동안 수많은 인력과 물자재산을 투입하였지만 실패로 돌아가자 왜의 국내는 큰 공황에 빠졌다. 또한 신라의 통일은 왜의 군사 개입과 정세의 확장이라는 외세를 배제한 후 실현이 가능한 것이다. 그러기 때문에 백강의 전에 관한 연구는 오랫동안 중시되어 왔고 특히 일본에서는 많은 연구 성과를 내놓았는데 이 전역에서의 패배가 왜 국가의 발전에 미친 영향은 '대화개신(大化改新)'을 초과한다고 하였다.[46] 그러나 백강의 전의 결과가 당에 미친 영향은 분명히 다르다. 백강의 전이 당시 왜 사회에 큰 영향을 미쳤지만 당의 사회에는 큰 종적을 남겨놓지 않았다. 당의 입

---

44) 『資治通鑑』卷200 唐 高宗 龍朔 元年: 詔起劉仁軌檢校帶方州刺史, 將王文度之衆, 便道發新羅兵以救仁願.

45) 『新唐書』卷220 「列傳」145百濟: 詔右威衛將軍孫仁師爲熊津道行軍總管, 發齊兵七千往.

46) 鬼頭淸明 「白村江戰敗의 歷史意義」 『日本古代國家의 形成과 東亞』(東京 校倉書房 1976) p.172, 鬼頭淸明 『白村江─東亞的動亂與日本』(日本東京數育 1986) p.182 參照.

장에서는 이 전쟁은 단지 조우전이었을 뿐이었고 당은 전쟁 전에 왜
군과 전략적인 결전을 펼치려고 하지 않았고 전후에도 왜를 도모하고
자 하지도 않았다.

당 초기에 한반도에 적극적으로 개입하게 된 여러 원인이 있겠지
만 신라가 고구려와 백제를 멸망시켜 통일을 이루기 위해 당을 전략
적으로 한반도에 끌어들인 것도 중요한 원인의 하나다.

정관 22년(648)에 태종은 신라 사자 김춘추에게 보낸 칙서 중에
서 "짐(朕)이 오늘 고구려를 징벌하는 데에는 다른 연고가 있는 것
이 아니고 너의 신라가 양국 사이에 끼어있어 매번 침탈 받고 능멸
당하며 편안한 해가 없다는 것을 가련히 여기는 것이다. 산천 토지
는 내가 탐하는 바가 아니다"[47]라고 하며 태종은 동정의 뜻을 두고
있으나 땅을 차지할 뜻이 없음을 밝히고 있다. 고종이 즉위한 후 나
당연합군이 백제 전에 총력을 기울였으므로 고구려는 몇 년 더 유지
될 수 있었다. 백제가 몰락하고 당군의 주력이 떠난 후 당은 류인원
과 류인궤 등을 남겨 백제 부성(府城)과 웅진성을 지키고 나머지 사
람들을 다스리도록 하였다. 그러나 백제에 주둔한 당군은 많은 어려
운 문제에 직면하게 되자 고종은 류인궤에게 칙서를 내리기를 "평양
군이 돌아 왔으니 성 하나만을 견고히 지킬 수 없다. 성을 떠나 신
라에 가서 그들과 함께 주둔하며 지키는 것이 적합하다. 만약 김법
민 등이 남아 진수하는 것을 바라면 그곳에 멈추는 것이 적합하고
필요하지 않는다면 바다 건너 돌아옴이 마땅하다"[48]고 하니 고종의

---

47) 『三國史記』卷7「新羅本紀」7 文武王: 朕今伐高麗, 非有他故, 憐你新羅攝乎兩
　　國, 每被侵陵, 靡有寧歲. 山川土地, 非我所貪.

칙서를 받은 후 '장사(將士)들은 모두 서귀(西歸)하고자 하였다.' 이
같이 유동적 상황에서 류인궤는 당이 처한 백제의 상황에 관해 언급
하기를

> 주상은 고구려를 삼켜 멸망하기 위해 먼저 백제를 공격하고 군사
> 를 남겨 그 심복을 제어하고자 하였다……(中略)……지금 평양 군이
> 이미 돌아갔고 웅진도 함락되었으니 백제의 나머지 무리들은 머지 않
> 아 다시 일어날 것입니다. 고구려로 달아난 무리들의 집결지를 언제
> 야 멸망시킬 수 있겠습니까? 그리고 지금 성이 적의 중심에 위치하여
> 만약 발을 잘못 디디면 바로 포로로 됩니다. 이동해서 신라에 들어가
> 면 이 또한 좌객(坐客)이니 이 지경에서 벗어나는 것도 뜻대로 되지
> 않아 후회해도 돌이킬 수 없습니다. 더구나 복신은 흉폭하며 잔혹함
> 이 아주 심하고 여풍은 시기하고 의심하면서 겉으로는 화합하나 안으
> 로는 분리되어 위세를 부리고 포악하게 굴며 같이 대처하고 있으나
> 형세는 반드시 서로 해칠 것입니다. 굳건히 지키며 변화를 관찰하고
> 편리함을 타고 움직일 수 없습니다.[49]

고 하니 당군의 백제 주둔 목적은 백제를 교두보로 삼아 고구려를 도
모하기 위함이었고 아직 왜 국을 염두에 두지 않았음을 살필 수 있다.
백강의 전은 이런 사실을 입증할 수 있는 확실한 전역이라고 할 수

---

48) 『舊唐書』卷84「列傳」34 劉仁軌·平壤軍迴, 一城不可獨固, 宜拔就新羅, 共其屯
守. 若金法敏藉, 卿等留鎭, 宜且停彼, 若其不須, 卽宜泛海還也.

49) 『舊唐書』卷84「列傳」34 劉仁軌: 主上欲呑滅高麗, 先誅百濟, 留兵鎭守, 制其
心腹……(中略)……今平壤之軍旣回, 能津又拔, 則百濟餘燼, 不日更興, 高麗
逋藪, 何時可滅, 且今以一城之地, 居賊中心, 如其失脚, 卽爲亡虜. 拔入新羅,
又是坐客, 脫不如意, 悔不可追. 況信凶暴, 殘虐過甚, 餘豐猜惑, 外合內離, 張
共處勢必相害. 唯宜堅堅守觀變, 乘便取之, 不可動也.

있다. 그리고 백강의 전의 시말에 대해 『구당서』권84 「열전」34 류인
궤에서는

　　얼마 지나지 않아 부여풍은 복신을 습격하여 죽였다, 또한 고려 및
　　왜에 사자를 보내 병력을 요청하여 관군에 대항하고자 하였다, 조서
　　로 우위위장군 손인사(孫仁師)에게 바다 건너 이에 후원케 하였다.
　　인사와 궤 등이 합세하자 병사의 사기가 크게 떨쳤다. 그래서 제 장
　　군들은 회의하는데 어떤 이는 "가림성(加林城)이 수륙의 요충지이니
　　먼저 이를 공격할 것을 요청합니다."라고 하였다. 인궤가 "가림은 험
　　하고 견고 하니 급하게 공격하면 전사들에게 손해를 입힐 것이고 완
　　고히 수비하면 시일이 오래 걸린다. 먼저 주류성을 공격하는 것이 낫
　　다. 주류성은 적의 근거지로 많은 사나운 것들이 모이는 곳이다. 악을
　　제거하고자 하려면 반드시 근본을 도모하여 그 뿌리를 뽑아야 한다.
　　만약 주류성을 얻는다면 나머지 여러 성은 저절로 항복하게 된다." 이
　　에 인사 인원 그리고 신라왕 김법민은 육군을 거느리고 진군하였다.
　　인궤와 별수(別帥) 두상(杜爽)과 부여융은 수군과 식량 선을 이끌고
　　웅진강에서 백강으로 향하였고 육군과 함께 주류성으로 갔다. 인궤는
　　왜 군사와 백강구에서 조우하여 4번의 전투에서 승리하였고 그들의
　　배 400척을 불태웠는데 연기가 하늘에까지 가득 차고 바다 물은 다
　　벌겋게 되었고 적의 무리들은 크게 무너졌다.[50]

---

50) 『舊唐書』卷84 「列傳」34 劉仁軌: 俄而扶餘豊襲殺信, 又遣使往高麗及倭國請兵,
　　以抗官軍. 詔右威衛將軍孫仁師浮海以爲之援. 仁師旣與軌等相合, 兵士大振.
　　於是諸將會議, 或一: 「加林城水陸之衝, 請先擊之」. 仁軌一: 「加林險固, 急攻
　　則傷損戰士, 固守則用日持久, 不如先攻周留城. 周留, 賊之巢穴, 群凶所聚, 除
　　惡務本, 須拔其源. 若克周留, 則諸城自下.」 於是仁師, 仁願及新羅王金法敏帥
　　陸軍以進. 仁軌乃別率杜爽扶餘隆率水軍及糧船, 自熊津江往白江, 會陸軍同趣
　　周留城. 仁軌遇倭兵於白將口, 四戰捷, 焚其舟四百艘, 煙焰漲天, 海水皆赤, 賊
　　衆大潰.

라고 하여 연합군은 세심한 작전 검토를 거쳐 수로의 요충지 가림성을 우회해서 백제 부국 운동군의 근거지 주류성을 공격할 계획이었으나 오히려 예상 밖에 백강구에서 왜의 수군과 접전을 벌이게 되었다. 당의 경우 이 수전은 의외의 전투였으므로 일종의 조우전인 것이다.51)

『구당서』의 내용을 통해 나당연합군은 전쟁 전에 백제가 고구려와 왜에 청병하였다는 것과 가림성 부근의 상황에 대해서도 알고 있었다는 것을 알 수 있다. 그렇다면 백강에서 이번 전투가 발생한 원인은 무엇인가? 그 근본적인 원인은 당이 동아시아에서 도모하고자 하는 상대가 왜가 아닌 고구려였기 때문이다. 『구당서』「백제전」에서의 이번 전투에 관한 내용을 살펴보면

---

51) 唐이 白江口之戰에서 大勝케 된 原因 중에서 제일 중요한 것은 앞선 唐의 수군장비와 전술을 꼽을 수 있다. 「日本書紀」卷27 天智天皇2年8月에 「日本諸將與百濟王不觀氣象而相謂之曰: 我等爭先, 彼應自退. 更率日本亂伍中軍之卒進打大唐堅陣之軍, 大唐便自左右夾船繞戰, 須臾之際, 官軍敗績, 赴水溺死者衆, 艫舳不得迴旋.」이라 하여 일본은 선함수와 수군의 용맹성에 기대하였으나 唐 수군은 여러 가지 전술을 구사하였다. 전투력이 강하지만 기동력이 떨어지는 누선(樓船)을 중심에 위치시켜 적을 맞이하는 전법을 펴고 전투력이 강하고 기동성이 있는 투함(鬪艦)과 주가(走舸)를 이용하여 양쪽 편에서 진격하여 왜 선함으로 하여금 중간에 모이도록 하고 나서 화공을 실시하여 화방(火舫)을 써서 적진(敵陣)을 불태우고 또한 노(弩)와 포(砲)로 원거리에서 화살 횃불 화구(火球) 유표(油瓢)와 유낭(油囊) 등을 집중 발사하였다. 이런 화공(火攻) 속에서 풍세(風勢)도 일조를 하여 당은 짧은 시간에 적군을 이길 수 있었다. 이 전역에서 당 수군은 장비와 항해기술 등이 왜 수군보다 앞섰을 뿐만 아니라 전술 운용도 적절하였고 기상 여건에 대한 고려도 왜 수군보다 훨씬 우월했음을 알 수 있다.

부여풍은 느끼고 그 친신들을 거느리고 복신을 엄살하였고 또 사
절을 보내어 고려와 왜 국에 가서 청병하여 관군에 대응하고자 하였
다. 손인사가 중로(中路)에서 맞이하여 공격하고 격파하였다. (孫仁
師는) 드디어 인원의 무리와 회합하자 세가 대진(大振)하였다. 이에
(孫)인사·(劉)인원 그리고 신라왕 김법민이 육군을 거느리고 진군하
였고 류인궤와 별수 두상 부여융은 수군 그리고 식량 선을 거느리고
웅진강에서 백강으로 가서 육군과 회합하여 함께 주류성으로 가고자
하였다. 인궤는 부여풍의 무리들과 백강구에서 조우하자 4번의 전투
에서 모두 이겨 그 배 4백 척을 불 태웠고 적의 무리들은 크게 붕괴되
었다. 부여풍은 빠져 도망갔고 위(僞) 왕자인 부여충승, 충지 등은 시
녀 그리고 왜 무리들을 거느리고 모두 항복하자 백제 여러 성은 모두
귀순하였고 손인사와 류인원 등은 개선하여 돌아 왔다.[52)]

라고 하여 손인사가 동래(東萊)에서 출병하면서 중로에서 격파된 것
은 고구려의 병사들이었으므로 이에 '병세대진(兵勢大振)'하게 되었
다. 백강의 전에 참여한 왜군들도 '부여풍의 무리' 즉 백제의 부속으
로 보았다. 그러므로 전쟁이 끝나자마자 당의 많은 병사들은 개선하
여 당에 돌아 왔다.

52) 『舊唐書』卷199(上)「列傳」149(上) 東夷·百濟: 扶餘豐覺而率其親信掩殺福信,
又遣使往高麗及倭國請兵以抗官軍. 孫仁師中路迎擊, 破之, 遂與仁願之衆相合,
兵勢大振, 於是仁師, 仁願及新羅王金法敏帥陸軍進, 劉仁軌及別帥杜爽, 扶餘
隆率水軍及糧舩, 自熊津江往白江以會陸軍, 同趨周留城. 仁軌遇扶餘豐之衆於
白江口, 四戰皆捷, 焚其舟四百艘, 賊衆大潰, 扶餘豐脫身而走. 僞王子扶餘忠
勝, 忠志等率士女及倭衆並降, 百濟諸城皆歸順, 孫仁師與劉仁願等振旅而還.

4) 고구려 실조 이후의 동아시아 정세 추이

인덕(麟德) 원년(664) 10월에 당은 백제 왕자 부여융을 웅진 도독으로 삼아 백제 옛 땅을 관장하게 하였다. 이는 고구려가 아직 존재하고 있는 상황에서 백제에 대한 당의 부담을 덜기 위한 조치이다. 아울러 당은 신라에게 백제와 회맹할 것을 강요하니 "회맹은 원하는 바가 아니나 감히 칙서를 어기지 못합니다"[53]라고 하여 백제와 어쩔수 없이 회맹하였다. 여기서 나당 사이에는 분열의 틈이 드러나기 시작하였다. 그러나 고구려가 그대로 유지되고 있는 이상 나당연맹은 그대로 지속되고 있었다.

668년 9월에 고구려가 나라를 잃자 결속도 풀리고 말았다. 고구려의 실조(失祚) 이후 당은 고구려 옛 땅에 9개의 도독부, 42개의 주, 100개의 현을 두고 평양에 안동도호부를 설치하여 통괄케 하였다.

이 같은 당의 판도 구축은 신라의 이익과 상충되는 것으로 신라가당과 연맹을 이룬 목적은 신라와 고구려와의 분쟁에서 실리를 도모하기 위함이었고 당의 고구려 옛 영토 관할은 당연히 신라, 백제와 고구려의 영토에 대한 욕구와 상충 될 수밖에 없다. 신라는 전후에 이미백제 고구려에게 빼앗긴 영토를 회복할 것을 원하고 있을 뿐더러 한반도 전체를 차지하고자 하였다. 이런 목적을 실현하기 위해 신라는백제와 고구려 옛 땅을 잠식하기 시작하였지만 당의 저지를 받게 되었다.

신라는 당과의 충돌을 해결하기 위해 669년 5월에 각간(角干) 흠순

---

53)『三國史記』卷7「新羅本紀」7 文武王: 盟會之事, 雖非所願, 不敢違勅.

(欽純)과 파진찬 양도(良圖)를 당에 보내어 전에 있었던 반도 내의 처사를 사죄케 하였다. 당은 신라를 징계코자 각간 흠순을 귀국시켜 복명토록 하였고 양도를 구속시켜 끝내 양도는 옥사하였다. 이 사건으로 나당관계가 더욱 긴장이 고조되었고 670년 3월에는 군사 충돌로 야기되었다.

당과의 충돌이 점점 격화되자 신라는 대외정책 전반에 걸쳐 조정하지 않을 수 없었다. 평양 함락 전 신라는 벌써 왜에 사절을 보내어 10년 넘게 단절된 양국 관계를 우선 회복하고자 하니 왜가 바로 사자를 답례로 보낸 것만 보아도 신라와 왜의 관계가 빠르게 진전을 보고 있음을 알 수 있다. 이 무렵 백제와 고구려를 멸망시킨 후 당의 군사력은 더욱 강대하여지면서 신라는 당의 위세에 압박을 느낄 수밖에 없었으니 "국가[唐]가 선박을 수리하는데 겉으로는 왜국 정벌을 핑계 대지만 사실은 신라를 친다"[54]라는 소식을 접하자 더욱 긴장하게 되었다. 이러한 당의 전쟁 준비에 신라는 고립되어 타격을 자초하는 것을 피하기 위해 이 소식을 왜에 신속히 전하였다. 당의 동정에 주의를 기울이고 있는 왜도 신라와의 관계를 속히 회복하기 위해 사절을 신라에 보내 두 나라의 연계를 강화하는 한편, 견당사를 보내 당의 정세를 살피도록 하였다. 왜 내에서는 조서를 내려 당에 대한 대비를 강화하도록 하였다, 천지(天智) 천황 8년(669)에 소금중하내직경(小錦中河內直鯨) 등을 당에 파견하였고[55] 이들은 670년에 당에 가서 '고구려 평정 축하(賀平高麗)'의 예를 갖추었다.[56] 이 무렵

---

54) 『三國史記』卷7 新羅 文武王11年: 國家(唐)修理船艘, 外托征伐倭國, 其實打新羅.
55) 『日本書紀』卷27 天智天皇8年(669): 是歲遣小錦中河內直鯨等使於大唐.

당은 동쪽에서는 신라와의 충돌이 날로 격화되어 갔고 서쪽에서는 토번과 치열한 전쟁을 하고 있었다. 그러다가 670년 7월의 대비천(大非川) 전역에서 당군은 크게 패하여 서북 정세가 악화되어 가고 있었다. 하내직경(河內直鯨)의 귀국 일정을 자세히 알 수는 없으나 당에서 이런 정보를 접수하는 데는 그다지 어렵지 않았을 것이다. 당시 장안에는 많은 외국 유학생과 상인이 있어서 각종 소식을 접할 수 있기 때문이다.

당은 한반도 내에서 전쟁을 치르면서 아울러 왜를 도모할 뜻이 없었고 고구려를 장악하고도 동서 양쪽에서의 긴급한 군사 행동을 자행하고 있기 때문에 여기에다 왜를 도모할 겨를이 없어 왜와의 관계 완화를 중요시하였다.

671년 정월에 "백제를 진수(鎭守)하고 있는 장수 류인원은 이수진(李守眞) 등을 보내어 문서를 올렸다. 가을 7월 병신 삭 병오(丙午)에 당인 이수진 등과 백제 사인등이 다 끝내고 돌아갔다"[57]라 하였는데 이수홍(李守興)의 사행 목적이 무엇이며 어째서 백제 사인을 동행 시켰을까? 당시의 정세로 보아 이수진은 왜가 촉각을 곤두세우고 있는 왜 정벌에 대한 전실을 밝히고 오해를 해명하고자 한 것이고 또 이를 효과적으로 수행키 위해 백제 사람과 함께 떠나도록 한 것이다.

671년 7월에 신라는 백제 고지에 소부리주를 설치하였고 10월에는 당의 운반선 70여 척을 격파하여 낭장과 군사 100여 명을 생포하고

---

56) 『新唐書』卷220 「列傳」145 東夷·日本: 咸亨元年, 遣使賀平高麗.

57) 『日本書紀』卷27 天智天皇10年: 百濟鎭將劉仁願遣李守領等上表, 秋7月丙申朔 丙午, 唐人李守員等, 百濟使人等並罷歸.

사망자도 많았다. 당과 신라의 백제 옛 땅 쟁탈전이 날로 격해지면서 당은 곽무종(郭務悰)을 왜에 파견하였는데

　　대마(對馬) 국사(國司)가 사자를 축자(築紫) 대재부(大宰府)에 보내 이달2일, 살문도구(殺門道久), 축자군야마(築紫君野馬), 간명승파사(幹鳴勝婆娑), 포사수반(布師首磐)의 4인이 당에서 돌아와서 당나라의 사신 곽무종 등 600여 인, 송사(送使) 사재손등(沙宰孫登) 등 1,400인, 합해서 2,000인이 배 47척에 타고 같이 비지도(比知島)에 정박하여 서로 말하기를 지금 우리의 사람과 모두 많다. 갑자기 거기에 가면, 저쪽의 지키는 사람들이 놀라고 동요하여 활을 쏘아 싸우려고 할 것이다. 먼저 도구(道久)들을 보내 미리 내조(來朝)의 뜻을 말씀드립니다.[58]

라 하여 곽무종이 사행(使行)에서 매우 신중한 태도를 취하였음을 알 수 있으며 사실 그가 출발할 때 사절단과 호위병의 수는 총 600명 있었으나 백제에 도착한 후 신라가 용의 운반선을 약탈한 사실을 이러한 사태의 재발로 인한 피해를 줄이기 위해 1,400명이나 되는 호위병을 증가하였다. 그리고 도구(道久) 등 4명이 언제 입당하였는지에 대한 기록은 보이지 않고 있으나 그들이 당에서 곽무종과 함께 귀국하였으니 물론 당의 정세를 파악하고 있었을 것이고 곽무종 사절단의 상황에 대해서도 간파하였을 것이다. 그들이 사건의 전후를 설명하자

---

58) 『日本書紀』卷27 天智天皇10年11月甲午朔癸卯: 對馬國同遣使於築紫大宰府言: 月生二日, 殺門道久, 築紫君野馬, 韓嶋勝婆娑, 布師首磐等四人從唐來曰, 唐國使人郭務悰等六百人·送使沙宰孫登等一千四百人, 總和二千人, 乘船卅七只, 俱泊於比知嶋, 相謂之曰: 今吾輩人船數衆, 忽然到彼, 恐彼防人驚駭射戰, 乃遣道久等預稍披陳來朝之意.

왜는 이들 사절단을 받아들였다.

곽무종이 왜에 도착할 쯤 때마침 왜의 천지(天智) 천황이 서거하였다. 곽무종 등은 이 소식을 접하고 다시 상복 차림으로 거애(擧哀)를 3차례하고 동쪽을 계수의 예를 갖추었다. 임자에 곽무종 등은 다시 배알하고 서함과 신물을 받쳤고 왜 천황은 여름 5월 신묘 삭 임인에 갑옷과 화살을 곽무종 등에게 하사 하였다. 이 날 하사한 물품은 모시 1673필, 포 2850단과 면 666근이었다. 경신에 곽무종 등은 업무를 마치고 돌아왔다.[59]

곽무종에 대한 후사(厚賜)를 보아도 그의 사행 목적이 성과를 거두었다고 할 수 있다. 그러나 하사 상품의 양이 많고 또한 갑옷과 화살 등의 무기도 포함되어 있어서 두 나라의 우정을 돈독히 하는 것 외에 백제와 가까운 곳에서 군사품을 구입하려는 의도가 깔려 있지 않나 고려된다.

신라가 당의 운반선을 가로막자 백제에 주둔해 있는 당군은 물자 보급이 원활하지 않게 되었고 이러한 곤경에 대비해서 선박을 왜에 보내 물자를 구해 올 수도 있다. 곽무종 일행의 선박수와 인원수로 보아 당시 중국의 조선 기술은 이미 상당히 발달되어 수나라 때에 양소(楊素)가 영안(永安)에서 만든 누선(樓船)은 800명을 수용할 수 있었고,[60] 선박 기술이 상대적으로 낙후된 왜의 견당사의 선박은 200명

---

59) 『日本書紀』卷28 天武天皇 元年: 告天皇喪於郭務悰等. 於是, 咸着喪服, 三遍擧哀, 向東稽首. 王子, 郭務悰等再拜, 進書函輿信物. 夏5月辛卯朔壬寅, 以甲冑弓矢賜郭務悰等, 是日, 賜郭務悰等物, 總合施一千六百七十三匹, 布二千入百五十端, 綿六百六十六斤. 庚申, 郭務悰等罷歸.

60) 『隋書』卷48 「列傳」13 楊素: 上起樓五層, 高百餘尺, 左右前後置六拍竿, 高业

에서 160명을 승선할 수 있었다. 한 선박에 100명을 실을 수 있다고 보더라도 47척의 선박과 2,000명의 수치는 계산상 맞지 않는다. 이는 곽무종의 선박에는 남은 공간이 많이 있었음을 알 수 있고 곽무종이 왜에 가서 물품 구입이라는 임무를 수행하였다고 볼 수도 있다. 왜는 황위 계승을 마감 짓고 정국 안정을 도모해야 함으로 당과 마찰을 일으키고자 하지 않았을 것이고 나아가 당과 지난날의 어려움을 청산하여 좋은 관계를 유지하여 앞선 당(唐) 문화를 받아드리고자 하였으므로 당의 요구를 받아드릴 수밖에 없었다.

당 서북에서 토번 세력의 확장과 더불어 어쩔 수 없이 당과 토번의 충돌이 날로 격화되고 대립되어 갔다. 670년에 청해(青海)의 대비천(大非川)에서 당이 토번에게 크게 패한 후 당은 동북 지방을 돌아다볼 겨를이 없게 되었다. 672년에 당은 드디어 고구려 남부 지역에서 후퇴할 수밖에 없었고 신라는 점차 대동강 이남을 통일하게 되었다. 이러한 상황에서 얼마 안 있어 당은 신라와의 관계 개선을 착수함에 따라 동아시아에서 당과 신라 왜 삼국은 오랫동안 평화 관계를 유지할 수 있었다.

五十尺容戰士八百人.

3. 토번(吐蕃)의 변환(邊患)과
안동도호부(安東都護府)의 내천(內遷)

1) 토번의 내침(來侵)

토번의 판도는 주로 토곡혼 서남 지역이었으며 그 중심 세력권은 현재의 칭짱(靑藏)고원에 자리 잡고 있었다. 토번은 중원과 거리가 먼 데다 토곡혼이 중간에 자리 잡고 있었으므로 당 이전은 중원과의 교류가 거의 없었고 태종 정관 8년(634)에 기종농찬(棄宗弄讚)의 시기에 와서야 중원과 왕래하기 시작하였다. 정관 12년(638)에 이르러 당의 변경을 침범(侵犯)하기 시작하였는데 이는 당과 토번 두 나라 사이 200여 년에 걸친 변경 분쟁의 첫 시작이다. 정관 14년(640)에 문성공주(文成公主)를 토번(吐蕃)에 보내어 화친관계를 맺은 이후부터 663년까지 20여 년간 당과 토번과의 변경지대는 비교적 평온하였다.

고종 즉위 초에도 두 나라 사이에는 우호적인 관계가 유지되어 왔다. 정관 23년(649)에 당은 사자를 토번에 보내어 태종의 죽음으로 고종이 즉위하였음을 전해 주었다. 이에 기종농찬은 장손무기(長孫無忌) 등에게 글을 보내어 "천자가 처음 즉위하니 만약 신하 가운데 충성하지 않는 자가 있으면 병사를 거느리고 (천자의) 나라에 가서 토벌하여 이를 제거하겠다"고 하여 성의를 다 하는 듯하면서 무력을 행사할 뜻을 비치며 위압적 태도를 보이고 있다.[61]

---

61) 『資治通鑑』卷199 「唐紀」15 太宗貞親 23年(649): 贊普致書於長孫無忌等云: 「天子初卽位, 臣下有不忠者, 當勒兵赴國討除之.」 吐蕃以太宗晏駕, 固有輕中國之

영휘 원년(650)에 기종농찬이 죽자 토번은 사절을 당에 보내어 장의를 보고해 왔다. 고종은 신하들을 거느리고 장안의 광화문(光化門)에 나가 슬픔을 표하고 우위장군 선우광제(鮮于匡濟)로 하여금 새서(璽書)를 지니고 토번에 가서 조제(弔祭)하도록 하였다.

기종농찬이 죽고 나서 어린 손자가 등극하니 국정은 대론인 녹동찬(祿東贊)에 의해 전횡되며 중국을 가볍게 보기 시작하였다. 『자치통감』에서는 현경 3년(658)에 토번이 당에 청혼하였으나 고종이 이를 허락하지 않았으며 이와 동시에 많은 토곡혼 사람들이 당에 귀순하였는데 이는 현경 5년(660) 8월에 녹동찬(祿東贊)이 그의 아들 기정(起政)을 보내어 토곡혼을 공격한 사실과 연관해서 이해해야 될 것이다.

토번 세력의 대외 신장은 토곡혼에만 제한되지 않았다. 정관 말년에 토번 서북쪽에 위치해 있는 양동(羊同)은 이미 토번에 병합되었는데 이 시기는 태종의 요동 공략과 거의 같은 시기임으로 토번이 이 기회를 틈타 세력을 확충하고자 한 것이다. 현경(顯慶) 4년(659)에서 건봉(乾封) 원년(666)까지 당 고종이 백제와 고구려에 파병할 동안 토번은 토곡혼에 머물고 있었고 현경 4년(659)에는 당과 접전한 기록도 보이고[62] 이는 당의 사료에서는 보이지 않으나 이와 관계된 사료 부족을 보충시킬 수도 있다. 그러나 당의 사료를 보면 소정방은 현경 4년(659) 말에 서돌궐의 아실결궐사근도만(阿悉結闕俟斤都曼)을 평

心矣. 이 史料에 의하면 토번이 당의 내정에 간섭할 수 있을 만큼 오만한 의도를 보이는 것은 자체 세력의 신장이 뒷받침하지 않나 생각된다.

62) 王堯輯 『敦煌古藏文歷史文書』(中國 靑海 靑海民族學院 1979) pp.3~4 參照: 소정방은 8만 명의 당군을 거느리고 천 명 밖에 안 되는 토번군에게 패하였다.

정중이어서 만약 그가 8만 대군을 거느리고 토곡혼에 출병하여 실패하였다면 기록에 전혀 보이지 않을 것이고 패전한 소정방을 서돌궐에 보낼 수 없었을 것이다. 이러한 일들 외에도 소정방이 용삭 3년(662) 6월에 군대를 거느리고 요주양주(涼州)에 가서 토곡혼을 안집(安輯)하였다는 기록도 있으나 그의 본전(本傳)에서는 이런 내용이 없어서 그가 실패한 것으로 추측할 수 있지만, 토번의 사료도 시간을 잘못 기록하였거나 과장된 부분이 있을 수도 있다. 당의 정사에 의하면 토번과 토곡혼 간의 분쟁으로 쌍방 모두 당에게 청병(請兵)하였으나 고종은 이를 하락하지 않았으므로 낙갈발(諾曷鉢)은 토번의 공격을 견디지 못하고 당의 화친공주인 홍화(弘化)공주와 함께 완주(浣州)로 도망해 왔다.[63] 이에 따라 당은 소정방을 안집대사(安輯大使)로 임명하지 않을 수 없었고 호주 도독(澳州都督) 정인태(鄭仁泰)와 장군 독고운(獨孤雲)도 소정방과 같이 출병케 되었다. 그들의 임무는 사실상 패전하여 돌아오는 낙갈발(諾曷鉢)을 맞이하여 영주(靈州)까지 인솔해서 그곳에 안락주(安樂州)를 설치하여 정착토록 하는 것이었다.

토번(吐蕃)은 당의 대군을 접하여 작전할 의지를 잃고 외교적인 수단으로 당 조정에게 토곡혼의 잘못을 호소해 왔다. 고종은 중간 입장에서 양자를 조절하고자 하였으나 토번이 적수(赤水) 지역에서의 방목 요구를 받아 드리지 않았다. 이후 토번은 거의 해마다 변방을 노략질해 왔고 건봉(乾封) 2년(667)에 이르러서는 당 서남부의 생강(生

---

63) 『舊唐書』卷198 「列傳」西戎吐谷渾: 其後與吐蕃互相攻伐, 各遣使請兵救援, 高宗皆不許之. 吐蕃大怒, 率兵以擊吐谷渾, 諾曷鉢不能禦, 脫身及弘化公主走投浣州.

羌)의 12개 기미주가 모두 격파당했다.[64] 대론(大論) 녹동찬(祿東贊)
이 토곡혼에 오랫동안 머물러 온 목적은 토번의 정치와 군사력을 강
화하고자 함이었다.

　토번은 토곡혼 지역에서 세력을 확대하였을 뿐만 아니라 서역에서
도 당에 맞서 도전하였다. 용삭(龍朔) 2년(662)은 대론(大論) 녹동찬
(祿東贊)이 토곡혼에 있지 않은 유일한 1년인데 그는 이 해에 토화라
(吐火羅)의 상웅(象雄)에서 공물을 징집하여 전쟁을 준비하고 있었
다. 용삭(龍朔) 2년 말에 당의 장군인 소해정(蘇海政)은 조서(詔書)의
명에 따라 서돌궐 출신인 도독 아사나보진(阿史那步眞) 그리고 아사
나미사(阿史那彌射)와 함께 구자(龜玆)와 소륵(疏勒)을 토벌하였다.
이에 맞서 토번은 출병하여 구자와 소륵을 도와 당에 항거하였다. 이
듬해 소해정은 병사들이 전쟁에 지쳐 있다고 보고 물자를 토번에 보
내 주면서 이를 강화(講和) 조건으로 내놓았다. 토번은 이 조건을 받
아들이면서도 때때로 습격해 왔고 또 아사나보진이 참언(讒言)과 소
해정의 무능 때문에 아사나미사가 억울하게 죽음을 당했다는 사실을
제기하였다. 이는 토번이 이런 기회를 타고 서돌궐에 반당 의식을 선
동하고자한 술책이었다. 이후의 서돌궐 '십성무주(十姓無主)'[65]도 이

---

64) 『資治通鑑』卷201 高宗乾封2年: 生羌十二州爲吐蕃所破.
65) 현경(顯慶) 3년(658) 2월에 당은 하로(賀魯)의 난을 평정한 뒤 몽지(濛池)도
　　호부와 곤릉(昆陵)도호부를 설치하여 아사나이사(阿史那爾射)를 홍석가한
　　(興昔亡可汗)으로 임명하고 오돌륙(五咄陸)부를 통괄하도록 하였고 아사나
　　보진(阿史那步眞)을 왕절(往絶)가한으로 임명하고 오조실필(五弩失畢)부를
　　통괄하도록 하였다. 아사나미사(阿史那彌射)와 아사나보진이 용삭(龍朔) 2년
　　(662)에 죽은 후부터 장안(長安, 701~704) 초에 서돌궐 십성부락(十姓部落)
　　중의 하나인 돌기시(突騎施)의 추장인 오질륵(烏質勒)이 지역을 병합할 때까

와 관련이 있다고 할 수 있다.[66] 그러는 동안 당은 수차례 군대를 보내어 구원하였으나 함형(咸亨) 원년(670)에 드디어 안서사진(安西四鎭)을 잃게 되었다.

동시에 토곡혼에 대한 토번의 침략도 지속되었다. 함형 원년(670)에 토번은 또 백주(白州)를 중심으로 한 강(羌) 영역의 18개 주를 공격하여 취하였다.

고구려를 멸한 후 토번을 어떻게 대처해야 할지가 반드시 해결해야할 문제로 제기되었다. 고종 총장(總章) 연간(668~670)에 토곡혼은 토번의 군사 압박이 강화되자 당에게 도움을 요청하였다.[67] 이듬해에 조정은 계필하력을 오해도(烏海道) 대총관으로 임명하고 토곡혼을 지원해주도록 하였다. 이 군사행동은 짧은 시간 내에 끝난 듯하다. 왜냐하면 동년 9월에 참전했던 계필하력이 다시 조정 회의에 나타나 당과 인친 관계가 있는 토곡혼 수령 낙갈발(諾曷鉢)을 요주(涼州) 남산(南山)으로 옮겨야 할지를 의논하는 석상에 나타났기 때문이다. 당이 낙갈발을 천이시키려는 목적은 토번의 직접 공격을 피하고자 함이었다. 이와는 상반되게 소정방이 그들을 요주(涼州)에서 영주(靈州)로 데려와 안락주(安樂州)를 설치한 일이 성공을 거두지 못하였음을 드러내는 뜻도 있으나 낙갈발이 당의 힘을 빌어서 권력구도를 재건하고자 하는 의욕도 있었던 것으로 볼 수 있다. 그러나 조정 대신들은 토곡혼을 옮긴다고 해서 토번의 뜻을 바꿀 수 없다고 주장하였다, 고

지, 서돌궐 분포지역은 지배자가 없는 혼란한 상태에 빠져있었다.
66) 『資治通鑑』卷20. 高宗龍朔2年條 參照.
67) 『通典』卷190 「邊防」6吐蕃: 總章中, 以兵臨吐谷渾, 吐谷渾告急.

종은 먼저 행동하는 편이 났다고 하였으나 조정 대신 중에는 단지 정인태(鄭仁泰)와 강각(羌恪)만이 찬성하였다. 우상(右相)인 염립본(閻立本)은 경제적인 이유로 파병을 반대하였고 전선에서 바로 돌아온 계필하력은 파병 시기를 늦춰야 하다고 하였는데 그는 토번이 다음 해 봄에 다시 진군해 올 것을 예측하고 그때 가서 다시 파병할 것을 주장하였다.[68]

함형(咸亨) 원년 4월에 당은 안서사진을 폐하게 되었다. 신해(辛亥)에 우위위대장군(右威衛大將軍) 설인귀를 나사도(邏娑道) 행군대총관에 좌위원외대장군(左衛員外大將軍) 아사다도진(阿史那道眞)과 좌위장군(左衛將軍) 곽대봉(郭待封)을 부총관으로 임명하여 토번을 공격하여 토곡혼이 옛 근거지로 돌아가는데 도와주도록 하였다.[69] 이 전투는 토곡혼 더 크게 보아서는 서역에서 당과 토번 양대 세력의 성쇠를 결정짓는 매우 중요한 전투라고 할 수 있다. 설인귀의 부장은 고구려 전에 참전 경험이 있는 수군 총지휘관 곽대봉(郭待封)과 좌원외(左員外) 대장군 아사나도진(阿史那都眞)으로 설인귀군의 편성은 전형적 번한군(蕃漢軍)으로 구성된 군대로 번한(蕃漢)의 비율은 정확

---

68) 『新唐書』卷216(上) 「列傳」141(上) 「吐蕃傳」(上): 總章中, 議徙吐谷渾部於涼州 旁南山. 帝刈吐蕃之入, 召宰相姜恪閻立本·將軍契苾何力等議先擊吐落. 立本曰: 「民饑未可以師.」何力曰:「吐蕃介在西極, 臣恐師到, 獸竄山伏, 捕討無所得, 至 春復侵吐谷渾. 臣請勿救, 使疑吾力困而驕之, 一拳可滅也.」恪曰:「不然, 吐谷渾 方衰, 吐負勝, 以氣拒勝兵, 戰必不亢, 不救則滅. 臣謂王師亟助之, 使國幸存, 後 且徐圖可也.」 議不決, 亦不克徙.

69) 『資治通鑑』卷210 高宗咸亨 元年: 以右威衛大將軍薛仁貴爲邏娑道行軍大總管, 左衛員外大將軍阿史那道眞·左衛將軍郭待封副之, 以討吐蕃, 且撥送吐谷渾還 故地.

하지 않으나 약 10만 명에 달하였다.[70] 그러나 부장 곽대봉은 설인귀의 지위가 자신을 능가하였다고 불만스러워하여 군령을 잘 따르지 않았다. 당군이 대비천(大非川)에 이르고 오해(烏海)로 향하고자 할 때 설인귀는 명하기를

> 오해는 지세가 험하고 멀어 행군이 매우 어렵다. 군수품을 자체에서 갖추도록 하고 이익을 쫓지 말아야 한다. 마땅히 2만 명을 남겨 대비령(大非嶺)에 두 개의 책(柵)을 설치하는 것이 적절하다. 군수품을 모두 책(柵) 안에 남겨두고 나는 정예를 거느리고 속도를 배가하여 행군한다. 아직 준비가 되지 않았으니 반드시 격파시킬 것이다.[71]

라고 하여 그가 먼저 군사를 거느리고 하구(河口)에서 적을 크게 격파하고 오해(烏海)에서 후원 부대를 기다리고 있었다. 그러나 곽대봉(郭待封)은 설인귀의 지시를 따르지 않고 군수품과 같이 진군하면서 오해에 도착하기도 전에 토번 군 20여만 명과 조우하게 되었다. 여기서 당군은 대패하여 달아났고 군수품도 모두 잃어버렸다. 설인귀는 더 이상 버틸 수 없어 대비천(大非川)으로 퇴수하게 되었다. 토번 흠릉(欽陵)은 40만 명을 거느리고 다시 공격해오니 숫적 열세를 안고 전군이 전멸하였다.[72] 이어서 토곡혼의 모든 국토가 함락되었다.[73]

---

70) 『舊唐書』卷5 「本紀」5(下) 高宗 『新唐書』卷221(上) 「列傳」146(上) 西域(上) 吐谷渾에서는 모두 5만 명이라고 하였고 『舊唐書』에서는 10여 만이라고 하여 양당서 내용에 차이를 보이고 있다.

71) 『資治通鑑』卷201 高宗咸亨 元年: 烏海險遠, 軍行甚難, 輜重自隨, 難以趨利. 宣留二萬人, 爲兩柵於大非嶺上, 輜重悉置於柵內, 吾屬率輕銳, 倍道兼行, 掩其未備, 破之必矣.

72) 『舊唐書』卷83 「薛仁貴傳」. 노훈(盧勳) 등 저 『수당민족사(隋唐民族史)』(中國

　　이후 토번군은 거의 해마다 변경을 노략질하여 당의 제일 큰 변환이 되었다. 의봉(儀鳳) 원년(676)에 이들은 당의 선주(鄯州)·곽주(廓州)·하주(河州)와 방주(芳州) 등을 공격하였고 의봉 2년(677)에 토번은 또 첩주(疊州) 부주(扶州)를 노략질하였다. 당은 중서좌복사(中書左僕射) 류인궤(劉仁軌)를 조하(洮河) 진수사로 임명하였지만 오래동안 별다른 공을 이루지 못하였다.74) 당 조정은 토번의 공략에 날로 불안해하기 시작하자 고종은 이 해 12월에 모든 인력과 재력을 총동원하여 서쪽 토번에 대한 방어력을 강화키로 하였다.

　　의봉 3년(678)에 중서령(中書令) 이경현(李敬玄)을 도하도(洮河道) 행군대총관으로 하고 공부상서(工部尙書) 류심례(劉審禮)와 함께 군대를 거느려 토번을 공격케 하였다. 이경현은 18만 대군을 이끌고 흠릉(欽陵)과 청해(靑海)에서 싸웠으나 패하였고 류심례(劉審禮)는 토번에게 사로잡혔다. 편장(偏將) 좌영군원외장군(左領軍元外將軍) 흑치상지(黑齒常之)가 용사 500명을 이끌고 토번의 군영을 공격하니 대수령인 발지설(跋地設)이 군대를 거느리고 밤에 달아남으로 이경현은 겨우 살아 돌아올 수 있었다.

　　고종 영륭(永隆) 원년(680)에 토번이 하원 지역을 또 공격해와 하

　　成都 四川民族出版 1996) p.416에서는 이번 전쟁에서 당은 천시(天時) 기후에 적응하지 못하였고 지리도 익숙하지 못하였으며 인화(人和)에도 많은 문제를 안고 있어 대부분의 토곡혼인(吐谷渾人)들이 당보다 토번을 지지하였으므로 실패할 수밖에 없었다.
73)『舊唐書』卷146(上)「吐落傳」(上): 吐谷渾全國盡沒.
74)『新唐書』卷216(上)「列傳」141(上)吐上 高選倘書左僕射劉仁軌洮河領守使, 久之, 無功.

서(河西) 안무대사(安撫大使) 이경현은 토번과 황천(湟川)에서 싸웠지만 또 패하였다. 흑치상지가 역전하여 토번 군을 크게 격파하였고 이듬 해 흑치상지는 양비천(良非川)에서 또 적을 물리쳐 그들의 식량과 가축을 거두어 하원(河源)에 주둔하였다. 당이 청해 병력을 강화하였으나 당과 토번은 청해에서 큰 접전을 하지 않았지만 서역에서의 양측 군사력 충돌은 날로 격화되어 갔다.

고종 시기는 대외적으로 토번이 국세가 강성해진 시기이며 그 영역도 동으로는 양주(涼州)·송주(宋州)·무주(茂州)·준주(雋州) 등과 접하고, 남으로는 파라문(婆羅門)에 이르며, 서쪽으로는 구자(龜玆) 서륵(疏勒) 등 4진을 공격하여 함락시켰고, 북으로는 돌궐에 닿았다. 이 나라의 판도가 만 여리나 되어, 한위(漢魏) 이후로, 서쪽 이민족의 융성은 이 같은 적이 없다.[75)]

2) 안동도호부(安東都護府)의 내천(內遷)

정관 19년(645)에 태종이 고구려를 공략할 때 먼저 요동의 고구려 옛 땅에 기미부주를 설치하였는데 이 사실을 『자치통감』에서는

> 고려를 공략하면서 현토(玄菟)·횡산(橫山)·개모(盖牟)·마미(磨米)· 요동(遼東)·백암(白嚴)·비사(卑沙)·맥곡(麥谷)·은산(銀山)·후황(後黃) 10성을 함락시키고 요(遼)·개(盖)·엄(嚴) 3주의 호구를 중국에 편입시

---

75) 『舊唐書』卷196(상)「列傳」146(上) 吐蕃(上): 吐蕃東與凉·松·茂·雋等州上接, 南至婆羅門, 西又攻陷龜玆·疏勒等四鎭, 北抵突闕, 地方萬餘里, 自漢魏已來, 西戎之盛, 未之有也.

킨 것이 7만 명이다.[76]

이라고 하였는데 요주(遼州)는 요동성에 설치한 것이었고 개주(盖州)
는 개모성(盖牟城)에 둔 것이었으며 엄주(嚴州)는 백엄성(白巖城)에
설치한 것이었다. 당군이 백엄성(白巖城)을 공격할 때 성주 손대음
(孫代音)이 심복(心腹)을 보내어 항복을 청하니 嚴州(엄주)를 점령하
고 나서 그를 엄주 자사로 임명하였다는 사실에서[77] 요주(遼州)·개주
(盖州)와 엄주(嚴州) 3개의 주가 기미 주의 성격을 지니고 있음을 엿
볼 수 있다.

태종은 고구려를 공격하여 고구려의 현토(玄菟)·횡산(橫山)·개모
(盖牟)·마미(磨米)·요동(遼東)·백암(白巖)·비사(卑沙)·맥곡(麥谷)·
은산(銀山)·후황(後黃) 10개의 성을 함락시켰는데 이들은 모두 압록
강 이북의 요동 북쪽에 위치해 있다. 이중에서 요주·개주와 엄주 3개
의 기미 주만 설치한 것은 나머지 성 가운데 일부가 당에 의해 공략
되지 않았기 때문이다. 안시성 전에서 고구려 군이 크게 패하자 "고
려 전국이 크게 놀라 후황성·은성 모두 스스로 도망가니 수 백리에
다시 사람 흔적이 없었다"[78]고 한 것과 같이 사람이 지키지 않고 있
는 공성(空城)도 겉으로는 당에 의해 점령된 것과 같이 전과로 나타
나고 있다.

---

76) 『資治通鑑』卷198 太宗貞觀19年: 凡征高麗, 拔玄菟·橫山·盖牟·磨米·遼東·白
    巖·卑沙·麥谷·銀山·後黃十城徙遼盖嚴三州戶口入中國者七萬人.
77) 『資治通鑑』卷198 太宗貞觀19年: 李世勣攻白巖城西南, 上臨其西北. 城主孫代
    音遣腹心請降……(中略)……以白巖城爲嚴州, 以孫代音爲刺史.
78) 『資治通鑑』卷198 太宗貞觀19年: 高麗擧國大駭, 後黃城, 銀城皆自通拔去, 數
    百里無復人煙.

당이 철군한 이후에 "요·개·엄 3개 주의 7만 명이 당에 편입되었고 정관 20년(646)에 요주도독부(遼州都督府)와 엄주(嚴州)를 폐지하였다"[79]고 한 내용을 보더라도 당이 점령한 요동 10성을 포기한 것처럼 하나 사실은 이와는 다르니 『자치통감』「고이(考異)」에서는

> 『실록』에서는 "3주 호구 중에서 내지로 들어간 것이 모두 7만 명이라고 하였으나 계추 조서를 내릴 때에는 10만 호, 18만 구를 얻었다"라고 하였음은 아마도 호구를 적(籍)에 넣지 않은 것도 포함시킨 것이다.[80]

라고 하여 이적(李勣)이 요동성을 공격하면서 승병 1만여 명 남녀 4만 명을 얻었고, 백암성을 함락한 후에는 1만 명 더 얻었으며 개모성에서 2만 여명을 얻었다.[81] 태종의 위 조서의 18만 명은 현토(玄菟)·횡산(橫山)·개모(蓋牟)·마미(磨米)·요동(遼東)·백암(白巖)·비사(卑沙)·맥곡(麥谷)·은산(銀山)·후황(後黃) 등 10개 성의 총 인구를 뜻하는 것이고 이 중 7만 명이 관내로 편입되었다면 아직 11만 명이 고구려 옛 땅에 남아 있다는 뜻이다. 당은 개주를 폐지하지 않았으며 요주와 엄주도 바로 철폐시킨 것이 아니라 철군 이듬해에 폐지한 것이다.

---

79) 『資治通鑑』卷198 太宗貞觀20年: 罷遼州都督府及嚴州.
80) 『資治通鑑』卷198 太宗貞觀19年 『考異』曰: 『實錄』上云: 「徒三州戶口入內地者, 前後七萬人.」下癸丑詔書云: 「獲戶十萬, 口十有八萬」蓋並不徙者言之耳.」
81) 『資治通鑑』卷197 太宗貞觀 19年: 李世勣等拔蓋牟城, 獲二萬餘口……(中略)…… 5月, 己巳, 拔之(卑沙城), 獲男女八千口. ……(中略)……遂克之(遼東城), 獲勝兵 萬餘人, 男女四萬名……(中略)……得城(白巖城)中男女萬餘口.

고종 총장 원년(668)에 이적은 대군을 인솔하여 평양을 공격하여 고
구려가 실조(失祚)하게 되었는데 "고려 국은 옛날 5부로 나뉘어져 176
개의 성과 69만 7천 호가 있었다. 이에 그 땅을 나누어 9개의 도독부와
42개의 주, 100개의 현을 설치하였다. 또 안동도호부를 두어 다스리도
록 하였고 그 거수(渠酋) 중 유공자에게 도독·자사(刺史) 그리고 현령
을 제수하여 화인(華人)과 더불어 백성을 다스리도록 하였다"[82]라고
하여 처음 설치된 안동도호부는 고구려와 백제의 옛 땅을 관할하였으
며 서쪽으로는 영주(營州)와 접해 있었고 동쪽으로는 국내성에 이르렀
고 한반도 내 동남쪽의 신라는 제외한 모든 지역을 관할한 셈이다.

그러나 이 때 설치된 부(府)와 주(州)들의 상황은 안정하지 못하였
다. 『삼국사기』에 의하여 몇 가지 유형으로 분류할 수 있는데 국내·
남소(南蘇)와 묵비(木庇) 등 11개의 성은 '이미 항복[已降]'한 것이었
고, 은성 등 3개의 성은 '공격하여 얻은[打得]' 것으로 모두 당의 통제
하에 있었다. 그리고 적리(積利)·목은(木銀)과 목저(木底) 등 7개의
성은 '도성(逃城)' 즉 인구가 도망간 곳이었고 신성·요동 등 11개의
성은 '아직 항복하지 않은[未降]' 성이었다.[83] 이러한 사실은 당이 비

---

82) 『舊唐書』卷220 「東夷·高麗」傳: 高麗國舊分爲五部, 有城百七十六、 戶六十九
   萬七千, 乃分其地置都督府九, 州四十二, 縣一百, 又置安東都護府以統之, 擢其
   渠舍有功者授都督, 刺史及縣令, 與華人參理百姓.
83) 『三國史記』「志」6: 鴨淥水以北未降十一城-本助利非西·節城本蕪子忽·農夫城本
   俏巴忽新城州本仇次忽(或云敦城)·桃城本波尸忽·大豆山城本非達忽·遼東城州
   本烏列忽·屋城州·白石城·多伐嶽州·安市城舊安寸忽(或云丸都城); 鴨淥水以北
   已降城十-椋喦城·木底城·藪口城·南蘇城·甘勿主城本甘勿伊忽·夌田谷城·心岳
   城本居尸內州·屑夫婁本俏利巴利忽·岳本骨尸押木城。 鴨祿以北逃城-七蛇城本
   乃勿忽·面岳城牙岳城本皆尸甲忽·鷲岳城本甘彌忽·積利城本赤里忽·木銀城本

록 평양을 공격하여 취하였지만 아직 많은 성이 당의 직접 통제에 돌아오지 않고 있음을 뜻한다.

백제 옛 땅에서는 당이 웅진과 사비 2개의 주를 직접 통괄하고 있으나 나머지 곳들은 모두 백제 남은 무리들이 계속 장악하고 있었다. 소정방이 백제를 평정하였으나 흑치상지 등 백제 장수들은 "임존산(任存山)에 의거하여 자신들이 굳게 지키고 있었으며 열흘이 안되어 돌아온 사람들이 3만이었으며 정방이 군대를 거느리고 공격하였으나 이기지 못하였다. (흑치)상지는 마침내 200여 성을 수복하였다"[84]고 하는데 고종 용삭 연간(661~663)에 사절을 보내어 위무(慰撫)하자 흑치상지가 당에 귀순하니 사반주(沙泮州) 자사로 임명되었다는 사실에서 백제에 설치된 다른 기미 주들에서도 백제의 옛 관리들을 자사나 현령으로 되었음을 살필 수 있다.

『구당서』권39 「지리지」(2)에 근거하여 안동도호부(安東都護府)의 이사 내용을

① 상원(上元) 3년(676) 2월에 안동부를 요동군 옛 성에 옮겨 설치함.
② 의봉(儀鳳) 2년(677)에 또다시 신성(新城)에 설치함.
③ 성력(聖歷) 원년(698) 6월에 안동도독부로 고침.
④ 신룡(神龍) 원년(705)에 다시 안동도호부로 됨.
⑤ 개원(開元) 2년(714) 안동도호부를 평주(平州)에 옮겨 설치함.

召尸忽·犁山城本加尸達忽; 鴨渌以北打得城三-穴城本甲忽·銀城本折忽·似城本史忽.

84) 『新唐書』卷110「黑齒常之」傳: 依任存山自固, 不旬日, 歸者三萬, 定方勒兵攻之, 不克. 常之途復二百餘城.

⑥ 천보(天寶) 2년(743) 요서 옛 군성에 옮겨 설치함.
⑦ 지덕(至德) (756~758) 이후에 폐지됨.[85]

위와 같은 연혁의 변천이 있었음을 알 수 있다. 安東都護府의 세부
변화는 아래의 표와 같다.

〈表 3〉安東都護府 沿革年表

時間	都護	治所	出處
總章元年	高藏	平壤	『舊唐書』卷39
總章元年-3年	薛仁貴		『舊唐書』卷39 『資治通鑑』卷201
約咸亨- 上元間	高侃		『舊唐書』卷152 『新唐書』卷170
上元3年	未詳	遼東	『舊唐書』卷39
儀鳳2年	高藏	新城	『舊唐書』卷39 『資治通鑑』卷202
垂拱2年	高寶元		『舊唐書』卷199(上)
聖嗣元年	薛訥		『舊唐書』卷39
萬歲通天元年	裴玄珪	平州	『資治通鑑』卷205
聖曆2年	高德武(都督)		『舊唐書』卷199(上)
長安4年	唐休璟(兼)		『舊唐書』卷39
神龍元年	未詳		『舊唐書』卷39
開元初	單思敬		『元和姓纂』卷4
開元2年	許欽湊	平州	『唐會要』卷73
開元8年	薛泰		『資治通鑑』卷212
開元13年	薛泰		『舊唐書』卷199(下)
開元15年	李浵(遙領)		『舊唐書』卷8
約開元15年	臧懷亮		『全唐文』卷256
開元21年	裴雯		『文苑英華』卷647
天寶2年	未詳	遼西古城	『舊唐書』卷39
天寶15年	夫蒙靈祭(副都護)		『新唐書』卷124
天寶末	王玄志		『舊唐書』卷39
至德中	廢置		『舊唐書』卷39

85) 『舊唐書』卷39「地理志(2)」: 上元3年2月, 移安東府於遼東郡故城置. 儀鳳2年,
又置於新城. 聖曆元年六月, 改爲安東都督府. 神龍元年, 復爲安東都護府. 開元
2年, 移安東都護府於平州置. 天寶2年, 移於遼西故郡城置. 至德後發.

이 내용에 근거하여 안동도호부의 이전 과정과 그 원인이 무엇인가를 살피기로 한다.

안동도호부의 첫 번째 이전 시간에 대하여 『신당서』권220 「열전」 145 동이·고려에 "총장(總章) 2년(669) 고구려 백성 3만 명을 강회(江淮) 산남(山南)에 옮겼다. 대장겸(大長鉗) 모잠(牟岑)이 무리를 거느리고 반란을 일으키자 조서로 고간(高侃)을 동주도(東州道), 이근행(李謹行)을 연주도(燕州道) 행군총관을 맡도록 하여 토벌하였다. 고간은 도호부 치소를 요동주에 옮기고 다스렸다"[86]라고 하였고 『신당서』권3 「고종」기에서는 그간의 동정은 함형(咸亨) 원년(670) 4월에 이루어진 것으로 되어 있어[87] 옮긴 연도에 차이가 있음을 볼 수 있다.

그러나 『구당서』에서는 상원(上元) 3년(676) 2월, 안동부를 요동군 옛 성에 옮겨 설치하였다고 하는데 이러한 차이를 정리하기 위해서는 안동도호부의 활동상황을 이해할 필요가 있다. 당이 평양에 안동도호부를 설치하였지만 단지 군사상의 점령이었을 뿐 통치 기반은 그리 튼튼하지 못하였다. 그리고 고구려 옛 땅에는 아직 많은 성에서 반항 전투를 벌이고 있어 당은 그곳의 백성들을 옮기는 것이 상책일 수밖에 없었다. 총장(總章) 2년 4월에 "고려 백성 가운데 이반자가 많아 칙서를 내려 고구려 38,000호를 강회(江淮) 남쪽 산남(山南)과 경서

---

86) 『新唐書』卷220 「東夷高麗」總章2年, 徙高麗民三萬於江淮山南, 大長鉗牟岑率 衆反. 詔高侃東州道, 李謹行燕州道, 並爲行軍總管討之……(中略)……侃徙都 護府治遼東州治之.

87) 『新唐書』卷3 「本紀」3 高宗皇帝: 高麗酋長鉗牟岑叛, 寇邊, 左監門衛大將軍高 侃爲東州道行軍總管, 右領軍大將軍李謹行爲燕山道行軍總管以伐之.

(京西)의 빈 곳으로 이주하도록 하였다. 그 빈약한 사람들을 남겨 두어 안동을 지키도록 하였다"[88]라고 하였으니 평양성은 사실상 빈 성에 불과하였고 고구려의 백성들은 약탈에 반대하였음을 알 수 있다. 함형(咸亨) 원년(670) 6월에 고구려는 반란을 꽤하여 한관(漢官)들을 모두 죽이기도 하였다.[89]

당과 동맹을 맺은 신라도 이 기회를 틈타 고구려·백제의 영토를 겸병하여 고구려의 반란 무리를 받아들였고 또 백제 옛 땅을 차지하고 지키도록 하였다.[90] 상원(上元) 2년(674)에 설인귀와 이근행은 당군을 거느리고 신라를 정벌하였는데 신라는 "당 군과 크고 작은 18차례의 전투를 하여 모두 승리하였다"[91]하여 당군은 한반도에서 퇴출되지 않을 수 없었다.

상원(上元) 3년(676) 2월에 "안동도호부를 요동 고성에 옮겼다. 이에 앞서 화인(華人)이 관직을 맡은 자가 있으면 모두 파직하도록 하였다. 웅진도독부를 건안 고성에 옮기고 백제 호구로 예전에 서주와 연주(兗州) 등 곳에서 옮겨진 자는 모두 건안에 두도록 하였다"[92] 웅진부는 용삭 2년(662)에 설치된 후 백제 고지에서 4년 동안 유지되어 왔으나 인덕(麟德) 2년(665)에 당군이 철수하면서 백제의 왕자인 부

---

88)『資治通鑑』卷201 高宗總章2年4月: 高麗之民多離叛者, 勅徙麗戶三萬入千於江淮之南, 及山南, 京西空曠之地, 留其貧弱者, 使守安東.
89)『三國史記』「新羅本紀」7 文武王: 高麗謀叛, 總殺漢官.
90)『三國史記』「新羅本紀」7 文武王: 王納高麗叛衆, 又據百濟故地, 使人守之.
91)『三國史記』「新羅本紀」7 文武王: 我兵與唐兵大小十八戰, 皆勝之
92)『資治通鑑』卷202 高宗上元3年2月: 徙安東都護府於遼東故城, 先是有華人任東官者, 悉罷之. 徙熊津都督府於建安故城. 其百濟戶口先徙於徐兗等州者, 皆置於建安.

여융도 당군과 함께 내부로 이주하였다.

안동도호부가 평양에서 통치한 기간은 1년 채 되지 못하였고 상원 (上元) 2년(675)에 설인귀가 동정하면서 평양에 다시 통치 기반을 닦고자 하였으나 패전으로 포기하고 치소를 요동 고성에 옮기게 되었다. 이미 내부로 이주한 백제 백성들은 건안성에 치소를 두고 웅진도독부의 호칭을 그대로 사용하였다.

그러므로 안동도호부는 요동성에 단지 1년 동안 유지된 후 다시 신성(新城)으로 옮겨졌다. "의봉(儀鳳) 2년에 고장(高藏)을 요동 도독으로 제수하고 조선 군왕으로 봉하였다. 요동에 간 백성을 안집하도록 하고 전에 내주(內州)에 옮겨가서 안치하고 있는 사람들도 모두 돌려보내었다. 안동도호부를 신성(新城)에 옮겼다"[93]라고 하였는데 두 번째 이전은 당이 고구려의 옛 귀족을 이용하여 기미 통치의 효과를 얻고자한 결과였다.

안동도호부가 중국 내륙으로 옮겨진 이유를 고구려 유민의 대당 저항과 신라가 고구려 유민의 부흥을 후원하였기 때문으로 보고 있다.[94] 그러나 이러한 견해는 안동도호부가 이전하게 된 여러 이유 가운데 하나로 지적될 수는 있을 지라도 더 중요한 것은 당의 서북 변

---

93) 『新唐書』卷220「列傳」145 東夷高麗: 儀鳳2年, 授高藏遼東都督, 封朝鮮郡王, 還遼東以安餘民先編僑內州者皆原遣, 徙安東都護府於新城.

94) 李基白『韓國史新論』(新修版)(一潮閣 1986年) pp.101~102. 池內宏『滿鮮史研究』「上世」第2册(東京 吉川弘文館 1960) pp.419~487 參照205) 陳寅恪『唐代政治史述論稿』(上海 上海古籍出版吐 1997) p.130: 當唐代中國極盛之時, 已不能不於東北方面採取維持現狀之消極政略, 而竭全國之武力財力積極進取, 以開拓西方邊境.

경에서 이민족 대응(對應)과 연관시켜서 살펴보아야만 이전 이유를
올바르게 파악할 수 있을 것이다.

총장(總章) 원년(668)부터 당은 서북 변경 지대에서 토번과 충돌하
기 시작하였고 함형(咸亨) 원년(670)에 토번이 안서 4진을 관장하고
나서 당은 서역과 토번에 대규모로 군대를 동원하였다.

태종과 고종은 강력한 국세로 고구려를 패망시켰으나 고구려의 옛
땅을 관할하는데 순탄치만은 않았다. 이와 같을 수밖에 없었던 데에
는 토번이 강성해지면서 당에 위압을 가해왔으므로 동북지방을 의도
대로 장악할 수 없게 한 것을 제일 큰 원인으로 들 수밖에 없다. 당은
서북에서 토번의 강력한 견제를 받아 어쩔 수 없이 한반도에서 '후퇴
하여 지키는 정책[退守對策]'을 취할 수밖에 없었다.[95]

고구려 전역에 참여했던 장수들이 그대로 토번 방어에 투입된 사실
만으로도 당이 동북 지역에서 그대로 버틸 수 없는 상황에 이르고 있
음을 반증해 주고 있다. 설인귀는 668년에 검교 안동도호로 임명되었
지만 2년 뒤인 다음해 4월에 나사도(邏娑道) 행군대총관으로 옮겨
50,000명의 군대를 거느리고 토번 공격에 가담케 되는데[96] 그가 안동
도호부를 지킬 때의 병력은 20,000명에 불과하였다.[97] 여기에서 이
병력을 증강하여 다시 서북에 출전하고 있다.

---

95) 陳寅恪 『唐代政治述論稿』(上海 上海古籍出版社 1997) p.130: 當唐代中國極
　　盛之時, 已不能不于東北方面採取維持現狀之消極政略, 而竭全國之武力財力積
　　極進取, 以開拓西方邊境.
96) 『舊唐書』卷5 「本紀」第5 高宗(下): 夏4月……(中略)……以右威衛大將軍薛仁
　　貴爲選娑道行軍大總管, 右衛員外大將軍阿史那道寅爲副, 領兵五萬以擊吐蕃.
97) 注195 參照.

계필하력은 현경(顯慶) 5년(660) 말에 고구려 전역의 주장이었는데 총장(總章) 2년(669)에 오해도(烏海道) 행군대총관으로 임명되어 토곡혼 방어를 후원하도록 하였다. 이근행도 말갈족장으로 역시 현경 5년 말에 고구려 전역의 주장이었지만 총장(總章) 3년(670) 이후에는 연산도(燕山道) 대총관이 되어 토번 전역(吐蕃戰役)에 투입(投入)되었다.

강력한 군사력을 보유하지 않고서는 당은 안동도호부를 지킬 수 없는 지경에 봉착하고 있었다. 이 때문에 당은 고구려의 유족을 이용하여 '이이제이(以夷制夷)' 정책으로 안동도호부 관리를 유지하고자 하였다. '이이제이' 정책은 고종 시기에도 그대로 활용되었는데 그 예를 보면, 영휘(永徽) 원년(650)에 구자(龜玆)의 추장들 사이에 세력 다툼이 벌어지자 당은 장안에 머물러 있던 포실필(布失畢)을 구자왕으로 임명하여 그 곳에 돌려보냈고 영휘 2년(651)에 언기(焉耆) 왕 파가리(婆伽利)가 죽자 역시 당에 머물고 있던 돌기지(突騎支)를 그 곳에 돌아가도록 하였다. 의봉(儀鳳) 2년(677)에도 당은 고구려에서 당의 관리를 소환하고 고구려 왕 고장을 그 곳에 돌아가도록 하면서도 그를 신임하지는 않았다. 고장을 보내면서 백제 왕 부여융에게 부족을 거느리고 요동 부근의 건안에 정착하도록 하였다. 고장은 후에 당을 이반하고자 하였지만 이 비밀이 사전에 누설되어 실패하고 말았다. 여기에서 당의 고장에 대한 감시가 주도하였음을 살필 수 있다.

그 후 다시 천남생을 보내어 요동을 안무하고 주현을 설치하도록[98] 하여 안동도호부는 천남생의 관리 하에 한동안 안정되었다.

---

98) 『新唐書』卷110 「列傳」35 諸夷蕃將·泉男生: 詔安撫遼東, 幷置州縣.

　무후 신공(神功) 원년(697)에 가란의 이진충(李盡忠)과 손만영(孫萬榮)의 난이 일어나 영주(營州)를 함락시키자 당군이 하북(河北)으로 후퇴하면서 요동은 통제할 수 없게 되었다.[99] 이에 대하여 재상 적인걸(狄仁傑)은 상서하여 안동도호부 폐지를 청하였으나 무후는 이를 받아드리지 않았다.

　성력(聖曆) 2년(699) 고덕무를 안동 도독으로 임명하여 본번(本蕃, 예 부족)을 거느리도록 하였다. 이후부터 안동에 있는 고구려 옛 호가 점점 적어지며 돌궐이나 말갈로 떠나가니 고씨 군장은 드디어 단절되었다.[100] 고덕무를 안동 도호가 아닌 안동 도독으로 한 안동도호부가 이미 안동도독부로 강등되었음을 의미한다. 당군의 비호없이 기미 통치를 유지하는 것은 불가능한 일이었다. 고구려 항복한 부족들이 사방으로 흩어졌다는 것은 요동에서 당의 기미 통치가 종료되어 가고 있음을 의미한다.

　외형상으로 당은 안동도호부의 호칭을 포기하지는 않았다. 거란의 난을 평정한 이후 무후는 장안 4년(704)에 당휴경(唐休璟)을 유주(幽州)와 영주(營州) 도독과 안동 도호를 겸하도록 하였다.[101] 당휴경은 이듬해인 중종(中宗) 신룡(神龍) 원년(705)에 부임하였는데 이것이 바로 「지리지」에서 안동 도호를 회복하였다는 표현이다.

　「개원(開元) 2년, 안동도호부를 평주에 옮겨 설치하였다. 천보 2년

---

99) 거란의 난에 관한 내용은 본문 제3장 「무후 시기의 대외관계」를 참조.

100) 『舊唐書』卷199(上) 「列傳」149(上) 東夷高麗: 以領本蕃. 自是高麗舊戶在安東者漸寡, 分投突厥及靺鞨等, 高氏君長邊絶.

101) 『舊唐書』卷93 「列傳」43唐休璟: 以契丹入寇, 復拜夏官尙書, 兼校幽·營等州都督, 安東都護.

에 요서 옛 군성에 설치하였다. 지덕(至德) 후에 폐지하였다.[102]와 같이 차려에 걸친 이전 원인을 밝힐 수 없고, 개원(開元, 713~741)에서 천보(天寶, 742~756)년까지의 도호(都護)는 절도사가 겸하였고 안동부도호는 모두 주둔군의 장관이 임명되었음을 통해 안동도호부는 행정 기관에서 군사기관으로 전환되었음을 살필 수 있다. 그 직책도 고구려와 백제의 여중(餘衆)들을 다스리는 것이 아니라 평노절도사(平盧節度使)에 예속된 조직체계로 '실위(室韋)와 말갈(靺鞨)을 진수하고 위무 하는 것'이 그 목적이었다.

그리고 또『구당서』권39「지리지(2)」에서는 이 때 안동도호부에는 14개의 기미부주에 1,582호밖에 남지 않았고 주변 군진에 흩어져 있어서 설립 초기와 비교해 많이 줄어들어 인구가 도망갔거나 한족과 융합되고 있음을 알 수 있다.

'안사의 난'(755~863) 이후 당은 하북(河北)에 대한 통제력을 잃게 되었고 안동도호부도 폐기되기에 이르렀다.

---

102) 注85 參照.

〈表 4〉 高宗時期의 對外關係 年表

出處·時期		相對國	內容
『資治通鑑』 卷199 高宗 永徽元年 (650)	4月	吐蕃	吐蕃贊普弄讚卒. 遣右武衛将軍鮮于匡濟往弔祭(貞觀二十三年弄讚返國, 是歲卒. 立其孫爲贊普. 幼弱. 國事皆決於相國祿東贊. 吐蕃强大, 皆其謀.)
	4月	吐火羅	吐火羅遣使獻大鳥如駝.
	8月	龜茲	復以布失畢爲龜茲王, 遣歸國, 撫其聚(各酋長爭立, 相攻擊.)
	9月	突厥	右驍衛郎將高侃追擒車鼻可汗於金山, 獻於社廟, 及昭陵. 其衆皆降. 於是突厥盡爲封内之臣. 分置單于, 瀚海兩都護府.
	12月	突厥	(突厥)瑤池都督沙鉢羅葉護阿史那賀魯以府叛, 自稱沙鉢羅可汗, 擁衆西走. 破乙毗射匱可汗. 其衆, 與乙毗咄陸可汗連兵. 處月處密及西域各國多附之.
	12月	僚	梓州都督謝萬歲, 沖州都督謝法興, 與黔州都督李孟嘗討琰州叛僚, 萬歲, 法與入洞招慰, 爲僚所殺.
『資治通鑑』 卷199 高宗 永徽2年 (651)	正月	吐谷渾等	吐谷渾, 新羅, 高麗, 百濟, 並遣使入貢.
	2月	焉耆	焉耆王婆焉利卒. 國人復立故王突騎支.
	4月	突騎支	遣突騎支返國.
	7月	突厥	(突厥)賀魯寇庭州, 攻陷金嶺城, 及蒲類縣, 以左武衛大將軍梁建方, 驍騎大將軍契苾何力爲弓月道行軍總管以討之.
	8月	大食	大食國遣使朝獻.
	12月	突厥	處月朱邪孤注殺招慰使單道惠, 叛附於賀魯.
『資治通鑑』 卷199 高宗 永徽4年 (653)		突厥	西突厥乙毗咄陸可汗卒. 其子頡苾達度設立, 號珍珠葉護. 始與賀魯(沙鉢羅葉護)有隙, 與五弩失畢共擊沙鉢羅敗之.
『資治通鑑』 卷199 高宗 永徽5年 (654)	4月	新羅	新羅王金貞德卒, 詔立其弟春秋爲新羅王.
	8月	吐蕃	吐蕃使人獻馬及大驢.
	10月	高句麗	高麗遣將安固擊契丹. 松漠都督(契丹帥)李窟哥敗之於新城.
	12月	倭	倭國獻琥珀, 瑪瑙.
『資治通鑑』 卷199	2月	高句麗	遣營州都督程名振, 左衛中郎將蘇定方發兵擊高麗(高麗與百濟, 靺鞨侵新羅, 新羅王求援).

出處·時期		相對國	內容
高宗 永徽6年(655)	5月	高句麗	程名振等渡遼水, 及高麗戰于端水, 大敗之而還.
	5月	突厥	以左屯衛大將軍程知節爲蔥山道行軍大總管討賀魯.
	6月	大食	大食國遺使朝貢.
	11月	突厥	西突厥頡苾達度設請兵討賀魯. 遺豐州都督元禮臣冊拜頡苾達度設爲可汗. 途爲賀魯所阻, 未冊拜而歸.
『資治通鑑』 卷200 高宗 顯慶元年 (656)	8月	突厥	左衛大將軍程知節與賀魯部遡祿獲剌頡發及處月等戰於榆幕谷, 大破之. 副總管周智度功突騎施(西突厥別種)處木昆等部於咽城, 拔之.
	8月	龜玆	龜玆大將羯獵顚時於賀魯, 命左衛大將軍楊冑伐之.(龜玆王布失畢與相那利互相告難, 上兩召之來. 囚那利. 遺布失畢歸國, 龜玆大將拒之, 降於賀魯, 故命楊冑伐之.)
	9月	突厥	程知節敗賀魯長子咥運, 斬首數千級, 進至恒篤城.
	12月	突厥	程知節引軍至鷹娑城, 遇西突厥數萬騎, 前軍總管蘇定方擊敗之. 是月程知節坐討賀魯逗留追賊免官. 副大總管王文度坐矯詔除名.
『資治通鑑』 卷200 高宗 顯慶2年 (657)	正月	突厥	命右屯衛將軍蘇定方爲伊麗道行軍總管, 帥任雅相蕭嗣業等四將軍, 自北道討賀魯. 又以右武大將軍阿史那彌射及阿史那步眞(均西突厥酋長)爲流沙安撫大使, 自南道招撫舊衆.
	12月	突厥	蘇定方擊賀魯處木昆於金牙山, 大敗之. 至曳咥河西, 又大破賀魯及子咥運婿閻啜等. 各部落多降. 賀魯走石國. 副將蕭嗣業追擒之, 西域卒. 以西突厥地置濛池崑陵二都護府, 以阿史那彌射爲崑陵都護, 繼往絶可汗. 復於龜玆置安西都護府, 以高昌故地爲西州.
『資治通鑑』 卷200 高宗 顯慶3年 (658)	正月	龜玆	左屯衛大將軍楊冑, 及龜玆大將軍羯獵顚戰於泥師城, 大敗之. 擒羯獵顚, 及其黨. 盡誅之. 布失畢病卒, 子素稽爲王, 兼都督.
	6月	高句麗	營州都督兼東夷都護程名振, 及右領軍中郎將薛仁貴, 攻高麗. 敗之. 拔赤烽鎭, 又大敗其大將豆方婁.
	10月	吐蕃	吐蕃贊普來請婚.
	11月	突厥	蕭嗣業於石國取賀魯至獻於昭陵. 赦免其死. 分其種落爲六都督府. 西盡波斯, 並隷安西都護府.
『資治通鑑』 卷200	3月	突厥	崑陵都護阿史那彌射(西突厥與昔亡可汗)與西突厥眞珠葉護戰於雙河, 敗之, 殺眞珠葉護.

出處·時期		相對國	內容
高宗 顯慶4年 (659)	3月	高句麗	命左驍衛大將軍契苾何力, 往遼東經略.
	11月	高句麗	右領軍中郎將薛仁貴, 與高麗戰於橫山, 破之.
	11月	突厥	賀魯部悉結厥俟都曼反. 擊破于闐, 以左驍衛大將軍蘇定方位安撫大使以討之. 圍都曼於馬頭川城. 都曼出降.
『資治通鑑』 卷200 高宗 顯慶5年 (660)	3月	突厥	蘇定方俘都曼以獻, 赦之.
	4月	新羅 百濟	以左武衛大將軍蘇定方爲神丘道(新書爲神兵道應誤)行軍大總管. 新羅王金春秋爲嵎夷道行軍大總管, 率左驍衛將軍劉百英等三將軍, 及新羅兵水陸伐百濟(百濟恃高麗援, 數侵新羅, 新羅王求救.)
	5月	契丹	復以定襄都督阿史德實寶沙磚道行軍大總管, 伐契丹.
『資治通鑑』 卷200 高宗 顯慶5年 (660)	8月	百濟	蘇定方及百濟戰, 大敗之. 百濟王扶餘義慈逃北境. 定方進圍其城, 義慈等皆降. 百濟平, 以其地置熊津等五都督府.
	8月	突厥	左武衛大將軍鄭仁泰將兵討悉結拔也固僕骨同羅四部, 敗之. 斬其酋長而還.
	8月	吐蕃	吐蕃祿東贊以吐谷渾內附, 遣其子起政將兵擊吐谷渾(起政爲業多布, 於乾封2年, 繼祿東贊爲大相.)
	11月	百濟	蘇定方俘百濟王扶餘義慈, 太子隆等以獻.
	12月	高句麗	以左驍衛大將軍契苾何力爲浿江道行軍大總管, 蘇定方爲遼東道行軍大總管, 左驍衛將軍劉伯英爲平壤道行軍大總管, 蒲州刺史程名振及劉仁軌等將兵伐高麗.
	12月	契丹	阿史德樞實及奚, 契丹戰敗之. 擒契丹松漠都督阿卜固以獻.
『資治通鑑』 卷200 高宗 龍朔元年 (661)	正月	高句麗	募兵諸平壤. 又以鴻臚卿蕭嗣業扶餘道行軍總管, 帥回紇等部兵諸平壤, 以伐高麗.
	3月	百濟	百濟僧道深, 故將福信聚衆據周留城, 迎立故王子豐, 引兵圍百濟府城. 詔起劉仁軌檢校帶方州刺史, 以救之. 仁軌轉戰而前, 破百濟, 府城圍解.
	4月	高句麗	以任雅相爲浿江道行軍大總管, 契苾何力爲遼東道行軍大總管, 蘇定方爲平壤道行軍大總管, 蕭嗣業爲扶餘道行軍總管, 右驍衛將軍程名振爲鏤方道行軍總管, 左驍衛將軍龐孝泰爲沃沮道行軍總管, 率三十五軍水陸並進, 以伐高麗.
	8月	高句麗	蘇定方破高麗於浿江, 屢戰皆捷, 遂圍平壤城.
	9月	高句麗 新羅	高麗蓋蘇文遣其子男生守鴨祿水. 契苾何力大破之. 男生僅以身免. 有詔班師乃還. 新羅王金春秋卒. 以其子金法敏爲樂浪郡王, 新羅王.

出處·時期		相對國	內容
『資治通鑑』 卷200 高宗 龍朔2年 (662)	正月	波斯	立波斯都督卑路斯爲波斯王.
	2月	高句麗	浿江道大總管任雅相卒於道.
	2月	高句麗	沃沮道總管龐孝泰及高麗戰於蛇水, 軍敗死之.
	3月	高句麗	蘇定方破高麗於葦島, 又進攻平壤城, 不克而還.
	3月	鐵勒	鄭仁泰、薛仁貴及鐵勒戰於天山, 敗之. 各部落迎降. 仁泰縱兵追擊, 踰大磧至回紇牙北仙娥河. 糧盡而還. 士卒飢凍死亡甚衆. 以右驍衛大將軍契苾何力爲鐵勒道安撫使, 左衛將軍薑恪副之以安輯餘衆. 各部落乃執葉護及設特勒等以授何力. 九姓遂定.
	7月	百濟	熊津都督劉仁願帶方州刺史劉仁軌大破百濟於熊津東, 拔眞峴城, 百濟王豐遣使向高麗, 倭國乞師, 拒唐兵.
	7月	百濟	命右威衛將軍孫仁師爲熊津道行軍總管浮海伐百濟, 以助劉仁願等.
	12月	龜茲	颿海道行軍總管蘇海政伐龜茲
	12月	突厥	興昔亡可汗阿史那彌射爲颿海道總管蘇海政所殺.(海政伐龜茲時, 繼往絕可汗誣告彌射反. 各部落以爲冤, 各有離心.)西突厥繼往絕可汗卒. 十姓無主. 阿史那都支及李遮匐, 收其餘衆附於吐蕃.
『資治通鑑』 卷201 高宗 龍朔3年 (663)	正月	鐵勒	左武衛大將軍鄭仁泰等, 討鐵勒餘種, 悉平之.
	2月	突厥	徙燕然護於回紇, 更名瀚海都護. 舊瀚海都護府更名雲中都護. (麟德元年正月, 又改雲中都護府爲單於都護府, 以殷王遙領都護. 乾封2年8月, 又改瀚海大都護府爲安北大都護府.)
	4月	新羅	置雞林大都督於新羅國, 以金法敏爲都督.
	5月	吐蕃	吐蕃攻吐穀渾. 吐谷渾可汗與弘化公主走依涼州. 以涼州都督鄭仁泰爲靑海道行軍大總管, 屯涼, 鄯二州, 以備吐蕃.
	6月	吐蕃	又以左武衛大將軍蘇定方爲安集大使, 節度諸軍, 爲吐谷渾之援. 吐蕃祿東讚屯靑海, 遣使請和親, 不許.
	9月	百濟	雄津道行軍總管孫仁師等破百濟餘衆及倭兵於白江, 拔周留城, 百濟王豐奔高麗. 王子忠勝等帥衆降. 百濟盡平. 詔劉仁軌將兵留鎭百濟.
	12月	弓月	以安西都護高賢爲行軍總管, 將兵擊弓月, 以救於闐.
『資治通鑑』 卷201 高宗 麟德2年	正月	吐蕃	吐蕃遣使入見, 請復與吐谷渾和親, 求河源赤水地畜牧, 不許.
	閏3月	于闐	疏勒弓月引吐蕃侵于闐. 敕西州都督崔知辯左武衛將軍曹繼叔救之.
	8月	新羅百濟	劉仁軌以新羅百濟耽羅國使者浮海西還.

出處·時期		相對國	內容
(665)	10月	高句麗	高麗王藏遣子福男來朝, 並侍祠泰山.
『資治通鑑』 卷201 高宗 乾封元年 (666)		高句麗	高麗泉蓋蘇文死. 其子男生繼位, 爲弟男建所逐, 自立爲莫離支. 男生請內附.
	6月	高句麗	以右驍衛大將軍契苾何力爲遼東道安撫大使, 率兵援男生, 左金吾衛將軍龐同善, 營州都督高侃爲遼東道行軍總管, 同討高麗. 左武衛將軍薛仁貴, 左監門衛將軍李謹行爲後援.
	9月	高句麗	麗同善及高麗戰, 大敗之. 泉男生帥衆與同善合. 詔以男生爲遼東道大都督兼平壤道安撫大使.
	12月	高句麗	以英國公李勣爲遼東道行軍大總管, 率六總管兵, 以伐高麗. 麗同善, 契苾何力並爲遼東道行軍副大總管兼安撫大使. 水陸諸軍運糧使, 並受勣處分.
『資治通鑑』 卷201 高宗 乾封2年 (667)	9月	高句麗	李勣及高麗戰於新城, 敗之, 拔新城. 左武衛將軍薛仁貴又大破高麗於金山, 拔南蘇, 木底, 蒼巖三城.
『資治通鑑』 卷201 高宗 總章元年 (668)	正月	高句麗	以右相劉仁軌爲遼東道副大總管.
	2月	高句麗	李勣, 薛仁貴大破高麗, 拔扶餘城. 泉男建救扶餘, 與李勣遇于薛賀水, 李勣大破之. 又克大行城, 諸軍會進.
	9月	高句麗	李勣, 契苾何力等, 平高麗, 拔平壤城, 執其王高藏及泉男建等, 境內盡降.
	12月	高句麗	俘高藏以獻, 赦之. 置安東都護府於平壤, 以薛仁貴檢校安東都護以鎭撫之.
『資治通鑑』 卷201 高宗 總章2年 (669)	7月	吐谷渾	以左衛大將軍契苾何力爲烏海道行軍大管以援吐谷渾.
『資治通鑑』 卷201 高宗 咸亨元年 (670)	4月	吐蕃	吐蕃寇陷白州等十八州, 又與於闐襲龜玆, 陷撥換城. 以右威衛大將軍薛仁貴爲邏娑道行軍大德管, 左衛將軍郭待封等爲副, 伐吐蕃.
	4月	高句麗	高麗酋長鉗牟岑叛, 寇邊. 以左監門衛大將軍高侃爲東州道行軍總管, 右領軍衛大將軍李謹行爲燕山道行軍總管以伐之.
	7月	吐蕃	薛仁貴敗吐蕃於河口. 郭待封不受節制, 敗於吐蕃, 大軍退美非川, 爲吐蕃大將論欽陵所襲, 敗績. 仁貴等並除名. 吐谷渾全國盡沒. 唯慕容諾曷爲鉢爲刺史. 吐谷渾故地, 皆入吐蕃.

出處·時期		相對國	內容
『資治通鑑』 卷202 高宗 咸亨2年 (671)	4月	突厥	以西突厥阿史那都支爲左驍衛大將軍, 兼匐延都督, 安集五咄陸之衆(平賀 魯設匐延都督).
	7月	高句麗	高侃破高麗餘衆於安市城.
『資治通鑑』 卷202 高宗 咸亨3年 (672)	2月	吐谷渾	徙吐谷渾於鄯州浩亹水南, 避吐蕃, 又徙靈州, 置安樂州, 以可汗諾曷鉢爲 刺史.
	4月	吐蕃	吐蕃遣使入買. 遣都水使者黃仁素使於吐蕃.
	12月	新羅	左監門大將軍高侃, 大敗新羅之衆於橫水.
『資治通鑑』 卷202 高宗 咸亨4年 (673)	閏5月	高句麗	燕山道總管李謹行破高叛黨於瓠蘆河之西, 餘衆遁入新羅. 謹行妻劉氏守 伐奴城, 高理攻之, 不克而退.
	12月	弓月 疏勒	弓月, 疏勒二國王入朝請降.(弓月南結吐蕃降疏勒, 上遣蕭嗣業發兵討之, 兵未至, 弓月懼, 與疏勒皆入朝.)
『資治通鑑』 卷202 高宗上元元年 (674)	2月	新羅	以庶子同中書門下三品劉仁軌爲雞林道行軍大總管, 伐新羅. 衛尉卿李 弼, 右領軍大將軍李謹行副之.(新羅納高麗叛衆, 又據百濟故地, 削新羅王 官爵.)
	12月	於闐	于闐王伏闍雄, 波斯王卑路斯均來朝.
『資治通鑑』 卷202 高宗 上元2年 (675)	正月	吐蕃	吐蕃遣使請和, 不許.
	正月	龜玆	龜玆王白素稽獻銀頗羅.
	正月	于闐	以于闐國爲毗沙都督府分境內爲十州, 以于闐王伏闍雄爲都督.
	2月	新羅	劉仁軌大破新羅於七重城. 又使靺鞨浮海略新羅南境. 仁軌引兵還. 詔以 李謹行爲安東鎮撫大使經略新羅. 新羅遣使入朝伏罪. 復其王法敏官爵.
『資治通鑑』 卷202 高宗儀鳳元年 (676)	2月	高句麗	移安東都護府於遼東故城. 移熊津都督府於建安故城.
	2月	堅昆	堅昆獻名馬.
	閏3月	吐蕃	吐蕃寇鄯·闊·河·芳四州. 勅左監門衛中郎將今狐智通禦之. 以周王顯爲 洮河道行軍元帥, 領左衛大將軍劉審禮等十二總管. 相王輪爲涼州道行軍 元帥, 領契苾何力等軍以討吐蕃.
	8月	吐蕃	吐蕃寇疊州.
『資治通鑑』 卷202 高宗儀鳳2年 (677)		高句麗	授高藏遼東都督, 封朝鮮郡王, 遣歸安東府安輯高麗餘衆. 扶餘隆授熊津州 都督, 封帶方郡王, 安輯百濟餘衆, 仍移安東都護府於新城以統之.(藏至遼 東謀叛, 召還. 隆亦不敢還故地. 高氏, 扶餘氏遂亡.)

出處·時期		相對國	內容
『資治通鑑』 卷202 高宗 儀鳳3年 (678)	正月	吐蕃	以李敬玄代劉仁軌, 授洮河道行軍大管, 兼安撫大使伐吐蕃. 遣使募河南, 河北猛士伐吐蕃.
	9月	吐蕃	李敬玄, 劉審禮以兵十八萬, 與吐蕃戰於青海之上, 敗績. 審禮被俘. 卒於蕃. 左領軍員外將軍黑齒常之襲虜營, 敬玄乃得收餘衆, 還鄯州. 命監察禦史婁師德使吐蕃宣傳上意.
『資治通鑑』 卷202 高宗 調露元年 (679)	2月	吐蕃	吐蕃贊普卒. 遣使弔祭之.
	6月	突厥	命吏部侍郎裴行儉伐西突厥.(西突厥十姓可汗阿史那都支及別帥李遮匐與吐蕃連和侵逼安西. 議發兵討之. 乃命行儉册立波斯王及安撫大使. 便宜取西突厥.)
	9月	突厥	裴行儉襲取西突厥. 禽可汗阿史那都支以歸, 遮匐亦降.
	10月	吐蕃	吐蕃文成公主遣大臣來告喪, 請和親, 不許.
	10月	突厥	單于大都護府突厥阿史德溫傅及奉職二部反. 立阿史德泥匐爲可汗. 二十四州酋長皆叛應之(李靖破突厥時, 遷三百於雲中, 阿史德之長. 後部落漸衆.)遣單於大都護長史蕭嗣業將軍花大智等將兵討之, 與突厥戰敗績. 突厥寇定州.
	10月	奚契丹	奚, 契丹侵掠營州. 都督周道務, 戶曹唐休璟將兵擊破之.
	10月	突厥	命左金吾衛將軍曹懷舜率兵守井陘, 右武衛將軍崔獻屯龍門, 以備突厥.
	11月	突厥	以禮部尙書裴仁儉爲定襄道行軍大總管, 與營州都督周道務等兵十八萬幷西軍程務挺, 東軍李文暕總卅萬伐突厥.
『資治通鑑』 卷202 高宗 永隆元年 (680)	3月	突厥	裴行儉大破突厥於黑山(在豐州), 擒其首領奉職. 可汗泥熟爲其下所殺, 餘衆走保狼山. 行儉引軍還.
	7月	突厥	突厥餘衆圍雲州. 代州都寶懷哲右領軍中郎將程務挺將兵擊破之.
	7月	吐蕃	吐蕃寇河源. 河西鎮撫大使李敬玄與吐蕃戰於湟川, 敗績. 左武衛將軍黑齒常之力戰大破蕃軍, 擢爲河源軍經略大使. 令李敬玄鑽鄯州, 爲之援(此時吐蕃盡據羊同, 黨項及諸羌之地. 南鄰天竺, 西陷龜玆疏勒等四鎭. 北抵突厥. 地方萬餘裡, 諸胡之盛, 莫與爲比.)
『資治通鑑』 卷202 高宗 開耀元年 (681)	正月	突厥	突厥阿史那伏念自立爲可汗, 與阿史那德溫傅連兵寇原, 慶二州.(裴行儉軍旣還, 突厥又連兵爲寇. 伏念頡利從兄之子.)以裴行儉爲定襄道大德管, 曹懷舜及突厥史伏念戰於橫水敗績.
	5月	吐蕃	河源道經略大使黑齒常之將兵擊吐蕃論贊婆於良非川敗之.

出處·時期		相對國	內容
	7月	突厥	裴行儉大破突厥史伏念之衆.
	8月		攻交州爲安南都護府.
	9月	突厥	裴行儉俘突厥溫傅, 及可汗阿史那伏念.
	10月	突厥	裴行儉歸京師獻俘. 斬伏念及溫傅於都市.
	10月	新羅	新羅王金法敏卒, 以其子政襲位.
	12月	吐火羅	吐火羅獻金衣一領, 不受.
『資治通鑑』卷203 高宗 永淳元年 (682)	2月	突厥	西突厥阿史那車薄及咽麫帥十姓反, 寇邊.
	4月	突厥	以裴仁儉爲金牙道行軍大總管率三總管兵分道討十姓突厥阿史那車薄. 行儉未行而卒. 阿史那車薄圍弓月城, 安西都護王方翼引兵救之. 破虜於伊麗水. 復與三姓咽麫車薄戰於熱海, 大破之. 西突厥遂平.
	6月	突厥	突厥餘黨阿史那骨咄祿(頡利族人)及阿史德元珍等招集亡散, 據黑沙城反. 入寇並州及單于府北境. 嵐州刺史王德茂死之. 右領軍將軍檢代州都督薛仁貴將兵襲元珍於雲中, 大破之.
	9月	吐蕃	吐蕃論欽陵寇柘, 松, 翼等州. 命驍衛郎將李逸等分道禦之
	10月	吐蕃	吐蕃入寇河源, 河源軍使婁師德將兵擊之於白水澗以師德爲左驍衛郎將, 河源軍經略副使
	12月	天竺于闐	天竺, 于闐各獻方物
『資治通鑑』卷203 高宗 弘道元 (683)	2月	突厥	突厥寇定州, 刺史霍王元軌卻之. 復寇州
	3月	突厥	突厥阿史那骨篤祿, 阿史德元珍等圍單于都護府司馬張行帥死之遺勝州都督王本立夏州都督李崇義將兵分道救之
	5月	突厥	突厥寇蔚州, 殺刺史李思儉. 豐州都督崔智辨率師掩擊, 爲賊所敗. 六月突厥別部寇掠嵐州, 偏將楊玄基擊走之
	11月	突厥	以右武衛將軍程務挺單于道安撫大使以伐突厥

제3장 무후 시기의 대외관계

1. 무후 초기의 대외관계

무측천은 고종 영휘 5년(655)에 황후로 책봉되었다. 혹자는 그 이후의 당의 외교정책은 무후와 고종 두 사람이 함께 수립하였으며 이 외교정책의 특성은 진취적이면서도 강경한 면이 있다고 하였다.[1]

이 같은 견해는 새롭기는 하나 문제점을 깔고 있다. 무엇이 문제인가를 살펴보면 영휘 5년(655)의 고구려 용병에서 당은 단지 변방의 영주(營州) 주둔군만을 출동시켰을 뿐이고, 그 목적도 동맹국인 신라가 받는 압력을 덜어 주고 고구려의 남하를 견제하기 위해서였다. 더욱이 이런 규모의 출병은 조정의 긴요한 대외문제는 '서돌궐 하로의 난'이었다. 무측천이 황후가 된 것도 군사 행동을 통해 사람들의 주의를

---

1) Richard W.L. Guisso, *Wu Tse -Tien and the politics of legitimization in Tang China*(West Washington University press, Washington 1978) pp.107~125: 그는 가족과 태종과의 관계 때문에, 측천무후가 군주의 명예는 무공과 밀접한 관계가 있다는 것을 알고 있어서 고종의 위망(威望)을 지키고 사람들에게 자신이 나약한 여성이 아니라는 것을 각인시키기 위해 대외관계에서 강경한 태도를 취해야만 하였다. 그리고 영휘 5년(655)에 조정의 주의를 분산시켜 황후 자리에 더욱 쉽게 오르기 위해 고구려 공략을 강행했다고 하였다.

밖으로 분산시킨 데서가 아니라 조정에서 반대 세력을 축출하는 형식
으로 얻어낸 결과였다.

무측천의 정치 영향력이 날로 커졌지만 모든 정책의 최종 결정자는
여전히 고종이었다. 함형(咸亨) 5년(674)에 무측천이 '건언 12조(建言
12條)'를 고종에게 올렸는데2) 이는 무측천이 자신의 주장을 12사(十
二事)의 형식을 취하여 그의 입장을 개진(開陳)한 것이다.

사서에서 무측천의 대외정책에 관한 내용은 거의 찾아보기 어렵다.
'건언 12조'의 대부분 내용은 민생과 관계되는 것이고 세 번째에 해당
하는 '군사를 멈추고 도덕으로 천하를 교화시키는 것'을 통해 그의 대
외관의 일면을 짐작케 하나 이런 부류의 공문은 형식적인 면이 농후
하므로 보충 사료로 객관성을 살피는 노력이 더 필요하다.

무측천과 가까운 인물들의 통치 견해를 미루어 무후의 대외관을
측면에서 살필 수 있기를 기대해 볼 수 있다. 총장(總章) 원년(668)에
당이 고구려를 공격하며 취하자 태자 이홍(李弘)은 글을 올려 "원정
하는 군인들이 도망가거나 기한 내에 돌아오지 않는다고 하여 참수하
거나 그 가족을 몰관(沒官)하는 것은 이치(理致)에 맞지 않다"3)고 하

---

2) 『新唐書』卷76 「列傳」1 后妃(上) 則天武皇后: 上元元年, 進號天后, 建言十二
   事, 一勸農桑, 薄徭役; 二給復三輔地; 三息兵, 以道德化天下; 四南北中尙禁浮
   巧; 五省功廢力役; 六廣言路; 七杜都讒口; 八王公以降皆習老子; 九父在爲母服
   齊妻3年; 十上元前勳官給告身者無追覈; 十一京官入品以上盒稟入; 十二百官
   任事久, 材高位下者得進階申滯.
3) 『舊唐書』卷86 「列傳」36 高宗中宗諸子·孝敬皇帝弘: 時有敕, 征邊遼軍人逃亡
   限內不首及更有逃亡者, 身並處斬, 家口沒官. 太子上表諫曰:「竊聞所司以背軍
   之人, 身久不出, 家口皆擬沒官. 亦有限外出首, 未經斷罪, 諸州囚禁, 人數至多.
   或臨時遇病, 不及軍伍, 緣妓怖懼, 遂卽逃亡, 或因樵探, 被賊抄掠, 或渡海來去,

였다. 이홍은 무후의 장자였으므로 그의 상주문은 무후의 영향을 많
이 받았을 것으로 미루어 볼 수 있다. 리홍과 후임 황태자 이현(李顯)
의 고문 중에는 주전파가 없었는데 이는 고종이 태자였을 때 주전파
인 이적(李勣)이 고문이었다는 점과는 대조를 이루는 일이다.4)

　조정 내부에는 무후의 '식병(息兵)' 주장을 지지하는 측과 반대하는
측으로 나누어져 있었다. 그러므로 식병은 무후 개인의 견해만이 아
니었다. 외적을 어떻게 대해야 하는 논쟁은 정관 19년(645) 태종이 고
구려를 공략할 때 벌서 나타난 것이었고 이 시기의 특성의 일면은 고
종 시기의 잦은 전쟁을 치르면서 '식병' 주장이 많은 사람들에 의해

漂沒滄波, 或深入賊庭, 有被傷殺軍法嚴重, 皆須相若不給俸, 及不因戰亡, 卽同
隊之人合有罪有無故死失, 多注爲逃軍旅之中, 不暇裁當, 直據除司通狀, 將作
寅逃, 家口今總沒官, 論情實可哀愍「書」曰:「與其殺不辜, 寧失不經.」 伏願逃
亡之家, 免其配沒.」 制從之.

4) 의봉(儀鳳) 3년(678) 태자 좌서자(左庶子)인 장문관(張文瓘)은 고종의 신라
정벌을 반대하였는데 그 이유는 백성들이 전쟁의 폐단을 견뎌낼 수 없다고
여겼기 때문이다(『舊唐書』卷85 「列傳」35張文瓘: 其後新羅外叛, 高宗將愛兵
討除時文瓘疾病在家, 乃興輿請見, 奏曰:「比吐蕃犯邊, 兵屯寇境, 新羅雖未印
順, 師不內侵. 若東西俱事征討, 臣恐百姓不堪其弊. 請息兵以安百姓.」). 그가
일찍부터 고종에게 노역을 줄여 백성을 편안하게 할 것을 간언하였으므로
그의 주장이 반드시 태후의 영향이라고 볼 수는 없으나 그가 동궁의 직을
겸하고 있었다는 사실은 무측천이 그의 견해에 찬성할 수도 있다는 반증일
수 있다. 장문관 외에 동궁에 임직한 대신으로 대지덕(戴至德)·이경현(李敬
玄)·류인궤(劉仁軌) 등이 있다. 이중 대지덕과 이경현은 문신이었고 류인궤
는 한반도 전에서 큰 공을 세웠으나 연로한 뒤 전쟁에 염증을 느끼고 있음
을 알 수 있다. 건봉(乾封) 3년(668)에 고구려가 평정된 후에 조정에서는 그
가 고구려에 남아 평양을 지켜주기를 바랐으나 그는 질병을 이유로 받아드
리지 않았다. 그러나 귀국 후 다시 용주(瀧州)자사 하기를 바라고 있으며 임
명되었음은 질병은 단지 핑계에 불과하였음을 이해할 수 있다.

받아 들어졌다는 점이다.[5]

무후의 '식병' 주장은 그가 정권을 장악한 이후에 더욱 분명해지고 있다. 고종의 유조에서 살펴보면 "영휘 이후 입대한 나이가 50이 된 자는 모두 군에서 나가도록 한다"[6]는 내용을 들 수 있다. 그러나 사실상 대부분 유조는 권력을 가진 자가 죽은 자의 이름을 빌어 자신의 주장을 표명한 것에 불과한 경우가 대부분이다. 그러므로 이는 순수히 무후의 주장이라고 보기는 어렵다. 성서(聖嗣) 원년(684)의 사면문서(赦文)에서 무후는 분명히 "제(諸) 도호(都護)·한관(漢官) 그리고 진병(鎭兵) 등을 모두 방환(放還)한다"[7]고 하고 있는데 이는 무후가 장기간의 군역이 백성을 고통스럽게 한다는 사실을 알고 식병을 실현시키고자하는 의지의 표현인 것이다.

그렇다면 무후가 식병을 주장한 참된 이유는 무엇일까? 이는 그의 불교 신앙과 연관시킬 수 있지만 종교는 무후의 권력 장악의 정당성을 구하는 수단에 불과하였다[8]면 식병은 민심을 얻는 수단으로 활용할 수 있었다. 영륭(永隆) 원년(680) 초에 경성 주변에 여러 차례 천재가 발생하여 경성의 쌀값이 폭등하고 역병으로 죽은 백성들이 길에

---

5) 의봉(儀鳳) 3년(677)에 당군이 토번에서 또다시 패배하고 나서 열린 회의에서 발언을 한 참석자 중 수비를 주장한 대신이 6명이었고 1명만이 주전하여 고종이 출병을 포기했다는 사실은 이를 입증한다(『册府元龜』谷991 「外臣部」備禦4 參照).

6) 『唐大詔令集』卷3: 永徽以來, 入軍年五十者, 并還出軍.

7) 『上揭書』卷3: 其諸都護漢官及鎭兵等, 并悉放還.

8) 『陳寅恪陳寅恪先生論文集』「武曌與佛敎」(臺灣 三人行出版社 民國63년) p.431: 觀此卽知武曌以女身而爲帝王, 開中國政治上未有志創局. 如欲證明其特殊地位之合理, 決不能於儒家經典中求之, 此武曌革唐爲周, 所以不得不假託佛敎符讖之故也.

이어져 '사람들이 서로 잡아먹는[人相食]'하는 극한 상황까지 벌어져[9] '여러 도호·한관 그리고 진수하는 병사 등을 모두 방환케'하는 조치는 백성들의 환영을 받을 수밖에 없다.

그러나 무측천이 식병을 주장한다고 해서 그가 국방에 무관심한 것은 아니었다. 측천무후가 집권한 서북 변경에는 많은 둔전이 나타났다. 이는 주수파(主守派)가 주장한 것으로 둔전을 통해 화적(和糴)의 비용이 필요 없게 되고 운반의 어려움도 되풀이되지 않아[10] 무후의 큰 관심을 사게 되었다. 변경을 충실하게 하는 정책은 국방에서도 좋은 효과를 얻어 토번의 침입이 줄어들었는데 이는 내정이 전환기를 맞고 있는 사실과도 관련이 있지만 변경이 안정되어 그들에게 틈 탈 기회를 주지 않은 것도 한 이유이다.

무후는 또한 여러 외족과도 원만한 관계를 유지하고자 하였다. 회흘(回紇) 사람을 도독으로 책봉하여 번주(蕃州)를 다스리게 하였고 동여국(東女國)·남소만(南詔蠻)·어진(于闐)·강국(康國)과 거란(契丹) 등과 같은 곳의 수령과 왕족들도 내조(來朝)하거나 물품과 봉호(封號)를 하사 받았다.[11] 이들은 토번(吐蕃)이나 돌궐(突闕)과는 달리 당과 직접

---

9) 『舊唐書』卷5「本紀」5高宗(下): 聞7月丙寅, 雍州大風害稼, 米價騰踊; 開燿2年8月丁卯朔, 河南河北大水; 永淳元年春鬪內旱, 日色如赭; 6月關中初雨, 麥苗澇損, 後旱, 京兆·岐·隴蝮蝗食苗並盡, 加以民多疫癘, 死者枕籍於路, 詔所在官司埋瘞. 京師人相食, 寇盜縱橫.

10) 『舊唐書』卷9 3「列傳」43 婁師德: 不煩和羅之費, 無復轉輸之艱.

11) 『舊唐書』卷195「列傳」145迴紇: 永隆中獨解支, 嗣聖中伏帝匐……並繼爲酋長, 皆受都督號以統蕃州; 卷197「列傳」147南蠻西南蟹東女國: 垂拱2年, 則天拜斂臂爲左玉鈐衛員外將軍, 仍以瑞錦製蕃服以賜之; 卷197「列傳」147南蟹西南蠻·南詔蠻: 邏盛至京師, 賜錦袍金帶歸國卷198「列傳」148西戎·于闐: 天授3年, 伏

국경을 접해 있지 않았다. 이런 제번(諸藩)에 내려진 봉호를 자세히 보면 모두 전대보다 품급을 높여 무후가 이런 소국들을 끌어들여 원교근공(遠交近攻)책을 통해 토번과 돌궐을 고립시키고자 하는 저의를 달성하려는 의도였다.

먼 곳에 있는 수위(戍衛)를 줄이고 둔전하는 방법으로 변방을 지키면 우방을 많이 만드는 것이 무후 정권 초기의 주요 외교 정책이라 하겠다.

무후 집권 초기의 '식병(息兵)'은 민심을 사고 권력을 강화하기 위한 목적이었다면 무후집권의 안정과 더불어 대외관계에서 점점 소극적 정책에서 능동적이며 진취적인 정책을 시행하기 시작하였다. 수공(垂拱) 3년(687) 말에 무후는 토번과 안서 4진(安西四鎭)의 쟁탈전을 벌이고 나서 2년 후 다시 대군을 동원하여 돌궐을 공격하였다. 천수(天授) 원년(690)에 무후가 주(周)나라를 세워 여황제가 된 이후에도 계속 이런 정책을 추진하였다. 천수(天授) 원년(690)에 잠장천(岑長倩) 군은 토번 토벌전에서 성과를 거두지 못하였으나 왕효걸(王孝傑)은 2년 후에 안서 4진을 탈환하였다.[12] 조정에서는 그 곳에 군대를 주둔 시킬 것인가의 여부에 논쟁이 벌어졌으나 계속해서 주둔하자는

閣雄卒, 則天封其子璐爲于闐國」; 卷198「列傳」148西戎·康國: 萬歲通天年, 則天封其大首領篤婆鉢提爲康國王, 仍拜左驍衛大將軍. 鉢提尋卒, 又册其子泥涅師師爲康國王」; 卷199(下)「列傳」149(下)北狄·契丹: 祜莫離, 則天時歷左衛將軍兼檢校彈漢汗刺史, 歸順郡王; (契丹別部)孫萬榮, 垂拱初累授右玉鈴衛將軍, 歸誠州刺史, 封永樂縣公.

12)『舊唐書』卷196(上)「列傳」196(上)吐蕃(上): 長壽元年, 武威軍總管王孝傑大破吐蕃之衆, 克復龜玆·于闐·疏勒·碎葉等四鎭, 乃於龜玆置安西都護府發兵以鎭守之.

데에 결론을 내렸다. 그러면서 무후는 평화적인 수단으로 전쟁을 회피하는 노력도 계속하였다.[13]

그러나 만세등봉(萬歲登封) 원년(696)에 기근 때문에 일어난 거란의 난 무후 시기의 대외관계 전환점이 되었고 무후 왕조와 신라·돌궐과의 관계와 변경 방어 문제에 많은 영향을 미쳤다.

2. 거란의 이탈과 영향

1) 거란과 해(奚)의 관리

거란(契丹)과 해(奚)는 수문제(隋文帝, 581~604) 개황(開皇) 5년(585) 이후 중국에 내부(內附)하기 시작하였다. 이후 부락이 점차 많아지고 세력도 강화되면서 중국 변경을 소요하기 시작하였다. 수양제(隋煬帝, 605~618) 대업(大業) 원년(605) 8월에 거란이 영주(營州)를 노략질하자 통사알자(通事謁者)인 위운기(韋雲起)에게 조서를 내려 돌궐 군을 거느리고 토벌하도록 하였고 (이때) 계민가한(啓民可汗)은 기마병 20,000명을 보내어 그의 지휘를 받도록 하였다.[14]

---

13) 증성(證聖) 원년(695) 10월 동돌궐(東突厥) 수령(首領) 묵철(默啜)이 항복을 청하자 그를 초유하기 위해 「좌위대장군(左衛大將軍)及 귀국공(歸國公)」에 책봉하였다(『舊唐書』194(上) 「列傳」144(上) 突厥(上) 册授左衛大將軍, 封歸國公.

14) 『資治通鑑』卷180隋煬帝大業元年: 契丹寇營州, 詔通事謁者韋雲起護突厥兵討之, 啓民可汗發騎二萬, 受其處分.

당에 들어와서 해와 거란의 호구수가 점차 늘어나고 영토도 점점
넓어짐에 따라 동북 국경의 외환(外患)으로 되었다. 『구당서』에서는
이 사실을

> 거란은 한수(漢水) 이남 황룡(黃龍) 이북의 선비(鮮卑) 고지(故地)
> 에 살았다. 경성 동북 5,300리에 있다. 동쪽은 고려와 이웃하고 서쪽
> 은 해국과 접경하여 남쪽은 영주에 이르고 북쪽은 실위(室韋)에 이른
> 다. 지방은 2,000리이고 군장(君長)의 성씨는 대하씨(大賀氏)이며 승
> 병(勝兵) 43,000명이 있다……(中略)……무덕 초기에, 누차 변경을
> 노략질하였고 2년에도 평주(平州)에 들어와 노략질하였다……(中
> 略)……정관 2년 군장인 마회(摩會)가 부락을 거느리고 와서 항복하
> 였다.15)

라 하였고 『구당서』권199(하) 「열전」149(하) 북적(北狄)·해(奚)에
서는

> 해국(奚國) 동쪽은 거란과 접경하고 서쪽은 돌궐에 이르며 남쪽은
> 백랑하(白狼河)가 가로막아 지켜주고 북쪽은 습국(霫國)에 이른다.
> 영주(營州) 서북에서 낙수(樂水)를 돌아가면 그 나라에 이른다. 승병
> (勝兵)은 30,000명이다……(中略)……만세통천(萬歲通天)년에 거란
> 이 반란한 뒤 해 무리들은 돌궐에 예속되었다. 양국이 가까워 '양번
> (兩蕃)'이라 하였다.16)

---

15) 『舊唐書』卷199(下)「列傳」149(下)北狄·契丹: 契丹, 居潢水之南, 黃龍之北, 鮮
卑之故地, 在京城東北五千二百里, 東與高麗鄰, 西與奚國接, 南至營州, 北至室
韋地方二千里, 其君長姓大賀氏, 勝兵四高三千人……(中略)……武德初數抄
境, 2年, 入歲平州, ……(中略)……貞觀2年, 其君摩會率其部落來降.
16) 『舊唐書』卷199(下)「列傳」149(下)北狄·奚: 奚國, 東接契丹, 西至突闕, 南拒白

고 이르는데 고조 무덕(618~626) 초에 평주(平州)도 거란의 침요를
받았다는 것을 알 수 있다.

정관 19년(645)에 태종이 고구려를 친정할 때 영주에서 거란의
군장과 노인 등을 회견하고 나서 이들에게 물품을 차등있게 하사하
였고 번장(蕃長) 굴가(窟哥)를 좌무위장군(左武衛將軍)에 제수하였
다.[17] 여기에서 당이 거란에 대해 회유책을 펴고 있음을 살필 수
있다.

고종은 돌궐·고구려·해와 거란 등 번족(蕃族)에 대응하기 위해 재
위기간(650~683)에 동북변경에 대한 관리를 체계화하였다. 안동도호
부를 설립하여 고구려 옛 땅을 다스렸고 영주도독부를 설립하여 거
란, 해와 말갈 등을 감시하였으며 유주(幽州)도독부를 두어 돌궐과
거란·해를 방어코자하였다.

안동도호부의 설치 및 변화 전 과정은 이미 정리한바 대로 고구려
고지에 대한 당의 통치는 매우 불안정하였다는 것을 살필 수 있다.[18]

수(隋)와 당(唐) 초의 동북변경 경략은 사실 영주를 중심으로 전개
되었는데 이 내용을 『구당서』권39 「지리지」(2)에서는

> 무덕 원년(318)에 영주총관부로 고치고 요(遼)·연(燕) 2주와 유성
> (柳城) 1개의 현을 통괄하도록 하였다.(무덕) 7년에 도독부로 고치고

狼河, 北至霫國, 自營州西北繞樂水以至其國. 勝兵三萬人……(中略)……萬歲
通天年, 契丹叛後, 奚衆管屬突厥, 兩國常遞爲表裡, 號曰:「兩蕃」.
17) 『舊唐書』卷199(下)「列傳」149(下)北狄·契丹: 至營州, 會其(契丹)君長及老人
等, 賜物各有差, 授其蕃長窟哥爲左武衛將軍.
18) 본문 안동도호부의 내용 참조.

영(營)과 요(遼) 2주를 관할케 하였다. 정관 2년에 또 창주(昌州)를 감독케 하고 3년에 또 사(師)와 숭(崇) 2주를 감독토로 하였으며 6년에는 또 순주(順州)를 감독토로 하고 10년에 역시 신주(愼州)를 감독하게 하였다. 지금은 7개 주를 감독하고 있다. 만세통천(萬歲通天) 2년에 거란의 이만영(李萬榮)에게 함락되었다. 신룡(神龍) 원년에 부(府)를 유주(幽州)에 옮겨 설치하였고 여전히 어양(漁陽)과 옥전(玉田) 2현(縣)을 통괄하였다. 개원(開元) 4년에 다시 유성(柳城)으로 옮겨 갔다. 8년 다시 어양(漁陽)으로 갔고 11년 유성(柳城) 옛 치소(治所)에 다시 돌아왔다. 천보(天寶) 원년에 유성군(柳城郡)으로 고치고 건원(乾願) 원년에 다시 영주(營州)로 되었다.[19]

고 하여 현종(玄宗) 천보(天寶) 연간(742~756)에 영주 경내의 당의 편호(編戶) 제민(齊民)의 수는 997호 3,789명[20]이었고 주민 대부분은 내부(內附)한 이민족 항복한 사람들이었다.

내부(內附)한 이들을 효과적으로 다스리기 위해 당은 영주에 적지 않은 기미 주를 세웠는데 이를 『신당서』권43「지리지」7(하)에서는

당이 처음 건국할 때에는 사이(四夷)에 겨를이 없었다. 태종이 돌궐을 평정하고 서북 제번(蕃) 그리고 만이(蠻夷)가 점점 내속(內屬)하자 그 부락(部落)들을 나누어 주현을 두었다. 큰 것은 도독부로 하고 그 수령을 도독이나 자사로 임명하였으며 모두 세습할 수 있다. 비록 공부(貢賦) 판적(版籍)이 많지 않고 대부분이 호부(戶部)에 올라 있지 않으나 성교(聲敎)는 모두 변방 주현의 도독에게 전달되었고 도호가

---

19) 『舊唐書』卷39「地理志」(2): 天寶, 戶九百九十七, 口三千七百入十九.
20) 『舊唐書』卷39「地理志」(2): 天寶, 戶九百九十七, 『舊唐書』卷39「地理志」(2): 天寶, 戶九百九十七, 『舊唐書』卷39「地理志」(2): 天寶, 戶九百九十七, 口三千七百入十九.

거느린 것은 영식(令式)에 기록하였다.[21]

고 하였으며 『구당서』권39 「지리지」(2)와 『신당서』권43(하) 「지리지」
에 의하면 안사(安史)의 난 이전에 영주(營州)와 유주(幽州)에는 총 22
개의 기미 주가 있었다. 이들 기미 주가 처음 설치될 때에는 모두 영
주도독부에 의해 관리되었다. 그러나 이진충(李盡忠) 손만영(孫萬榮)
의 난 이후 영주가 거란의 손에 들어가자 대부분의 기미 주는 잠시
하남도(河南道)의 서주(徐州)와 송주(宋州) 등으로 남천(南遷)하였다
가 중종(中宗) 신룡(神龍) 연간(705~707)에 다시 북쪽으로 귀속케 하
였다. 그러나 영주에 설치된 것이 아니라 모두 유주도독부 관할로 변
경되었다. 여기에서 유주는 영주의 뒤를 이은 번족(蕃族) 항복 인구
[降戶]가 가장 많은 지역이 되었다. 또한 영주가 함락되니 안동도호부
와 영주 모두 본래의 기능을 정상적으로 발휘할 수 없게 되어 군사
방어 요충지인 유주의 군사 실력은 강화될 수밖에 없었다.

태종의 돌궐 평정을 전후로 하여 거란과 해는 이어서 당에 칭신(稱
臣)하였고 태종은 그 고지에 송막(松漠)도독부와 요악(饒樂)도독부를
두어 속부(屬部)를 거느리도록 하였다.[22] 영주와 유주에 설치된 기미
주와 달리 송막도독부와 요악도독부에 예속된 여러 주는 모두 부락의

---

21) 『新唐書』卷43 「地理志」7(下): 唐興, 初未暇於四夷, 自太宗平突厥, 西北諸蕃及蠻
　　夷稍稍內屬, 卽其部落列置州縣, 其大者爲都督府, 以其首領爲都督, 刺史, 皆得世
　　襲, 雖貢賦版籍, 多不上戶部, 然聲敎所曁, 皆邊州都督, 都護所領, 着於令式.
22) 『唐會要』卷73 營州都督府: 貞觀二十2年十1月二十三日, 契丹酋長窟哥, 奚帥可
　　度者並率其部內屬. 以契丹部爲松漠都督府, 拜窟哥爲持節十州諸軍事松漠都督
　　府, 各以其酋長辱紇爲刺史. 以奚部置饒樂道督府, 拜可度着者)爲持節六州諸軍
　　事饒樂都督府. 二十3年, 於營州置東夷都護, 以統松漠·饒樂之地.

고지에 있었고 또한 그 옛 풍속에 따라 부족의 추장을 자사로 삼아 당의 판적(版籍)에 편입시키지는 않았다. 위의 두 도독부를 관할하기 위해 당은 별도로 '동이도호(東夷都護)'를 두어 감리토록 하였다. 이런 내속한 부락은 당의 편호제민(編戶齊民)이 아니라 당에 신복(臣服)하였다는 형식만을 갖추었을 뿐이다.

영주를 중심으로 한 당의 방어체계는 고종 초기에 효과를 보이기 시작하였으니 사서에 의하면

> 영휘(永徽) 5년(655)에 고구려가 장군 안고(安固)를 내어 고구려·말갈 군을 거느리고 거란을 공격하였다. 송막도독(松漠都督) 이굴가(李屈哥)는 방어하여 고려를 신성(新城)에서 크게 패하였다.[23] 4년 이후 즉 고종 현경 3년 6월에 영주 도독 겸 동이도호(東夷都護) 정명진(程名振)과 우영군중낭장(右領軍中郎將) 설인귀(薛仁貴)는 군사를 거느리고 고려의 적봉진(赤峰鎭)을 공략하여 400여 명을 참수하고 100여 명을 생포하였다. 고구려는 대장 두방루(豆芳婁)를 보내어 3만여 명을 거느리고 이에 대항하였는데 정명진(程名振)은 거란 군으로 반격하니 대파(大破)하여 2천 5백여 명을 참수하였다.[24]

고 하여 고구려를 공격하여 취하기 전에 영주와 송막·요악도독부는 서로 연계하면서 고구려와 말갈의 침략을 막는데 큰 작용을 하였다. 동시에 영주 양번(兩蕃)의 동정을 수시로 살필 수 있어 그들의 반란

---

23) 『資治通鑑』卷199 唐高宗永徽5年: 高麗遣其將軍安固將高麗·靺鞨兵擊契丹; 松漠都督李屈哥禦之, 大敗高麗於新城.

24) 『資治通鑑』卷200 唐高宗顯慶3年6月: 將兵攻高麗之赤峰鎭, 拔之, 斬首四百餘級, 捕虜百餘人. 高麗其大將豆方婁帥衆三萬拒之, 名振以契丹逆擊, 大破之, 斬首二千五百級.

을 방지할 수 있었다. 총장(總章) 원년(668)에 고구려를 공격하는 전에서 송막과 요악도독부 모두 적지 않은 역할을 하였다.

당은 유주 경내에서도 부병(府兵)·군(郡)·진(鎭)·진성(鎭城)·수(戍) 등 여러 군사기구를 설치였는데 그 목적은 북방의 여러 외족을 방어하고 안무하는 것이었다. '당 고 영주(潁州) 하 채(蔡) 현령 이부군(李府君) 묘지명 그리고 서(序) 당(唐) 고영주하(故潁州下) 채현령(蔡縣令) 이부군(李府君) 묘지명병서(墓誌銘幷序)'에서 그 예를 살피면 '묘지 주인인 이신(李信)은 정관 초에 창평현령(昌平縣令)으로 있으면서 북번(北蕃)들을 잘 다스렸다'[25]고 하였다. 또한 유주(幽州) 경내의 호구가 많았으니 『구당서』권39 「지리지」(2)에서는

> 유주 대도독부는 수(隋)때에는 탁군(涿郡)이었다. 무덕 원년에 유주총관부로 고쳐 유(幽)·역(易)·평(平)·단(檀)·연(燕)·북연(北燕)·영(營)·요(遼) 등 8개의 주를 관할하였다……(中略)……. 예전에는 10현 2만 1,698호 10만 2,079명을 거느렸다. 천보(天寶)년 간에는 10현 6만 7,242호 17만 1,312명 있었다. 지금은 9현을 거느리고 있다.[26]

라고 하여 현종 천보(742~756) 연간에 유주의 편호제민이 17만 명에 달하고 있음을 알 수 있다. 이진충(李盡忠) 손만영(孫萬榮)의 난 이후

---

25) 周紹良 「唐故潁州下蔡縣令李府君墓誌銘幷序」 『唐代墓志匯編』(中國 上海 上海古籍出版 1992) p.197: 縣衝要壤, 豪焉連麁, 塞草纔衰, 北藩多警. 君扇以威扇, 示以憲章, 令若風從, 於是乎肅.

26) 『舊唐書』卷39 「地理志」(2): 幽州大都督府, 隋爲涿郡, 武德元年, 改爲幽州總管府, 管幽, 易, 平, 檀燕, 北燕, 營, 遼等入州……(中略)……舊領縣十, 戶二萬一千六百九十八, 口十萬二千七十九天寶, 縣十, 戶六萬七千二百四十二, 口七萬一千三百一十二. 今領縣九.

원래 영주 경내의 기미주가 모두 유주로 옮겨왔기 때문에 많이 늘어난 것으로 볼 수 있다.

고종 총장(總章) 연간(668~670)에 비로소 당의 동북 변경이 비교적 안정되었음을 살필 수 있고 고구려를 평정한 후 그 고지에 안동도호부를 설치하여 통치를 실시하였으며 거란·해와 말갈 등 내부(內附)한 백성들은 영주 경내에 안치하고 영주도독부가 관할하게 하였다. 영주 서북의 관할한 지대에는 송막과 요악도독을 설치하여 고구려·말갈과 돌궐 등 외족의 변경 침탈을 막았다. 안동도호부와 영주도독부가 설치됨으로서 유주는 노략질하는 동북 외족들과의 정면 충돌은 피할 수 있었다. 그러나 이런 변경 질서는 30년도 지속되지 못한 채 거란의 이진충과 손만영의 난으로 붕괴되었고 유주(幽州)는 동북에서 가장 중요한 변경 요지가 되었고 군사적 중요성도 이와 더불어 상향되었다.

2) 거란의 난

무후 만세통천(萬歲通天) 원년(696)에 동북 지역에는 식량부족에 따른 부종증이 번졌으나 영주 도독 조문홰(趙文翽)는 진휼하지 않았고 오히려 구원을 요청하는 거란인들을 노예처럼 대하였다. 이에 불만을 품은 계란 송막 도독 이진충과 귀성주(歸誠州) 자사(刺史) 손만영은 같은 해 5월에 반란을 일으켰다. 조문홰가 그들을 제때 안무하지 못한 것이 첫째 과오이며, 반란을 일으킨 거란 사람들을 위로하지 않고 군사력으로 진압하고자 한 당의 조치가 둘째 실수라 할 수 있다. 거란 반군은 생포된 영주 군사들에게 호소하기를 "우리 가족들이 굶고 추워 스스로 생존할 수 없어서 관군이 오기만을 기다려 오면 바로 항복할 것이다"[27]라고 하였으나 당군은 이 소식을 접하고 이들을 위로하기는커녕 오히려 이 기회를 틈타 큰 공을 이루려고 하였으므로 결국 당군의 대패를 초래하게 되었다.

먼저 이진충과 손만영의 난의 과정을 통해 그 특징을 분석하도록 한다. 이진충 손만영의 난에 대해『자치통감』이 가장 자세하게 기록하고 있는데 그 내용은 아래와 같으니

> 만세통천(萬歲通天) 원년(696) 여름 5월 임자(壬子)에 영주 거란 송막 도독 이진충과 귀성주(歸城州) 자사 손만영이 거병하여 반란을 일으키고 영주를 함락시켰다……(中略)……진충은 얼마 안 되어 '무상가한(無上可汗)'이라고 자칭(自稱)하고 영주(營州)를 차지하며 만영을 선봉으로 삼아 땅을 약탈하였는데 가는 곳마다 모두 항복하였다. 열흘 동안에 군은 수만에 이르며 나아가 단주(檀州)를 포위하였으나 청변(淸邊) 전군(前軍) 부총관 장구절(張九節)이 격퇴시켰다. 8월 정유에 조인사(曹仁師)·장현우(張玄遇)와 마인절(麻仁節)은 거란의 이진충이 죽고 손만영이 대신하여 그 무리들을 거느렸다……(中略)…… 손만영은 나머지 무리들을 거두어 모으자 군의 세가 다시 커져 별수(別帥) 낙무정(駱務整)을 보내 하아소(何阿小)를 전봉(前鋒)으로 삼고 익주(冀州)를 공격하여 함락시키고 자사(刺史) 육보적(陸寶積)을 죽이고 이민(吏民) 수천 명을 도살하였다. 또 영주(瀛洲)를 공격하자 하북(河北)을 뒤흔들었다……(中略)……신공(神功) 원년 봄 3월 무신(戊申)에 청변도(淸邊道) 총관 왕효걸(王孝傑) 소굉휘(蘇宏暉) 등은 병사 17만 명을 거느리고 손만영과 동 협석곡(硤石谷)에서 전쟁을 하여 당군이 대패하고 효걸은 전사하였다……(中略)……무유의(武攸宜)가 군을 거느리고 어양(漁陽)에 이르러 효걸(孝傑) 등이 패몰하였다는 것을

---

27) 『資治通鑑』谷205則天后萬歲通天元年: 吾輩家屬, 飢寒不能自存, 惟俟官軍至
即降耳.

들고 군은 놀라 두려워하여 감히 나아가지 못하였다. 거란은 승세를
타고 유주를 노략질하였으나 이기지 못하였다……(中略)……(6月) 무
의종(武懿宗) 군이 조주(趙州)에 이르렀다. 거란 장군 낙무정(駱務整)
(이 거느린) 수 천 기마병이 익주(冀州)에 이르렀다는 것을 듣고 의종
(懿宗)은 두려워하여 남으로 도망가고자 하였다. 혹자는 "놈들은 군수
품이 없이 노략질해서 물자로 한다. 만약 진군하지 않고 지키면 (적들
은) 반드시 흩어질 것이고 이때 공격하면 큰 공(을 세월 수)있다"고 하
였다. 의종(懿宗)은 따르지 않고 후퇴하여 상주(相州)를 차지하였다.
버려진 군사 물자와 기장(器仗)이 매우 많았고 거란은 드디어 조주(趙
州)를 도살하였다……(6月) 갑무(甲午), (손만영의) 노복이 (그의) 머
리를 베고 항복하였다.[28]

라고 그 상황을 비교적 자세히 보여주고 있으며 이진충·손만영의 난
에서 두 가지 특징을 살필 수 있는데 첫째는 난이 지속 기간이 비교적
길다는 것이다. 696년 5월부터 697년 6월까지 1년 1개월 지속되는 동

---

28) 『資治通鑑』卷205~206: (萬歲通天元年)夏, 5月, 壬子, 營州契丹松漠都督李盡
忠, 歸城州刺史孫萬榮擧兵反, 攻陷營州……(中略)……盡忠尋自稱無上可汗,
據營州, 以萬榮爲前鋒, 略地, 所向皆下, 旬日, 兵至數萬, 進圍檀州, 淸邊前軍
副總管張九節擊欲之. 8月, 丁酉, 曹仁師·張玄遇, 麻仁節與契丹戰於硤石谷,
唐兵大敗……(中略)……冬, 10月, 辛卯, 契丹李盡忠卒, 孫萬榮代領其衆……
(中略)……孫萬榮收合餘衆, 軍勢復振, 遣別帥駱務整, 何阿小爲前鋒, 攻陷翼
州, 殺刺史陸寶積, 屠吏民數千人, 又攻瀛州河北震動……(中略)……神功元年
春, 3月, 戊申, 淸邊道總管王孝傑, 蘇宏暉等將兵十七萬與孫萬榮戰於東硤石
谷, 唐兵大敗, 孝傑死之.……(中略)……武攸宜軍漁陽, 聞孝傑等敗沒, 軍中震
恐, 不敢進, 契丹乘大月, 武懿宗軍至趙州, 聞契丹將駱勝寇幽州, 攻陷城邑, 剽
掠吏民, 攸宜遣將擊之, 不克……(中略)……務整數千騎將至冀州, 懿宗懼, 欲
南遁. 或曰:「虜無輜重, 以抄掠爲資, 若按兵拒守, 勢必離散, 從而擊之可有大
功.」懿宗不從, 退據相州, 委棄軍資器仗甚衆契丹濚屠趙州……(6月)甲午, 奴斬
其首以降. 梟之四方館門. 其餘衆及奚霫皆降於突闕.

안 당군은 평주(平州)에서 두 번이나 대패(大敗)당하였고 주장들은 생
포되었거나 적진에서 사망하였으며 병사들의 희생도 심각하였다. 둘
째, 난이 미친 범위가 넓다는 것이다. 이 거란의 난에서 변경에 국한
하여 노략질 당하는데 그치지 않고 달리 남쪽 하북도(河北道)의 익주
(冀州)까지 공격해 와서 전 하북(河北)을 뒤흔들었다. 이진충과 손만
영 두 사람은 696년 5월에 영주(營州)를 점령한 후 7월에는 단주(檀
州)를 포위하였고 8월에는 평주(平州) 서쪽 협석곡(硤石谷)에서 당군
을 크게 격파하고 나아가 안동을 포위하였다. 10월에는 익주(冀州)를
함락시켜 수천 명의 관리와 백성을 살육하였고 이듬해(697) 3월에 왕
효걸(王孝傑) 군을 평주 협석곡에서 대패시켰다. 이후 유주로 향하고
6월에는 조주(趙州)를 도살하기에 이르렀다.

이진충과 손만영은 요서의 영주를 점령하고 나서 하북도의 북부 단
주(檀州)·평주(平州)·유주(幽州)·정주(定州)·역주(易州)·익주(冀州)
와 조주(趙州) 등 주현을 공략하기에 이르니 거란과 해의 도성과 약탈
로 하북도 여러 주현에 큰 인적 및 물적 손실을 입혔다.

3) 거란의 이탈과 후돌궐의 부흥

영휘(永徽) 원년(650)에 당이 돌궐 아사나차비부(阿史那車鼻部)를
평정한 뒤에 북방 변경에는 30년 동안 전쟁 없이 평화스러웠다.[29] 그
러나 당이 자주 돌궐 각 부의 사람들을 징발하여 출병시키고자 불만
을 사게 된데다 당군의 주력이 서쪽에서 토번에 대비하자 북쪽의 방

---

29) 『新唐書』卷215(上) 「列傳」140(上) 突闕(上): 凡三10年北方無戎馬警.

어 공백을 초래하니 이틈을 노려 돌궐 사람들은 부국(復國)을 도모하기 시작하였다. 영순(永淳) 원년(682)에 힐리가한의 먼 친척 아사나골돌녹(阿史那骨咄祿)이 반란을 일으켰고 그가 이끈 후돌궐국은 끊임없이 중국의 북방 변경을 침범하기 시작하였다.

천수(天授) 2년(691)에 아사나골돌녹(阿史那骨咄祿)이 병으로 죽고 그의 아들이 나이 어린 것을 노려 아사나골돌녹의 아우 묵철(默啜)이 찬위(簒位)하여 스스로 가한이 되었다.30) 묵철(默啜)은 가한이 되고 나서 세력을 키우기 위해 만세통천 원년(696) 9월에 하서(河西)에서 항복한 백성을 반환해 줄 것을 청하고 이 청이 받아들여지면 바로 부락 병마를 이끌고 당을 위해 거란 토벌에 나설 것이라고 하였다. 무측천은 사람을 보내 그를 좌위대장군귀국공(左衛大將軍歸國公) 천선(遷善)가한에 임명하였다.31)

무측천이 묵철을 이용하여 거란에 대응하는 조치는 당 초기 태종때부터 써온 일종의 『이이공이(以夷攻夷)』 정책32)이다. 10월에 이진충이 죽고 손만영이 그를 대신해서 부하를 통솔하였다. 묵철은 이 기회를 잡고 당이 바라는바 대로 출병을 단행하여 이진충과 손만영의 처자를 사로잡았다. 이에 대한 보답으로 무후는 묵철을 힐질리시대선우

---

30) 『舊唐書』卷194(上) 「列傳」144(上)突闕(上): 默啜者, 骨咄承之弟也、骨咄祿死時, 其子尙幼, 默啜遂簒其位, 自立爲可汗.

31) 『資治通鑑』卷205 則天后萬歲通天元年: 突厥默啜請爲太后子, 並爲其女求昏, 悉歸河西降戶, 帥其部衆爲國討契丹. 太后遣豹韜衛大將軍閻知微, 左衛郎將攝司賓卿田歸道冊授默啜左衛大將軍, 遷善可汗.

32) 崔明德「論隋唐時期的以夷攻夷·以夷制夷和以夷治夷」『中央民族大學學報』(中國 北京 中央民族大)

(頡跌利施大單于) 입공보국가한(立功報國可汗)으로 승진시켰다.[33]

 그러나 거란이 완전히 진압되기 전에 묵철을 우대해서 처리하자 그는 교만해져 무주(武周)의 빈틈을 노려 영주(靈州)와 승주(勝州)를 공격하여 성공하지 못하였지만 오히려 20여 년 전에 당에 귀속된 돌궐의 풍(豊)·승(勝)·영(靈)·삭(朔) 그리고 대(代) 6주의 항복한 백성들을 돌려 보내달라고 요구해 오며 종자·비단·농기구와 철을 요구하며 화친을 강요하였다. 묵철이 제시한 조건은 협박에 가깝지만 당은 결국 6주의 항복한 백성 수 천 장(賬)을 묵철에게 반환시켜주며 곡식 종자 40,000곡(斛), 잡채(雜綵) 50,000단(段), 농기구 3,000가지, 철 40,000근을 보내주고 청혼도 허락하였다. 이 같이 인원과 물자를 지원 받은 뒤 자연히 묵철의 세력은 더욱 강해지게 되었다.[34]

 당이 묵철의 일방적 요구를 받아들일 수밖에 없었던 데에는 당군의 전투력이 약한 것이 주원인으로 볼 수 있다. 무유의(武攸宜)는 명을 받들어 출정군을 편성하면서 표를 올려 어려움이 있다고 호소하면서 40만의 보통 군보다는 정예군 3만으로 축소하고 정예화 해줄 것을 요구하였다. 그러나 그의 건의는 받아 드려지지 않았는데 아마도 군을 편성하는데 어려움이 있어 무유의는 멈추고 진군치 못하였다.[35]

---

33) 『資治通鑑』卷696 則天后萬歲通天元年(696): 冬, 10月契丹李盡忠卒, 孫萬榮代領其衆, 突闕默啜乘間襲松漠, 虜盡忠·萬榮妻子而去. 太后進拜默啜爲頡跌利施大單于立功報國可汗.

34) 『資治通鑑』卷206 則天后神功元年: 初, 咸亨中, 突厥有降者, 皆處之豊, 勝·靈夏·朔·代六州, 至是, 默啜求六州降戶及單于都護府之地, 並穀種·繪帛·農器鐵……(中略)……乃悉驅六州降戶數千帳以與默啜, 並給穀種四萬斛, 雜綵五萬段, 農器三千事, 鐵四萬, 並許其昏. 默啜由是益强.

35) 注238 參照.

묵철의 일방적 요구를 받아드린 것은 바로 이 같은 주군 전투력의 미비 때문에 어쩔 수 없이 내려진 결과라고 볼 수 있다.

거란의 이반은 평정되었다고 하나 만약 돌궐의 신속한 도움이 없었다면 평정은 불가능하였을지도 모른다. 5월에 손만영은 왕효걸(王孝傑) 군을 격파한 후에 유성(柳城) 서북 400리 떨어진 험한 지세를 이용해서 성을 쌓고 노약자와 부녀자, 그리고 획득한 기자재들을 그 곳에 두고 매부인 을원우수(乙冤羽守)로 하여금 지키도록 하였다. 정예군을 거느리고 유주를 노략질하면서 돌궐 묵철이 배후의 습격을 두려워 묵철에게 함께 유주를 공격하도록 권유하였다. 이 정보에 접한 묵철은 거란의 요구를 거절하고 신성(新城)을 탈취하여 거주민을 사로잡아 갔다. 당군과 대치중인 거란 군사들은 처자가 돌궐에게 사로잡혔다는 소식을 접하고 전투하려는 의지를 상실하였다. 때마침 해(奚)도 거란(契丹)을 배반하여 당군과 함께 거란을 협공에 나서니 거란은 대패당하였고 손만영도 노수(潞水)에서 노복에게 피살되었다.[36]

---

36) 『資治通鑑』卷206 則天后神功元年: 萬榮之破王孝傑也, 於柳城西北四百里依險築城, 留其老弱婦女, 所獲器材資財, 使妹夫乙冤羽守之, 引精兵寇幽州, 恐突厥默啜襲其後, 遣五人至黑沙, 語默啜曰「我已破王孝傑百萬之衆, 唐人破膽, 請與可汗乘勝共取幽州」三人先至, 默啜喜, 賜以緋袍, 二人後至, 默啜怒其稽機, 將殺之, 二人曰:「請一言而死」默啜問其故, 二人以契丹之情告, 默啜乃殺前三人而場二人耕, 使嚮導, 酸兵取契丹新城, 殺所獲州都督許明以祭天, 圍新城三日, 克之, 盡俘以歸, 使乙冤犭馳報萬策時萬榮與唐兵相持, 軍中聞之, 恟懼, 奚人叛萬榮, 神兵道總管楊玄基擊其前, 奚兵擊其後, 獲其將何阿小萬榮大潰, 帥輕騎數千東走, 前軍總管張九節遣兵邀之於道, 萬榮窮蹙, 與其奴逃至潞水東, 息於林下, 嘆曰:「今欲歸唐, 罪已大; 歸突厥亦死, 歸新羅亦死. 將安之乎! 奴斬其首以降, 梟之四方館門, 其餘衆及奚霤皆降於突厥.

1년 넘게 거쳐 지속된 거란의 이 반란은 이 같은 과정을 거쳐 평정
될 수 있다.그러나 동북 변경 지역은 여전히 불안정하였다. 거란의
나머지 무리들, 그리고 해와 습(霫) 등이 모두 돌궐에 귀속되면서 묵
철은 당의 북부와 동부 변경 지대의 큰 세력으로 등장하였는데 그의
세력의 실상을

> 거란 그리고 해는 신공(神功)이후부터 자주 그 정역(征役)을 받게
> 되었다. 그 땅은 동서 만여 리나 되었고 병사는 40만에 달하니 힐리
> 이후 가장 강성하였다.[37]

라고 하였다. 이 반란이 끝나고 1년 후인 성력(聖曆) 원년(698) 8월에
돌궐의 묵철은 화친을 이루지 못하였다는 핑계로 하북에 침범하여 조
주(趙州)와 정주(定州)를 함락시키고 남여 만여 명을 잡고 오회도(五
回道)에서 돌아갔으나 지나가는 곳마다 수많은 약탈을 자행하였다.
묵철이 막북에 돌아간 후 군 40만의 군대를 보유한데다 만여 리나 되
는 넓은 땅을 차지하니 서북 제(諸) 이(夷)들은 그에게 귀부(歸附)하
여 당을 가벼이 여기게 되었다.[38] 그리고 거란과 해는 당(唐) 군사를
생포하여 묵철에 헌상하기도 하였다.[39]

---

37) 『舊唐書』卷194(上) 「列傳」144(上)突厥(上): 契丹及奚, 自神功之後, 常受其征
    役, 其地東西萬餘里, 控弦四十萬, 自頡利之後最爲强盛.
38) 『資治通鑑』卷206 則天武后聖曆元年9月:「(9月), 癸未, 突厥默啜盡殺所掠趙·
    定等州男女萬餘人, 自五回道去, 所過, 殺掠不可勝紀……默啜還漠北, 擁兵四
    十高, 據地萬里, 西北諸夷皆附之, 甚有輕中國之.
39) 『資治通鑑』卷210 唐玄宗先天元年6月: (孫)佺(周)以悌爲虜所擒, 獻於突厥, 默
    啜皆殺之.

거란과 돌궐이 줄곧 당을 침범하면서 하북도 병력은 그리 많지 않다는 전략의 약점이 노출되었다. 거란의 난은 평정되었으나 결과적으로 당의 대외적 큰 적은 돌궐로 바뀐 셈이다.

4) 거란의 변란과 한반도 추이

측천무후 시기에 당과 한반도와의 교류는 그리 활발한 편이 아니었다. 이러한 상황은 서북의 대외관계가 동쪽에 비해 중요한 비중을 차지하고 있겠지만 당과 한반도의 관계가 개선됨에 따라 동쪽 변경이 비교적 안정되었기 때문이기도 하다. 신라와 안순(安舜) 문제가 해결을 보지 못하고 있었지만 조정에서는 신라를 심각한 위협 대상으로 간주하지 않아 무후(武后)는 평화적인 수단을 통해 관계를 개선함으로서 전쟁의 위협을 줄이고자 하였다. 상원(上元) 2년(675)에 교전이 있고 나서 양국 간에는 영륭(永隆) 2년(681)에 신라가 당에 '문무왕이 서거하였다'고 알리는 고애사(告喪使)를 보낸 기록만 보이나 이를 계기로 당과 신라의 긴장 관계는 점차 해소되었던 것 같다. 수공(垂拱) 2년(686)에 신라의 신문왕은 사신을 당에 보내어 『당예(唐禮)』와 『잡문(雜文)』을 요청하니 무후는 사람을 보내어 요구한 것들을 다 보내주었다. 이런 일이 있고 6년이 지나 신문왕이 홍(薨)하였다는 사실을 알고 사절을 보내 조제(弔祭)하였다.[40]

---

40) 『舊唐書』卷199(上) 「列傳」149(上)東夷·新羅: 垂拱2年, 政明遣使來朝, 因上表
　　請唐禮一部並雜文章, 則天令所司寫吉凶要禮, 並於文詞館林探其詞涉規誡者,
　　勒成五十卷以賜之. 天授3年, 政明卒, 則天爲之擧哀, 遣使弔祭.

당과 신라 두 나라 관계의 개선은 무후만의 희망사항이 아니었고 신라의 욕구 때문이기도 하다. 680년 초에 신라는 백제의 옛 땅을 차자하고 고구려 옛 땅으로 잠식해 들어가면서 남쪽의 탐라를 그 영역으로 귀속시켰다.[41] 그러나 개요(開燿) 원년(681) 8월에 문무왕은 외척 김흠돌(金欽突)을 중심으로 한 반란자들을 처단하고 군권을 잡고 있는 이식(伊湌) 군관도 피살되면서 내부의 변화도 기대되었다. 이를 계기로 신라는 새로운 조치를 취하여 왕권을 안정시켜야만 하였다.

신라의 새 집단과 당의 관계가 밀접하였는지에 대해서는 자세하지 않으나 신라가 일련의 제도 도입에 따른 사례로는 영순(永淳) 2년(683)에 신설한 선거 주관 관직과 국학[42]을 통하여 당의 제도를 받아들인 면을 엿볼 수 있다. 같은 해에 신라가 사자를 당에 파견하며 예의에 관한 책과 글을 요청한 것은 바로 이런 상황에서 이루어진 것으로 이해된다. 당의 제도 도입은 신문왕대에서도 지속되었다. 재초(載初) 원년(689)에 녹읍(祿邑)을 폐지하고 대신 내외관(內外官) 연조(年租)의 시행이 바로 이러한 사례이다.[43] 그러므로 7세기 말엽에 신라의 당 제도 모방 개혁의 그 내면에는 양국 관계 개선의 저의가 깔려 있었다.[44] 이 같은 신라의 당 제도에 근거한 개혁은 당이 한반도에 지나치게 간섭하지 않고 신라가 당과 문화적으로 교류하는 것이 유리

---

41) 『三國史記』「新羅本紀」7 文武王: 十9年2月, 發使略耽羅國, 重修宮闕.

42) 신라 국학에 관한 연구는 고명사(高明士) 『「唐代東亞教育權的形成」(臺灣 國立編譯館中華叢書編審委員會 中華民國73年1月) pp.310~321 參照.

43) 『三國史記』「新羅本紀」8 神文王: 9年春正月, 下數罷內外官祿邑, 逐年賜租有差, 以爲恒式.

44) 古畑徹「七世紀末から入世紀における新羅唐關係」『朝鮮學報』107輯(日本 東京朝鮮學會) pp.38~39 參照.

하다고 판단하였고 대외적 문제를 문화교화로 해결하고자하는 양측의 입장이 정리된 것이다.

그러나 무후가 신라와 우호관계를 유지한다는 것은 그가 신라의 북부 확정을 묵인하거나 고구려의 옛 땅을 포기하겠다는 것은 아니다. 조로(調露) 원년(679)에 천남생이 죽고 백제왕 부여융이 다시 당으로 돌아오면서 고구려는 종전보다 곤란한 처지였다. 이경업(李敬業)이 전패 뒤에 고구려로 도망가고자[45] 한 것은 이와 관련이 있을 수 있다고 본다. 수공(垂拱) 2년(686)에 무후는 고장의 손자인 보원(寶元)을 조선 군왕으로 봉하였다. 비록 이때 고보원이 어디서 실재하였는가에 대해서 분명하지 않으나 그를 이용하여 고구려 유족을 안무하고자 한 처사였다.

고구려와 신라 양국은 경제적인 면에서도 당과 밀접한 관계를 유지하고 있었다. 이경업이 고구려로 도주하고자 한데는 당시 큰 상업 도시 양주(揚州)가 고구려와 교류하고 있었기 때문에 고구려 사정에 숙지할 수가 있었다고 생각된다. 『송고승전(宋高僧傳)』권7에서 신라 승 의상이 총장(總章) 2년(669)에 상선을 이용하여 등주(登州)에 도착하였음은 당과 신라가 이미 오래 전부터 무역관계를 지속시키고 있음을 엿볼 수 있게 한다.

거란의 이 반란은 한반도 정세에도 변화를 촉발하여 고구려의 별종(別種) 대조영이 돌궐의 힘을 빌어 무주(武周)의 통제에서 벗어나 고구려와 말갈의 무리들을 이끌고 발해의 전신인 진국을 건립하게

---

45) 『舊唐書』「列傳」17 李勣·李敬業: 敬業弃揚州, 與唐之奇·杜求仁等乘小舸, 將入海投高麗, 追兵及, 皆捕獲之.

할 수 있었다.

고구려가 실조하고 9년 후인 고종 의봉(儀鳳) 2년(677)에 고구려의 남쪽 지역이 신라에 점거되어 고구려와 백제 유민(遺民)은 말갈과 돌궐 경내에 유산(流散)되었고[46] 이에 따라 말갈의 인구는 점점 늘어났다. 거란의 반란은 대조영에게 세력을 확대할 수 있는 좋은 기회를 마련해 주었다. 고구려가 붕괴하고 거란의 반란이 일어날 때까지 대조영은 영주에서 30년에 걸쳐 거란의 망명자들을 이끌고 동쪽으로 그의 세력을 키우면서 요새를 점거하여 국기(國基)를 마련한 셈이다. 이 사실에 대해여 『구당서』권199(하) 「열전」(149) 북적(北狄)·발해말갈전에서는

발해 말갈 대조영은 본래 고구려의 별종이다. 고구려가 멸망되고 조영은 가족을 거느리고 영주에 옮겨 기거하였다. 만세통천년에 거란 이진충이 반란을 일으키자 조영은 말갈 걸사비우(乞四比羽)와 함께 각각 망명자들을 거느리고 동쪽으로 급히 가서 지키며 저지하여 자기를 공고히 하였다. 진충이 죽자 측천은 우옥령위대장군(右玉鈐衛大將軍) 이해고(李楷固)에게 명하여 군사를 거느려 그의 여당을 토벌케 하였다. 먼저 걸사비우를 격파하여 참수하고 또 천문령(天門嶺)을 넘어 조영을 압박하였다. 조영은 고구려와 말갈의 무리를 합쳐 해고에 항거하였다. 왕사(王師, 왕의 군대)는 대패하여 해고는 몸을 빠져나왔다. 때마침 거란 그리고 해(奚)가 모두 돌궐에 항복하자 길이 막혀 측

<hr />

46) 『資治通鑑』卷202 唐高宗儀鳳2年2月丁巳, 以工部尙書高藏爲遼東州都督, 封朝鮮王, 遣歸遼東, 安輯高麗餘衆, 高麗先在諸州者, 皆遣與藏俱歸. 又以司農卿扶餘隆爲熊律都督, 封帶方王, 亦遣歸安輯百濟餘衆……(中略)……藏至遼東, 謀叛, 潛與靺鞨通, 召還, 徙邛州而死, 散徙其人於河南·隴右諸州, 貧者留安東城傍, 高麗沒於新羅, 餘衆散入靺鞨及突厥.

천은 토벌(討伐)할 수 없으므로 조영은 드디어 그 무리들을 거느리고 동쪽으로 향하여 계루고지(桂婁故地)를 확보하고 동모산(東牟山)에 의거하여 축성하고 자리 잡았다……(中略)……. 국토의 긴 곳은 2천 리이고 편호(編戶)가 10여 만이며 승병(勝兵)이 수만이었다.[47]

라고 하여 고구려가 실조(失祚)하고 나서 거란이 반란할 때까지 30년 간 대조영은 영주에 있으면서 이 난을 이용하여 망명자들을 거느리고 당의 통제에서 떨어진 동쪽으로 가서 근거지를 마련하여 국가의 기반 을 이루어갔다. 무주(武周)는 고구려 옛 땅을 관장하기 위해 고구려 유족을 다시 이용할 수밖에 없었다. 성력(聖曆) 원년(698) 8월에 고보 원을 좌응양위대장군(左鷹揚衛大將軍)으로 임명하고 그를 조선 군왕 에서 충성 국왕으로 승진시켜 안동 고지의 옛 족속들을 장악해주기를 기대하였다. 고보원을 통해 신흥 대조영 세력과 고구려 옛 땅의 통치 세력을 겨루도록 하였으나 이 일은 끝내 성사되지 못하였다.[48] 이 일 이 성공을 거두지 못한 데는 당의 명령이 안동에 전달되지 못하여서 인지, 고보원이 돌궐에 항복했기 때문인지 아니면 그가 죽었기 때문 인지는 밝히기 곤란하다. 다만 무주의 고구려 옛 땅 장악에 암운이

---

47) 『舊唐書』卷199(下)「列傳」149(下)北狄·渤海靺鞨傳:渤海靺鞨大祚榮者, 本高麗 別種也, 高麗旣滅, 祚榮率家屬徙居營州. 萬歲通天年, 契丹李盡忠叛, 祚榮與靺 鞨乞四比各領亡命東奔, 保阻以自固. 盡忠旣死, 則天命右玉鈐衛大將軍李楷固 率兵以討其余黨, 先破斬乞四比, 又度天門嶺以迫祚榮. 祚榮合高麗靺之衆以拒 楷固, 王師大敗, 楷固脫身而還. 屬契丹及奚盡降突厥, 道路沮絶, 則天不能討, 祚榮遂率其衆東保桂婁之故地, 據東牟山, 築城以居之……(中略)……地方二千 里, 編戶十餘萬, 勝兵數萬人.
48) 『舊唐書』卷199(上)「列傳」149(上)東夷·高麗: 聖曆元年, 進授(高寶元)左廳揚 衛大將軍, 封爲忠誠國王, 委其統攝安東舊戶, 事竟不行.

감돌기 시작하였다.

거란의 이 반란으로 무주의 고구려 고지 통치가 약화되어 진데다 조정 내부의 여론조차도 계속 이를 반대하였다. 그 대표자가 바로 적인걸(狄仁傑)이었다. 성력(聖曆) 원년(698) 10월에 그는 "서쪽 4진을 지키고 안동을 지키는데 드는 비용이 날로 증가하고 있다[西戎四鎭, 東成安東, 調發日加]"고 하여 "4진을 내놓아 중국을 살찌게 하고 안동을 폐하고 요서를 충실히 하자"49)는 대안을 제시하였다. 이듬 해 하북도(河北道) 안무대사(安撫大使)로 임명된 후 그는 동북 보강을 더욱 강하게 반대하여 그는 "요동이 지키는 것은 이미 석전(石田) 말갈은 먼 곳에 있으며 난을 더해주고 있다. 설눌(薛訥)을 면직하고 안동진을 폐하며 삼한의 군장들은 고씨를 주인으로 삼으니 없어진 것을 되살리는 의리로 그 지방을 다시 회복해야 한다"50)며 오히려 안동 진수를 폐지하고 교화를 위주로 질서를 유지하도록 하기를 바라고 있었다. 적인걸의 본전에서는 이 일이 '성공을 거두지 못하였다'고 하나 안동도호는 1년 뒤에 도독으로 등급을 낮추었다.51) 구시(久視)년 (700) 3월에 무후는 칙서에서 "동에서 고려국 남에서 진엽국, 서에서 페르시아 토번 그리고 견곤(堅昆)도독부, 북으로 거란·돌궐·말갈에 이르는 곳들을 모두 번국(蕃國)으로 간주하고 절역(絶域)으로 한다"52)라고 하여 고구려 옛 땅을 번국으로 간주하고 있으니 자연히 당

---

49) 『舊唐書』卷89「列傳」39狄仁傑: 捐四鎭以肥中國, 罷安東以實遼西.

50) 『通典』卷186「邊防」2: 遼東所守, 已是石田, 鞦鞦遐方, 更爲亂助……請罷薛訥, 廢安東鎭. 三韓君長, 高氏爲其主, 興存亡艦絶之義, 復其故地.

51) 『舊唐書』卷39「志」19地理2: 聖歷元年六月, 改爲安東都督府.

52) 『唐會要』卷100「雜錄」: 東至高麗國, 南至臘國, 西至波斯吐蕃及堅昆都督府,

의 일부를 포기한 것이나 다름이 없다고 하겠다.

북 아시아에서의 돌궐 세력의 증대는 무주와 고구려 여세의 방향
을 좌우하였을 뿐만 아니라 무주와 신라의 관계 추이와도 상관성이
있을 수밖에 없었다. 거란의 손만영이 죽기 전에 돌궐에 가나 신라에
가나 모두 죽게 된다고 한 말은 7세기 한반도에서 신라의 국력이 무
시될 수 없을 정도에 이르고 있음을 뜻한다. 진국(振國) 건국 초에
신라는 진국을 고의로 번국(蕃國)으로 간주코자 하였다. 그러나 대조
영은 돌궐과 연합하며 고구려 옛 땅을 잠식하고자 하니 신라와 진국
의 관계는 자연히 순탄할 수 없었다. 돌궐의 묵철이 부흥함으로 신라
와 무주가 공동 대응해야 할 대상이 나타난 셈이다. 신라가 성력(聖
曆) 2년(699)에 무주에 사절은 보낸 것은 이러한 두 나라의 공동대응
과 관련이 있는 것이다. 이를 계기로 장안(長安) 원년(701)에 신라의
효소왕이 죽자 무주가 '2일 동안 폐조(廢朝)'한 처사는 쌍방의 관계가
매우 친밀해졌음을 엿볼 수 있다. 장안(長安) 3년(703)부터 신라는 당
에 제일 많은 사절을 보내는 나라가 되어 국제 관계에서 서로 보조를
맞추어 가게 되었다.

5) 거란의 이탈과 동북 방어체계

거란의 이탈로 당의 오랜 기간에 걸쳐 유지해온 동북 방어선이 무
너지게 되었다. 영주도독부의 상실은 동북 방어선의 조절이 이에 따
라 유주 일대로 이동시켜 이곳에서 방어력을 정비하여 동북 지역의

北至契丹·突闕·靺鞨, 并爲入蕃, 以作絶域.

질서 유지를 꾀해야 하였다.

만세통천 원년(696)에 영주가 함락되고 나서 유주만으로 동북의 광활한 지역을 효과적으로 통제하기는 불가능하였다. 중종 신룡(神龍) 원년(705)에 당은 할 수 없이 영주 도독을 유주 경내에 두고 어양(漁陽)과 옥전(玉田) 2현을 관할케 하였다. 유주 동북의 속현(屬縣)들도 외족의 침입을 받았는데 예종(睿宗) 경운(景雲) 원년(710) 12월 해(奚)와 습(霫)이 변경을 침범하여 어양(漁陽)과 옹노(雍奴)를 노략질하고 노룡(盧龍)의 요새로 달아나 유주 도독 설눌(薛訥)이 추격하였으나 제압하지 못하였다.53) 이때 유주 도독은 외번(外蕃) 침입의 방어 업무를 맡고 있었다. 예종(710~712) 때에도 유주 도독에 명하여 양번(兩蕃)을 공격케 하였으나 모두 실패하였고 당군은 오히려 전몰하였다.54)

현종(712~756)은 영주의 기능을 회복하여 유주와 함께 협조관계를 회복하기 위해 개원(開元) 2년(714) 정월에 군대를 파견하여 거란을 공격하고 영주의 옛 치소(治所)에 영주를 재건(再建)코자 하였는데 이 내용을

　　처음 영주 도독은 치소를 유성(柳城)에 두어 해(奚)와 거란을 진정시켜 안무케 하였다……(중략)……이 뒤에 유주 동쪽의 어양(漁陽)성에 위탁 통치케 하였다. 혹자가 이르기를 "말갈·해와 습이 당에 강복

---

53)『資治通鑑』卷210 唐睿宗景雲元年12月: 奚·霫犯塞, 掠漁陽·雍奴, 出盧龍塞而去. 幽州都督薛訥追擊之, 弗克.

54)『上揭書』同卷唐玄宗先天元年6月: 幽州大都督孫佺興奚個李大酺戰於冷陘, 全軍覆沒.

하기를 대단히 원하고 있으나 마침 당이 영주를 건립하지 않아 의지
할 곳이 없다고 하여 묵철에게 침요를 받고서 잠시 귀부하는 것이다.
만약 영주를 다시 세우면 서로 뒤따라 귀화할 것이다." 병주장사(並
州長史) 화융대무등군주절도대사(和戎大武等軍州節度大使) 설눌(薛
訥)은 이에 따라 상주하여 거란을 치고 다시 영주부를 두자고 요청하
였다. 상 또한 냉형(冷陘)의 역(役) 때문에 거란을 토벌하고자 하였
다. 군신과 요숭(姚崇) 등이 많이 간언하였다. (정월) 갑신에 (薛)눌을
동자미황문삼품(同紫微黃門三品)의 자격으로 병을 이끌고 거란을 공
격하니 군신들은 감히 언급하지 못하였다.[55]

라고 하여 이 출병도 성공하지 못하였지만 개원(開元) 5년(717)에 돌
궐이 불안하고 거란과 해가 항복하고 나서 당은 다시 유성고지(柳城
故地)에 영주를 두게 되었는데『구당서』권185「열전」135 송경예(宋
慶禮) 전에서 이 사실에 대하여

　　개원 5년에 해와 거란이 각자 왕래하여 우호관계를 맺고 귀부(歸附)
하니 현종(玄宗)은 옛 성에 영주를 복위하고자 하였으나 시중(侍中) 송
경(宋璟)은 옳지 않다고 완강히 논쟁하였지만 경예(慶禮)만이 이로움
을 지나치게 진술하였다. 여기에서 조서를 내려 경예(慶禮) 및 태자첨
사(太子詹事) 강사도(姜師度)·좌효위장군(左驍衛將軍) 소굉(邵宏) 등
을 사자로 충당하여 다시 유성(柳城)에 영주성을 쌓도록 하여 노역을
시작하지 30일 만에 끝냈다. 얼마 지니지 않아 경예(慶禮)를 어사중승

---

55)『資治通鑑』卷21 玄宗開元2年: 初, 營州都督治柳城以鎭撫奚契丹……(中略)……
　　是後寄治於幽州東漁陽城, 或言:「靺鞨·奚·霫大欲降唐, 正以唐不建營州, 無所依
　　托, 爲啜所侵擾, 故且附之, 若復建營州, 則相帥歸化矣並州長史, 和戎大武等軍州
　　節度大使薛訥信之, 奏請擊契丹, 復置營州, 上亦以冷堅之役, 欲討契丹. 群臣姚崇
　　等多諫. (正月)甲申, 以訥同紫微黃門三品, 將兵擊契丹, 群臣乃不敢言.

(御史中丞) 겸 검교영주 도독(檢校營州都督)으로 임명하고 둔전 80여 곳을 개척하고 추가로 유주와 어양(漁陽)과 치청(淄靑) 등 백성들을 선발하고 상호(商胡)를 모집하여 전포를 만들어주니 수년 간에 영주의 창고가 아주 충실해졌으며 거주하는 사람도 점점 늘어났다.56)

라고 하였으나 이렇게 회복된 영주는 3년도 채 되지 않아 다시 거란에게 빼앗겨 치소를 다시 어양(漁陽)으로 옮기게 되었다. 영주도독부는 696년에서 717년까지 20여 년에 걸쳐 당 초에서와 같이 그 기능을 수행하기가 어려웠으며 동북 변경에서의 역할도 매우 한정된 데다 불안정하여 유주가 해와 거란 방어에 참여할 수밖에 없었다. 현종(玄宗)은 유주의 군사력을 강화하여 동북의 안정을 유지코자 하였다. 이 때문에 선천(先天) 원년(712) 8월 을사에 정주(鄭州) 북쪽에 발해군을 설치하고 항주(恒州)와 정주(定州) 경내에 항양군(恒陽軍)을 규주(嬀州)와 울주(蔚州)경내에 회유군(懷柔軍)을 배치하고 5만 군대를 주둔케 하였다.57) 같은 해 11월에 해와 거란의 2만 기마병이 어양을 노략질하였다. 유주 도독 송경은 성을 고수하자 적군은 크게 노략하고 돌아갔고58) 유주의 방어력을 강화해야 했다.

---

56) 『舊唐書』卷185 「列傳」良吏(下)宋慶禮: 開元5年, 奚, 契丹各款塞歸附, 玄宗欲復營州於舊城, 侍中宋璟固爭以爲不可, 獨慶禮甚陳其利乃詔慶禮及太子詹事姜師度, 左驍衛將軍邵宏等充使, 更於柳城築營州城, 興役三旬而畢. 俄拜慶禮御使中丞, 兼檢校營州都督. 開屯田入八十餘所, 追拔幽州及漁陽, 淄靑等戶, 並招輯商胡, 爲立店肆, 數年間, 營州倉稟頗實, 居人漸愍.

57) 『資治通鑑』卷210 唐玄宗先天元年8月: 乙巳, 於鄭州北置渤海軍, 恒·定州境置恒陽軍, 嬀蔚州境置懷柔軍, 屯兵五萬.

58) 『資治通鑑』卷210 唐玄宗先天元年11月: 奚·契丹二萬騎寇漁陽, 幽州都督宋璟閉城不出, 虜大掠而去.

개원 연간에 유주와 영주 건설을 통해 안사의 난 이전에 동북 변경 범양(範陽) 유주(幽州)절도사는 9만 1,400명을 휘하에 두고 있었고, 경략(經略)·위무(威武)·청이(淸夷)·정새(靜塞)·항양(恆陽)·북평(北平)·고양(高陽)·당흥(唐興)·항해(恒海) 등 9군(軍)을 통솔하였다. 평로(平盧) 영주(營州)절도사는 평노(平盧)·노룡(盧龍) 2군을 통솔하였고 유관수착(楡關守捉)과 안동도호부는 영주와 평주(平州)에 주둔하고 있었는데 그 병력은 3만 7,500명에 달하였다. 범양(範陽)과 평노절도사(平盧節度使)를 맡은 안녹산(安祿山)은 천보(天寶) 10년(751)에 하동절도사(河東節度使)까지 겸하니 원래 돌궐(突闕)·양번(兩蕃)과 발해 말갈 등 동북 여러 민족을 방어할 목적으로 설치된 군은 도리어 안녹산의 기반이 되었으며 그는 이들을 이끌고 중원에 들어 왔다. 『자치통감』에서는 안녹산의 난을 논하기를

　　당은 건국 이래에 변경의 지휘관은 모두 충직하고 온후한 명망있는 신하를 기용하였다. 오래 유임하지 않았고 다만 명의상으로 직책을 맡고 직접 가서 직무를 수행하지 않았으며, 겸직하여 통솔하지 않아 공노로 명성이 뚜렷한 사람은 왕왕 조정에 들어가 재상이 되었다. 이민족 출신 장군 중에 아사나사이(阿史那社爾)와 계필하력(契苾何力)과 같이 재략이 뛰어나더라도 대장군의 임직을 전담하지 않고 모두 대신을 사자로 하여 그를 제어하였다. 개원 중기에 와서 천자가 사방 이민족을 병합할 뜻을 두자 편의상 장군이 되고 10여 년이 되어도 바꾸지 않아서 오래 유임되었다. 황제의 아들로는 경과 충 (등) 제(諸) 왕(王) 재상으로는 소숭(蕭嵩)과 우선객(牛仙客) (등이) 처음으로 직접 임지(任地)에 가지 않고 먼 곳의 직무를 맡았으며 대개 가운(嘉運)과 왕충사(王忠嗣)가 여러 도를 맡아 겸임해서 통제하기 시작하였다. 이림보(李林甫)가 변방 장수들이 재상으로 들어오는 길을 막

으려 오랑캐들이 글을 모른다고 하여 "문신이 장군이 되면 화살 맞는
것을 두려워하니 출신은 미천하나 재능이 뛰어난 호인(胡人)을 등용
하는 것보다 못합니다. 호인(胡人)은 용감하고 결단력이 있어 전투에
습관 되어 있습니다. 미천한 종속은 고립되어 당파가 없으니 폐하께
서 진실로 은혜로 그들이 마음을 화합시키면 그들은 반드시 조정을
위해 죽을 수 있습니다"라고 하니 상이 그의 말에 기뻐서 안녹산을
등용하였다. 이에 이르러 여러 도의 절도도 모두 호인(胡人)을 등용
하고 정예병이 모두 북방 변경을 지키니 천하의 세가 치우쳐 드디어
(안)녹산이 천하(天下)를 망치도록 하니 (이)임보가 총애를 독차지하
고 지위를 굳건히 하는 모략에서 나온 것이다.[59]

라 한 사료의 내용을 보더라도 사실 이진충과 손만영의 난 이후에 동
북 양번(兩蕃)의 군 세력이 점차 강화되어 현종 대에 이르러서는 호
인(胡人)의 세는 '때때로 항복하고 때때로 이반하여[時降時叛]'하며
유주와 하북(河北) 요로 주에 대한 위협도 커질 수밖에 없었다. 그러
나 현종은 영주와 유주 같은 전략 요충지를 확보하여 동북 변경의 안
정을 유지하려고 영주를 경략(經略)함과 동시에 유주의 군사력을 보
강하였다. 이는 부득이한 조치였으나 현종의 뜻과는 달리 안녹산에게

---

59) 『資治通鑑』卷260 唐玄宗天寶6年12月: 自唐興以來, 邊帥皆用忠厚名臣, 不久
任, 不遙領, 不兼統, 功勞名着者往往入爲相. 其四夷之將, 雖才略如阿史那社
爾, 契苾何力曾不專任大將之任, 皆以大臣爲使以制之. 及開元中, 天子有呑四
夷之志, 爲便將者十餘年不易, 始久任矣. 皇子則慶, 忠諸王, 宰相則蕭嵩, 牛仙
客, 始遙領矣, 蓋嘉運, 王忠嗣專制數道, 始兼統矣. 李林甫欲杜邊帥入相之路,
以胡人不知書, 乃奏言:「文臣爲將, 怯當矢石, 不若用寒畯胡人, 胡人則勇決習
戰, 寒族則孤立無黨, 陛下誠以恩治其心, 彼必能爲朝廷盡死上悅其言, 始用安
山, 至是, 諸道節度盡用胡人, 精兵成成北邊, 天下之勢偏重, 卒使祿山傾覆天
下, 皆出於林甫專寵固位之謀也.

하북을 경략케하는 기회를 마련해준 결과가 되었다.

　거란의 이탈함에 따라 그 영향을 받아 당은 동북에서 퇴수 방어책을 취할 수밖에 없었다. 현종 대에 하북의 유주 지역(幽州地域) 보강을 통해 이 지역을 중심으로 동북의 군사체제를 형성시킴으로 영주는 유주보다 낙후되었다. 범양(範陽)절도사는 평노절도사도 겸하니 그 세력이 강대해져 이후 안녹산의 난에 유리한 기반이 되었다.

　만세통천 원년(696)의 거란(契丹)의 반변(反變)은 안사의 난의 전주곡이라 할 수 있다. 이 전란 가운데서 고종 시기부터 경략해온 중진(重鎭)인 영주가 한때 거란의 수중에 들어가게 되어 당은 할 수 없이 동북 경략의 중심지를 유주 일대로 옮겨 방어력을 강화시킴으로 동북과 하북도의 질서 안정을 확보하고자 하였다. 그러나 계책은 의도하는 대로와는 달리 유주를 안녹산의 세력 확충 기반이 되게 하는 결과를 초래케 되었다.

〈表 5〉 武后時期의 對外關係 年表

出處·時期		相對國	內容
『資治通鑑』 卷203 光宅元年 (684)	7月	突厥	
	7月	崑崙	廣州都督路元叡爲來市舶蕃人崑崙人所殺.
	9月	突厥	以左威衛大將軍程務挺爲單于道安撫大使; 以備突厥.
『資治通鑑』 卷203 則天后 垂拱元年 (685)	2月	突厥	突厥數寇邊. 以左玉鈐衛中郎將淳于處平爲陽曲道行軍總管以擊之.
	4月	突厥	突厥寇代州. 淳于處平救之. 與突厥戰於忻州, 敗績.
	6月	突厥	同羅僕固等諸部叛遣左豹韜將軍劉敬同出居延海以討之同羅固等皆敗績.
	11月	突厥	以天官尙書韋待價爲燕然道行軍大總管以擊突厥.
	11月	突厥	以西突厥興昔亡可汗子元慶爲左玉鈐衛將軍, 兼崑陵都護襲興昔亡可汗, 押五咄陸部落.
『資治通鑑』 卷203 則天后 垂拱2年 (686)	9月	突厥	以西突厥繼往絶可汗之子, 斛瑟羅爲右玉鈐衛將軍, 襲繼往絶可汗, 押五努失畢部落. 突厥入寇. 左鷹揚衛將軍黑齒常之拒之, 虜夜遁.
『資治通鑑』 卷204 則天后 垂拱3年 (687)	2月	突厥	突厥骨篤祿等寇昌平, 命左鷹揚大將軍黑齒常之討之.
	8月	突厥	突厥骨篤祿元珍寇朔州, 燕然道行軍大總管黑齒常之及左鷹揚大將軍副總管李多祚大破之於黃花堆.
	8月	交趾	交趾人李嗣仙攻殺安南都護劉延祐, 據交州反, 桂州司馬曹玄靜將兵討之.
	10月	突厥	右監門衛中郎將爨寶璧及突厥骨篤祿元珍戰, 敗績.
	12月	吐蕃	以韋待價爲安息道行軍大總管, 安西大都護閻溫古副之, 以擊吐蕃.
『資治通鑑』 卷204 則天后 永昌元年 (689)	5月	突厥	以僧薛懷義爲新平道行軍大總管, 以擊突厥, 至紫河不見虜, 刻石紀功而還.
	5月	吐蕃	韋待價及吐蕃戰於寅識迦河, 敗績.
	5月	浪穹州蠻	浪穹州蠻酋傍苷時等廿五部來降, 以爲浪穹州刺史統其衆.
『資治通鑑』 卷204 則天后		突厥	以濛池都護繼往絶可汗斛瑟羅爲右衛大將軍, 改號竭忠事主可汗.

出處·時期		相對國	內容
天授元年 (690)			
『資治通鑑』 卷204 則天后天授2年 (691)	5月	吐蕃	命岑長倩爲武威道行軍大總管, 率諸軍討吐蕃, 中道召還, 軍竟不出.
『資治通鑑』 卷204 則天后 長壽元年 (692)	10月	吐蕃	以右鷹揚衛將軍王孝傑爲武威道行軍總管, 與武衛大將軍阿史那忠節擊吐蕃.
	10月	吐蕃	孝傑等大破吐蕃, 復取龜茲·於闐·碎葉·疏勒四鎭. 置安西都護府於龜茲.
	臘月	于闐	立故于闐王尉池伏闍雄之子瑕爲于闐王.
『資治通鑑』 卷205 則天后長壽2年 (693)	2月	新羅	新羅王政明卒. 遣使立其子理洪爲王.
『資治通鑑』 卷205 則天后 延載元年 (694)	正月	突厥	突厥可汗骨篤祿卒. 弟默啜自立爲可汗. 默啜寇靈州.
	正月	室韋	室韋反. 遣右鷹揚衛大將軍李多祚擊破之.
	2月	突厥	以薛懷義爲伐逆道行軍大總管, 領十八將軍擊默啜.
	2月	吐蕃	武威道總管王孝傑敗吐蕃及西突厥可汗俀子於冷泉及大嶺, 碎石鎭守使韓思忠破泥熟俟斤.
『資治通鑑』 卷205 則天后 天冊萬歲元年 (695)	正月	突厥	以王孝傑爲朔方道行軍總管擊突厥.
	7月	吐蕃	吐蕃寇臨洮以王孝傑爲肅邊道行軍大總管, 以討之.
	10月	突厥	突厥默啜遣使請降. 太后授左衛大將軍, 歸國公.
『資治通鑑』 卷205 則天后 萬歲通天元年 (696)	1月	吐蕃	以婁師德爲肅邊道行軍副總管, 以討吐蕃.
	2月	吐蕃	王孝傑·婁師德及吐蕃論欽陵贊婆戰於素羅汗山, 敗績.
	5月	契丹	契丹首領松漠都督李儘忠與妻兄歸誠州刺史孫萬榮反. 陷營州, 殺都督趙文翽, 自號可汗, 命左鷹揚將軍曹仁師, 左金吾衛大將軍張玄遇, 左威衛大將軍李多祚, 麻仁傑等討之. 孫萬榮進圍檀州, 淸邊前軍副總管張九節擊卻之.
	7月	契丹	以春宮尙書武三思爲楡關道安撫大使納言姚璹爲副, 以備契丹.

出處·時期		相對國	內容
	8月	契丹	張玄遇曹仁師·麻仁傑等, 及契丹李儘忠戰於西硤黃麞穀, 敗績. 玄遇仁傑爲賊所擄.
	9月	契丹	以同州刺史武攸宜淸邊道行軍大總管, 以擊契丹. 是月契丹李盡忠死, 孫萬榮代領其衆.
	9月	吐蕃	吐蕃寇涼州. 都督許欽明爲賊所執.
	9月	吐蕃	吐蕃復遣使請和親. 並請罷安西四鎮戍兵. 並求分十姓突厥之地 未許.
	10月	契丹	孫萬榮遣別將寇冀州. 刺史陸寶積死之.
	11月	契丹	又陷瀛州屬縣, 河北震動.
『資治通鑑』 卷206 則天后 神功元年 (697)	正月	突厥	突厥默啜寇靈州, 以許欽明自隨. 又寇勝州. 平狄軍副使安道買 敗之.
	3月	契丹	王孝傑蘇宏暉等, 及孫萬榮戰於東硤石穀, 敗績. 孝傑死之. 契丹 乘勝寇幽州, 陷城邑.
	4月	契丹	以右金吾衛大將軍武懿宗爲神兵道行軍大總管, 及右豹韜衛將 軍何迦密擊契丹孫萬榮.
	5月	契丹	又以婁師德爲淸邊道行軍副大總管. 右武衛將軍沙吒忠義爲淸 邊中道前軍總管以擊孫萬榮. 武懿宗軍至趙州, 聞孝傑敗, 懼退據 相州. 契丹途屠趙州.
	6月	契丹	孫萬榮欲與突厥合謀取幽州, 未遂. 默啜發病取契丹新城, 奚人叛 萬榮. 神兵道總管楊玄基擊其前, 奚兵擊其後, 萬榮大潰. 前軍總 管張九齡邀之於道, 萬榮奴斬其首以降. 餘衆及奚·霫皆降突厥.
『資治通鑑』 卷206 則天后 聖曆元年 (698)	5月	突厥	突厥默啜上言有女請和親
	7月	突厥	令淮陽王武延秀往突厥納女爲妃. 左豹韜衛大將軍閻知微攝春 官尙書赴虜廷. 突厥以延秀非唐室諸王：囚於別所.
	8月	突厥	閻知微降於突厥. 默啜發兵襲靜難平狄淸夷等軍, 進寇嬀, 檀等州. 以武重規爲天兵中道大總管沙吒忠義天兵西道前軍總管, 幽州都 督張仁亶爲天兵道總管, 左羽林大將軍李多祚右羽林衛大將軍 閻敬容爲天兵西道後軍總管, 以擊突厥. 是月突厥默啜寇蔚州. 飛狐, 又陷定州. 殺刺史孫彦高, 焚燒廬舍.
	9月	突厥	突厥默啜陷趙州. 長史唐波若降于突厥, 刺史高叡死之. 突厥默啜寇相州. 以沙吒忠義爲河北道前軍總管, 將軍陽基副之.

出處·時期		相對國	內容
			李多祚爲後軍總管, 大將軍富信爲奇兵總管, 以禦之.
	10月	突闕	命皇太子爲河北道行軍元帥, 以襲突厥. 狄仁傑爲副元帥知元帥事. 默啜盡殺所掠趙州定州男女萬餘人, 從五迴道而去. 所至殘害不可勝紀. 狄仁傑將兵追之不及. 默啜擁兵四十萬, 據地萬裡, 西北諸夷皆附之
	10月	突闕	以狄仁傑爲河北道安撫大使. 閻知微自突厥歸, 族誅之.
『資治通鑑』 卷206 則天后聖曆2年 (699)	4月	突闕	以魏元忠爲檢校並州長史, 充天兵軍大總管, 以備突厥
	4月	吐蕃	以婁師德爲天兵軍副大總管, 仍充隴右諸軍大使, 專掌懷撫吐蕃降者.
	7月	吐谷渾	吐穀渾部落一千四百帳內附.
	8月	突闕	突騎施烏質勒遣子遮弩入見. 遣侍御史解琬安撫烏質勒及十姓部落. 是歲突厥默啜立其弟咄悉匐左廂祭, 骨篤祿之子默矩右廂祭. 其子匐俱爲小可汗. 主西突厥處木昆等十姓兵四十餘萬人, 又號拓西可汗.
	10月	吐蕃	吐蕃首領論贊婆帥所部千餘人來降, 以爲右衛大將軍, 將衆守洪源穀. 論欽陵專政, 吐蕃贊普討之. 欽陵兵潰自殺. 其子弓仁以所統吐穀渾七千帳來降.
『資治通鑑』 卷206 則天后 久視元年 (700)	正月	突闕	以西突厥竭忠事主可汗斛瑟羅爲平西軍大總管, 鎭碎葉.
	3月	突闕	以夏官尙書唐奉一天兵中軍大總管, 以備突厥.
	3月	吐谷渾	以吐谷渾靑海王宣超爲烏地也拔勤忠可汗.
	6月	吐蕃	以契丹降將李楷固左鈐衛將軍, 駱務整爲右武威衛將軍, 將兵擊契丹餘黨, 悉平之.
	閏7月	吐蕃	吐蕃將麴莽布支寇涼州, 圍昌松. 隴右諸軍大使唐休璟敗之于洪源穀.
	8月	吐蕃	以魏元忠隴右諸軍州大總管, 以擊吐蕃.
	9月	吐蕃	薄露詐降, 思業誘而斬之.
	10月	突闕	以魏元忠爲蕭關道行軍大總管, 以備突厥.
	12月	突闕	突厥寇隴右, 掠諸監馬萬餘匹而去.
『資治通鑑』 卷207 則天后 長安元年	4月	突闕	以姚元崇檢校並州以北諸軍州兵馬.
	5月	突闕	以魏元忠爲靈武道行軍大管以備突厥
	8月	突闕	突厥默啜寇邊. 命安北大都護相王爲天兵道元帥統諸軍擊之, 未行而虜退.

出處·時期		相對國	內容
(701)	11月	突厥	以主客郎中郭元振爲涼州都督隴右諸軍大使. 元振于城南置和戎城北置白亭軍控其衝要. 自是突厥吐蕃不復至城下. 又開置屯田,盡水陸之利, 夷夏畏慕.
『資治通鑑』卷207 則天后 長安2年 (702)	正月	突厥	突厥寇鹽夏二州.
	3月	突厥	突厥破石嶺(在忻州)寇幷州. 以雍州長史薛季昶充山東防禦大使以備之. 節度滄瀛幽易恒定等州諸軍.
	4月	突厥	以幽州刺史張仁愿專知幽平嬀檀防禦, 仍與季昶相知以拒突厥.
	7月	突厥	突厥寇代州.
	9月	突厥	突厥寇忻州.
	10月	倭	日本國遣使貢方物.
	10月	吐蕃	吐蕃贊普寇悉州(通鑒爲茂州). 茂州都督陳大慈敗之.
『資治通鑑』卷207 則天后 長安3年 (703)	4月	吐蕃	吐蕃遣使獻馬及金以求婚. 是歲吐蕃南境諸部皆叛. 贊普自將擊之, 卒於軍. 國人立其子棄隸蹜贊爲贊普.
	4月	新羅	新羅王金理洪卒. 遣使立其弟崇基爲王.
	6月	突厥	突厥默啜遣臣莫賀於來請以女妻皇太子之子.
	7月	突厥	西突厥突騎施酋長烏質勒幷西突新厥可汗斛瑟羅所有地. 安西道絶. 斛瑟羅入朝不敢復還.(烏質勒本隸斛瑟羅, 號莫賀達幹能撫衆, 諸部歸之.)
	11月	突厥	突厥遣使謝許婚.
『資治通鑑』卷207 則天后 長安4年 (704)	正月	突厥	册右武衞將軍阿史那懷道爲西突厥十姓可汗(懷道爲斛羅之子).
	8月	突厥	突厥默啜旣和親, 始遣武延秀還.
	9月	突厥	以姚元之爲靈武道行軍大總管.
『資治通鑑』卷207 則天后 神龍元年 (705)	6月	突厥	以左驍衞大將軍裴思說充靈武軍大管以備突厥.

參考文獻

1. 基本史料

司馬遷, 『史記』, 北京 中華書局, 1982.

班固, 『漢書』, 北京 中華書局, 1983.

范曄, 『後漢書』, 北京 中華書局, 1982.

房玄齡, 『晉書』, 北京 中華書局, 1982.

令狐德業, 『周書』, 北京 中華書局, 1982.

魏徵, 『隋書』, 北京 中華書局, 1973.

劉昫, 『舊唐書』, 北京 中華書局, 1975.

歐陽修, 『新唐書』, 北京 中華書局, 1975.

金富軾 『三國史記』 서울 弘新文化社, 1995.

史人親王 著, 田溶新譯*(完譯), 『日本書記』, 서울 一志社, 2002.

菅野眞道, 『續日本書記』, 東京 吉川弘門館, 1974.

司馬光, 『資治通鑑』, 北京 中華書局, 1956.

一然, 『三國遺事』, 서울 乙酉文化社, 2002.

金毓黻, 『渤海國志長編』, 서울 太學社, 1977.

孫玉良, 『渤海史料全編』, 中國 長春 吉林文史出版社, 1992.

杜佑, 『通典』, 北京 中華書局, 1984.

王溥, 『唐會要』, 北京 中華書局, 1990.

李林甫 等撰, 『唐六典』, 北京 中華書局, 1992.

宋敏求 編, 『唐太詔令集』, 北京 商務印書館, 1959.

王欽若 等, 『册府元龜』, 北京 中華書局, 1982.

李昉 等, 『文苑英華』, 北京 中華書局, 1995.

李昉 等, 『太平御覽』, 北京 中華書局, 1980.

李昉 等, 『太平廣記』, 北京 中華書局, 1986.

董誥等 編, 『全唐文』, 北京 中華書局, 1982.

玄奘辯機原 著 季羨林 等 校注,『大唐西域記校注』, 北京 中華書局, 1985.
圓仁 撰 申福龍 譯,『入唐求法巡禮行記』, 서울 정신세계사, 1991.
確庵耐庵 編 崔文印箋證,『靖康稗史』, 北京 中華書局, 1988.
　　　　　　　　　　　　　『隋唐五代墓誌匯編』, 天津 天津古籍出版社, 1992.
周一良 主編,『唐代墓誌匯編』, 上海古籍出版社, 1992.

2. 單行本

1) 國文

金文經,『唐代의 社會와 宗教』, 서울 崇田大學出版部, 1984.
金庠基,『東方文化交流史論攷』, 乙酉文化社, 1954.
金壽泰,『新羅中代政治史研究』, 서울 一潮閣, 1996.
金翰奎,『韓中關係史』, 서울 아르케, 1999.
金翰奎,『古代中國的世界秩序研究』, 서울 一潮閣, 1982.
金翰奎,『古代東亞細亞幕府體制研究』, 서울 一潮閣, 1997.
高柄翊,『東아시아文化史論考』, 서울 서울대학교출판부, 1980.
高柄翊,『東亞交涉史의 研究』, 서울 서울대학교출판부, 1980.
權悳永,『古代韓中外交史』, 서울 一潮閣, 1997.
李基白,『韓國史新論』, 서울 一潮閣, 1998.
李龍範,『中世東北亞細亞史研究』, 서울 亞細亞文化社, 1976.
朴漢濟,『中國中世胡漢體制研究』, 서울 一潮閣, 1988.
卞麟錫,『白江口戰爭과 百濟·倭關係』, 서울 한울아카데미, 1994.
卞麟錫 等,『中國과 東아시아世界』, 서울 國學資料院, 1997.
申瀅植,『韓國古代史의 新研究』, 서울 一潮閣, 1995.
宋基豪,『渤海政治史研究』, 서울 一潮閣, 1995.
長澤和俊 著 閔丙勳 譯, 서울 民族文化社, 1990.
全海宗,『韓中關係史研究』, 서울 一潮閣, 1977.

全海宗, 『韓國과 東』, 서울 一潮閣, 1972.
韓國史研究會編, 『古代韓中關係史의 研究』, 서울 三知院, 1987.

2) 中文

陳寅恪, 『隋唐制度淵源略論稿』, 上海 上海古籍出版社, 1982.
陳寅恪, 『唐代政治史述論稿』, 上海 古籍出版社, 1998.
唐長孺, 『魏晉南北朝隋唐史三論』, 武漢 武漢大學出版社, 1992.
付樂成, 『漢唐史論集』, 臺北 聊經出版事業公司, 1977.
付樂成, 『隋唐五代史』, 臺北 華岡出版局, 1971.
岑仲勉, 『隋唐史』, 北京 中華書局, 1982.
岑仲勉, 『岑仲勉史學論文集』, 北京 中華書局, 1990.
岑仲勉, 『突厥集史』, 北京 中華書局, 1958.
顧頡剛, 『史林雜識(初編)·畿服』, 北京 中華書局, 1977.
李樹桐, 『唐史考辨』, 臺北 中華書局, 1965.
姜伯勤, 『敦煌吐魯番文書與絲綢之路』, 文物出版社, 1994.
黎 虎, 『漢唐外交制度史』, 蘭州 蘭州大學出版社, 1998.
王貞平, 『漢唐中日關係論』, 臺北 文津出版社, 1997.
王 儀, 『古代中韓關係與日本』, 臺北 中華書局, 1973.
高明士, 『唐代東亞教育圈的形成』, 臺北 國立編譯館中華叢書編審委員會, 1984.
朴文一等, 『中國古代文化對朝鮮和日本的影響』, 黑龍江 黑龍江朝鮮民族出
     版社, 2000.
(英)崔德瑞 主編, 社科院歷史研究所西方漢學組譯, 『劍橋中國隋唐史』, 中國
     社會科學出版社, 1990.
辛德勇, 『古代交通與地理文獻研究』, 北京 中華書局, 1996.
谷霽光, 『府兵制度考釋』, 臺北 弘文館出版社, 1985.
侯柏林, 『唐代夷狄邊患史略』, 臺北 商務印書館, 1974.
馬大正 主編, 『中國邊疆經略史』, 鄭州 中州古籍出版社, 2000.
毛漢光, 『中國中古政治史論』, 臺北 聊經出版事業公司, 1980.
鄺士元, 『國史論衡－－先秦至隋唐論』, 臺北 里仁書局, 1980.

劉健明　編, 『黃約瑟隋唐史論集』, 北京　中華書局, 1997.

黃約瑟, 『薛仁貴』, 西安　西安大學出版社, 1995.

盧勛等, 『隋唐民族史』, 成都　四川民族出版社, 1996.

謝弗　著　吳玉貴　譯, 『唐代的外來文明』, 北京　中國社會科學出版社, 1995.

盧葦, 『中外關係史』, 蘭州　蘭州大學出版社, 1997.

張博泉　等　主編, 『東北古代民族考古與疆域』, 長春　吉林大學出版社, 1998.

章群, 『唐代蕃將研究』, 臺北　聯經出版事業公司, 1990.

馬馳, 『唐代蕃將』, 西安　三秦出版社, 1990.

王儀, 『古代中韓關係與日本』, 台北　中華書局, 1973.

吳玉貴, 『突厥汗國與隋唐關係史研究』, 北京　中國社會科學出版社, 1998.

孫祚民, 『中國古代民族關係問題研究』, 鄭州　河南大學出版社, 1982.

劉恩惠, 『唐高祖』, 長春　吉林文史出版社, 1995.

陳志貴, 『唐太宗』, 長春　吉林文史出版社, 1995.

任爽, 『唐高宗』, 長春　吉林文史出版社, 1995.

胡戟, 『武則天本傳』, 西安　陝西師範大學出版社, 1998.

吳景山, 『突厥社會性質研究』, 北京　中央民族大學出版社, 1991.

劉統, 『唐代羈縻府州研究』, 西安　西北大學出版社, 1998.

王小甫, 『唐吐蕃大食政治關係史』, 北京　北京大學出版社, 1992.

余太山　主編, 『西域通史』, 鄭州　中州古籍出版社, 1996.

周偉洲, 『吐谷渾史』, 銀川　寧夏人民出版社, 1985.

周偉洲, 『中國中世西北民族關係研究』, 西安　西北大學出版社, 1992.

方亞光, 『唐代對外開放初探』, 合肥　黃山書社, 1998.

黃枝連, 『天朝禮治體系研究』, 北京　人民大學出版社, 1994.

王堯輯, 『敦煌古藏文歷史文書』, 西寧　青海民族學院, 1979.

楊昭全, 『中朝關係史論文集』, 北京　世界知識出版社, 1988.

王大任　等　主編, 『中韓文化論集』, 臺北　中華學術院韓國研究所, 1975.

藤家禮之助　著　張俊彥　等·譯, 『日中交流二千年』, 北京　北京大學出版社, 1982.

拜根興, 『唐朝與新羅關係史論』, 中國社會科學出版社, 2009.

韓昇, 『東亞世界形成史論』, 復旦大學出版社, 2009.

吳玉貴, 『厥第二汗國漢文史料編年輯考』, 中華書局, 2009.

3) 日文

浜下武志, 『朝貢システムと近代アジア』, 東京 岩波書店, 1997.

堀敏一, 『律令制と東アジア世界』, 東京 岩波書店, 1994.

堀敏一, 『中國と古代東アジア世界』, 東京 岩波書店, 1990.

西嶋定生, 『中國古代帝國形成構造と形成』, 東京 東京大學出版社, 1961.

池田溫, 『唐と日本』, 東京 吉川弘文館, 1992.

西嶋定生博士追悼論文集, 『東アジア史の展開と日本』, 東京 山川出版社, 2000.

岩波講座世界歷史(3), 『一中華の形成と東方世界』, 東京 岩波書店, 1998.

石見淸裕, 『唐の北方問題と國際秩序』, 東京 汲古書院, 1998.

山尾幸久, 『古代の日朝關係』, 東京 塙選書, 1989.

山尾幸久, 『日本古代王權形成史論』, 東京 岩波書店, 1983.

谷川道雄, 『魏晋南北朝隋唐時代史の基本問題』, 東京 汲古書院, 1997.

柴田三千雄 等, 『移動と交流』, 東京 岩波書店, 1990.

金子修一, 『隋唐の國際秩序と東アジア』, 東京 名著刊行會, 2001.

大庭脩, 『古代中世における日中關係史の研究』, 東京 同朋社出版, 1996.

坂元義種, 『古代東アジア史の日本と朝鮮』, 東京 吉川弘文館, 1978.

石井正敏, 『日本渤海關係史の研究』, 東京 吉川弘文館, 2001.

上田正昭, 『古代の日本と渡來の文化』, 東京 學生社, 1997.

東野治之, 『遣唐使と正倉院』, 東京 岩波書店, 1992.

鬼頭淸明, 『白村江一東亞的動亂与日本』, 東京 敎育社, 1986.

池內宏, 『滿鮮史研究』, 東京 吉川弘文館, 1960.

唐代史研究會 編, 『隋唐帝國と東アジア世界』, 東京 汲古書院, 1979.

4) 英文

J.K.Fairbank, ed., *the Chinese World Order*, Cambrige, 1968.

Richard W.L. Guisso, *Wu Tse - T'ien and the politics of legitimization in Tang China*, West Washington University Press, Washington 1978.

Edwin O.Rei-schauer, *Ennin's Travel in T'ang China*, New York, 1955.

Denis Twitchett, *Sui and T'ang Chian and the wider world*. Cambridge, 1979.

Creel, Herrlee G., *The Origins of Statecraft in China, Chicago*: The University of Chicago Press, 1970.

Yu Ying-shih, *Trade and Expansion in Han China*, Berkeley University of California Press, 1967.

Lien-shengg Yang. *Sinological studies and reviews*, shih-Huo Publisher co..LTD, 1982.

Liu Mau-tsai, *Die Chinesischen Nachrichten zurGeschichte der Ost-Turken Ⅰ-Ⅱ.*, Wiesbaden, 1958.

Mancall, Mark, *China at the Center*, New York The Free Press 1984.

3. 研究論文

1) 國文

權五榮,「考古資料를 중심으로 본 百濟와 中國의 文物交流-江南地方과의 관계를 중심으로」『震檀學報』66, 1988.

金奎皓,「唐代의 異民族系君長」『邊太燮博士華甲紀念史學論叢』, 1985.

金奎皓,『唐代의 異民族活動과 그 對策』(博士學位論文), 동국대학교대학원, 1986.

金奎皓,「唐朝의 異民族 管理와 問題點」『江原史學』7, 1991.

金奎皓,「隋・唐과 周邊民族 關係」『江原史學』13・14, 1998.

金文經,「唐代 外民의 內徙策-특히 高句麗 遺民의 徙民策을 中心으로-」『崇田大論文集』(人文科學)11, 1981.

金羨珉,「唐太宗의 對外膨脹政策」『東아시아의 歷史像』(黃元九敎授停年紀念論叢), 1995.

金善昱,『隋唐時代韓中關係研究-以政治軍事諸問題爲中心-』, 國立台灣大

學歷史研究所博士論文, 中華民國72年.

金善昱, 「高句麗의 隋唐關係硏究-朝貢記事의 檢討를 中心으로」『忠南大論文集』11-2, 1984.

金善昱, 「百濟 隋唐關係小考-內外 相關性을 中心으로」『百濟硏究』25, 1984.

金善昱, 「隋唐와 唐書의 百濟史料에 檢討-封建要因을 중심으로」『百濟硏究』25, 1984.

金善昱, 「隋代 遼東之役의 廷議에 관한 檢討」『忠南大論文集』14-1, 1987.

金善昱, 「唐代 塞外民族에 關係한 硏究-突厥을 中心으로-」『忠南大人文學科論文集』1-1, 1974.

金壽泰, 「百濟의 滅亡과 唐」『百濟硏究』22, 1991.

金周成, 「義慈王代政治勢力의 動向과 百濟滅亡」『百濟硏究』19, 1988.

金浩東, 「唐의 羈縻支配와 北方 遊牧民族의 對應」『歷史學報』137, 1993.

盛泰敦, 「高句麗·渤海人과 內陸아시아 住民과의 交涉에 관한 一考察」『大東文化硏究』23, 1989.

朴漢濟, 「7世紀 隋唐 兩朝의 韓半島 進出 經緯에 대한 一考」『東洋史學硏究』43, 1993.

方相鉉, 「慧超의 중앙아시아 歷訪考」『慶熙史學』20, 1996.

方善柱, 「百濟軍의 華北進出과 背景」『白山學報』11, 1971.

卞麟錫, 「唐代 異族開放論의 序說的 考察」『大丘史學』15·16, 1978.

卞麟錫, 「唐初 中國의 突厥에 對한 稱臣使 檢討」『亞細亞學報』8, 1970.

卞麟錫, 「唐初 種族的 開放性 對 一序說-貞觀時代의 展開를 中心으로-」『白山學報』10, 1971.

白山學會, 『韓民族의 大陸關係史』, 白山學會, 1996.

傅樂成(金善昱 譯), 「隋唐時期在中國史上的地位」『百濟硏究』12, 1981.

山尾幸久, 「7세기 中葉의 東아시아」『百濟硏究』23, 1992.

宋台鎬, 「唐初의 異民族政策 性格考」『廣北史學』13, 1990.

宋台鎬, 「古代 韓·中 文物交流에 對한 硏究」『安東敎大論文集』12, 1968.

申瀅植, 「羅·唐間의 朝貢에 對하여」『歷史敎育』10, 1967.

申瀅植, 「羅唐同盟의 瓦解-韓中記事取拾의 比較」『歷史敎育』10, 1967.

李基東, 「黃海를 古代 韓·中交涉史의 展開」『震檀學報』68, 1989.

李龍範,「高句麗의 遼西進出企圖와 突厥」『史學研究』4, 1959.

李丙燾,「高句麗 一部遺民에 對한 唐의 抽戶政策」『震檀學報』25·26·27, 1964.

李成珪,「中國의 分裂體制模型과 東아시아 諸國」『韓國古代史論叢』8, 1996.

李昊榮,「百濟連和說의 檢討」『慶熙史學』9-10합집, 1982.

金周成,「義慈王代政治勢力의 動向과 百濟滅亡」『百濟研究』19, 1988.

任大熙,「則天皇帝 통치시기의 정치와 인물」『東아시아의 歷史像』(黃元九教授停年紀念論叢), 1995.

任大熙,「唐 高宗 統治前期의 政治와 人物」『동아시아사 연구논총』(金文經教授停年退任紀念), 1996.

全海宗,「三國 및 統一新羅時代의 韓中交流」『震檀學報』68, 1989.

丁仲煥,「古代史上의 大睦關係-高句麗를 中心으로-」『白山學報』4, 1968.

丁載勳,『突厥第二帝國時期(682~745)톤유쿠 그의 役割과 그 位相』(碩士學位論文), 서울대학교대학원, 1993.

丁載勳,「唐初의 民族政策과 西北民族의 中國認識」『서울대동양사학과논집』19, 1995.

黃元九,「東西文化의 交流-交通路와 그 周邊」『東洋史學研究』16, 1981.

무함마드 깐수,「慧超의 西域紀行과 8세기 西域佛教」『精神文化研究』54, 1994.

존.씨.재미슨,「唐羅間의 朝貢에 對하여」『歷史學報』44, 1969.

이영철,「唐代邊境地域의 藩鎭과 對外關係-東北邊境地域에서 邊境政策의 變化와 관련하여」『중국사연구』74, 2011.

정재훈,「唐德宗時期(779~805)의 對外政策과 西北民族의 對應」『중국고중세사연구』18, 2007.

정재훈,「唐中宗時期(705-710) 對外政策과 突厥의 對應」『중국사연구』87, 2013.

이완석,「당의 외국(外國) 사절(使節) 관리(管理)-지방(地方)에서의 관리(管理)를 중심으로」『동국사학』62, 2017.

염경이,「당조관계(唐詔關系)와 검남서천절도사(劍南西川節度使)의 외교적(外交的) 역할(役割)」『中國史研究』114, 2018.

김진한, 「榮留王代 高句麗의 對唐關係와 西北方情勢」『정신문화연구』32, 2009.

2) 中文

强廣達, 「唐代的中外文化匯聚和滿淸的中西文化衝突」『中國社會科學』(中國 北京中國社會科學出版社), 1986. 3.
何棨民, 「唐代山東氏族的社會地位之考察」『中古門第論文集』, 1978.
薩孟武, 「士族與五胡及隋唐二代的關係」『食貨月刊』5-6, 1975.
湯曉芳, 「古代少數民族及其歷史地位」『固原師專學報』, 1992. 1.
章權才, 「漢唐時期中華民族凝聚力的歷史發展」『學術研究』, 1992.
谷霽光, 「唐代"皇帝天可汗"溯源」『史林漫拾』, 1982.
傅永聚, 「論唐代民族之間的混容互補」『山東大學學報』, 1992. 8.
_____, 「唐代民族觀念新論」『齊魯學刊』, 1993. 4.
徐傑舜, 「隋唐民族政策特點機論」『中南民族學院學報』, 1992. 3.
譚其驤, 「唐代羈縻府州述論」『長水集續編』, 北京人民大學出版社, 1994.
熊德基, 「唐代民族政策初探」『歷史研究』, 1982. 6.
崔明德, 「試論隋唐時期的"以夷攻夷""以夷制夷"和"以夷治夷"」『中央民族 大學學報』, 1994.
崔明德, 「對唐朝和親的一些考查」『歷史敎學』, 1983. 12.
崔明德, 「論唐高宗和武則天時期的民族關係思想」『煙台大學學報』, 1994. 1.
陳志學, 「唐代重用蕃將略論」『甘肅民族研究』, 1987. 1.
周偉洲, 「唐代關中民族分布及融合」『中國歷史地理論叢』, 1992. 3.
宋成有, 『東北亞傳統國際體系的變遷－傳統中國與周邊國家及民族的互動關係述』, 臺北 中央研究院近代史政治外交組, 2002.
王成國, 「略論唐代渤海與東北各族的關係」『東北地方史研究』, 1986.
趙雲旗, 「隋文帝民族政策研究」『中央民族學院學報』, 1986. 1.
邢鳳麟, 「唐太宗民族政策蠡測」『南寧師院學報』, 1982. 1.
胡如雷, 「唐太宗民族政策的局限性」『歷史研究』, 1982. 6.
熊德基, 「從唐太宗的民族政策試論歷史人物的局限性」『中國史研究』, 1985. 3.

孫祚民,「論唐太宗的民族政策和民族關係史研究中的幾點意見分歧-與熊德基同志商榷」『社會科學評論』, 1986. 9.

蔣輔義,「唐太宗貞觀時期的邊疆問題及民族政策」『青海民院學報』, 1985. 3.

何　磊,「武周時期的民族關係初探」『雲南師大學報』, 1987. 6.

張乃翥,「武周政權與中古胡化現象關係之探索」『西北史地』, 1992. 4.

劉玉峰,「唐德宗與中唐民族關係的改善」『云南社會科學』, 1993. 3.

周偉洲,「關中民族的分佈及融合」『中國歷史地理論叢』, 1992. 3.

張廣達,「唐滅高昌後的西州形勢」『西域史地叢稿初編』(中國　上海　上海古籍出版社), 1995.

韓　昇,「一場求不戰而勝的攻戰」『唐研究』1, 1999.

韓　昇,「唐平百濟戰後的東亞國際形勢」『唐研究』1, 1999.

韓　昇,「唐朝對高句麗政策論析」『海交史研究』, 2001.

金榮煥,「隋唐時期對外關係研究的回顧與展望」『唐代學會會刊』5, 1994. 2.

劉進寶,「試論唐太宗·唐高宗對高麗的戰爭」『中國邊疆史地研究』, 1995.

薑維東,「唐麗戰爭中的蕃將」『長春師範學院學報』, 2003. 1.

薑維東,「唐朝對東北亞諸政權的文化輸出研究」『社會科學戰線』, 2006. 7.

管彥波,「唐朝的邊疆局勢及禦邊戍守體系的變化」『貴州民族研究』, 2006. 6.

艾沖,「唐太宗朝突厥族官員阿史那思摩生平初探－－以《李思摩墓誌銘》爲中心」『陝西師範大學繼續教育學報』, 2007. 2.

王義康,「唐代經營東北與突厥」『陝西師範大學學報(哲學社會科學版)』, 2011. 6.

範恩實,「論隋唐營州的靺鞨人」『中國邊疆史地研究』, 2011. 1.

朱建華,「武則天聖曆元年唐與突厥戰役考」『赤峰學院學報(漢文哲學社會科學版)』, 2012. 4.

朱建華,「唐中宗景龍元年唐與突厥戰役考」『赤峰學院學報(漢文哲學社會科學版)』, 2012. 5.

範敬如,「唐高祖、唐太宗、唐高宗對外政策的承續與變化－－以對外戰爭爲討論中心」『德州學院學報』, 2015. 3.

3) 日文

古畑徹,「七世紀から八世紀における新羅·唐關係」『朝鮮學報』107輯, 東京朝
　　　鮮學會, 1983.
布山和男,「新羅文武王5年の會盟における新羅唐關係」『駿台史學』96, 1996.
三上次男,「東北アジア史と渤海國」『岩波講座世界歷史』6, 1971.
酒寄雅志,「渤海國家の史の展開と國際關係」『朝鮮史研究會論文集』16, 1979.

전 영

중국 연변대학교 사학과 학사·석사

한국 충남대학교 사학과 박사

현재 연변대학교 인문사회과학대학 사학과 부교수, 연변대학교 조선반도연구원 역사연구소 소장

편저 『동아시아의 문명과 한국학』(중국 사회과학문헌출판사, 2015) 외 다수
역서 『백제의 종교와 사회』(중국 사회과학문헌출판사, 2018)
논문 「남조 화상전 향로와 백제금동향로 비교연구」(2016) 외 다수

당대 전기 대외관계에 관한 연구

대외 상관성을 중심으로

2018년 12월 10일 초판 인쇄
2018년 12월 20일 초판 발행

지 은 이 전영
발 행 인 한정희
발 행 처 경인문화사
총괄이사 김환기
편 집 부 유지혜 김지선 박수진 한명진
마 케 팅 유인순 전병관 하재일
출판신고 제406-1973-000003호
주   소 (10881) 파주시 회동길 445-1 경인빌딩 B동 4층
대표전화 031-955-9300   팩 스 031-955-9310
홈페이지 http://www.kyunginp.co.kr
이 메 일 kyungin@kyunginp.co.kr

ISBN 978-89-499-4784-6 93910
값 18,000원